사람의 사람에 의한 사람만을 위한 법

사람의 사람에 의한 사람만을 위한 법

송기춘 지음

전북대학교출판문화원

| 저자의 말 |

법에는 사람이 있다

큰 사고나 전쟁이 일어나면 그걸 돈으로 계산하는 사람들이 있다.
이들은 주식값이 얼마나 오르고 내릴지로 그 사건을 평가할 뿐이다.

오렌지를 보면 이역만리 외국에서 거친 손길로 열매를 따는 손길이 떠오른다.
축구공을 보면 여린 손으로 가죽공 바느질을 하는 어린이가 떠오른다.

법 속에는 사람이 있다.
눈물과 한숨으로 그 억울함을 하소연할 길 없어 애태우는 이웃이 있다.
법의 보호를 바라는 약하디약한 사람이 있다.
법으로 지배하고 이익을 누리는 자들이 있다.

법을 공부한다는 것은
그런 사람을 보는 것이다.
법보다 사람을 먼저 보아야 한다.

법은 사람 사는 세상에서 사람들이 만든 것이다. 사람이 잘 살아 보자고 만든 것이다. 하늘에서 떨어진 무슨 신비한 존재가 아니다. 사람들이 만든 것이고, 그래서 사람을 위한 것이어야 한다. 법은 국민의 총의가 담긴 것이라고 말하지만, 실은 '지금 여기에서 다수를 차지한 사람'들의 이익과 의사가 법이라는 형식으로 구현된 것이다. '지금 여기에서 다수'가 바뀌면 법의 내용도 바뀌게 된다.

법은 필요하다. 그러나 법의 양은 생각에 따라 적어질 수 있다. 사람의 이기심과 자율성에 바탕을 두면 문제 해결을 위한 수단으로서의 법은 굳이 필요하지 않은 경우가 많아진다. 사람이 하고자 하는 대로 할 수 있도록 하면 자유도 증진되고 그것이 인권을 보장하는 것이기도 하다.

법이 사람의 것이라는 말은 한편으로는 사람 이외의 다른 생명에 대해서는 소홀하다는 말이기도 하다. 계절마다 흉흉하게 벌어지는 '살처분'은 사람 이외의 생명이 어떻게 취급되는지를 보여 준다. 근대 이후의 사람 중심의 세계관은 법에서도 철저하게 사람 중심의 원칙으로 자리잡고 있다. 책의 제목을 '사람만을 위한 법'이라고 한 것은 법이 철저하게 사람을 위한 것이어야 하는 점을 강조한 것이지만 아울러 법이 사람의 한계 안에 있음을 비판하고자 한 것도 있다.

법에 관한 주제로 여러 편의 글을 모았다. 『해피투데이』, 『인권연대』, 『법률저널』, 『민중의 소리』, 『참소리』 등에 기고한 글들이다. 조각난 생각을 쓸어 모아 담은 것이라 필자의 생각을 잘 전달하기 어려울지 모르겠다. 하지만, 우리가 주변에서 접하는 수많은 사례를 법이라는 관점에서 생각하는 것이니 오히려 함께 법을 생각하고 공감하는 데 적절할지도 모르겠다.

이 작은 책을 어머니 명타원明陀圓 이경임 님께 드린다. 어머님께서 필자와 가족들에게 쏟으신 정성은 필설로 다 형용할 수 없다. 어렵게 사시면서도 넉넉히 베풀어 주신 그 은혜를 생각하면 가슴이 먹먹하다. 불편하신 몸이지만 지금도 자식들의 평안을 기원하시니 감사할 뿐이다.

원고를 읽고 의견을 주신 생명평화마중물 김민아 사무국장과 전라북도 교육청 장경남 장학사님께 감사드린다. 편집에 수고해 주신 전북대출판문화원 남주희 선생님께도 감사드린다.

2020. 10. 3.
저자 씀

차례

제2장

사람을 위한 법, 인권, 인권감수성

제3장

사람의 생각과 믿음의 자유

제5장

사람만을 위한 법

제6장

사람을 위한 법과 교통

제7장

사람을 위한 국가

제8장
사람을 위한 법원

제9장

사람의 군대, 사람을 위한 군대

제10장

사람을 위한 법학교육

제1장

사람의 법, 사람에 의한 법

법은 필요한가?

사회가 있는 곳에 법이 있다

사회가 있는 곳에 법이 있다(ubi societas, ibi ius). 수많은 사람들이 사회에서 함께 살아가기 위해서는 일정한 규칙이 필요하다. 저마다 자율적으로 상황에 대처해서 원만하게 사안을 처리한다고 해도 제각기 가지는 인식과 이해관계 또는 관점의 차이 때문에 갈등과 충돌이 발생하기 때문이다. 분쟁을 해결하는 규칙에는 도덕과 윤리 그리고 종교 규범 등이 더 있지만, 우리는 흔히 '법'을 떠올린다. 그리고 이러한 법에 대한 신뢰는 매우 강하다. '법대로 하자'는 말도 많이 한다. 그리고 법적 절차를 거쳐 법적 판단이 내려지면 그것이 그대로 사실인 양, 승소 판결을 받으면 모든 게 정의로운 것처럼 행동하기도 한다.

하지만 법이라는 것이 현실적으로는 '지금', '여기에서', '다수를 차지한 이들'의 이해관계를 충실하게 대변하는 것이라는 점을 떠올리면 법적인 평가를 그대로 정의롭다는 것과 연결하기에는 부족하다. 무죄판결을 받은 것이 그러한 사실이 없거나 전혀 비난받아야 할 일이라는 뜻이 아닌 것도 분명하다. 사실관계가 인정되어도 그게 범죄가 아니어서 무죄판결을 받는 경우도 있고, 결정적 증거가 증거수집과정에서의 위법성 때문에 부인되는 경우도 있기 때문이다.

법은 비용이 든다

어떤 문제를 푸는 방법으로 규범에 의한 강제나 금지만이 전부는 아니다. 법은 필요하지만, 필요한 법의 양은 많아지기도, 적어지기도 한다. 법은 그 자체가 목적이라기보다는 그것으로 달성하고자 하는 목적이 있기 때문이다. 그 목적 달성에 필요한 수단으로 법만 있는 것은 아니다. 특정한 상황에서 보이는 사람의 이기심이나 행동 양식도 고려될 수 있다. 위험한 것을 없애면 어린아이들에게 무엇을 하지 말라고 안 해도 아이들은 맘껏 뛰어놀 수 있는 것과 같은 이치이다. 더구나 법으로 문제를 해결하기 위해서는 상당한 비용이 든다. 법을 만들기만 하고 집행을 제대로 못하면 법의 효력이 없어지고 결국 법의 권위조차 상실된다. 법을 만들면 집행해야 하고 그러기 위해서는 법을 집행하기 위한 사람, 조직과 예산이 필요하다.

법이란 무엇인가, 무엇이라고 생각하는가?

법은 지켜야 하는 것?

법이란 규범이라고도 하고 당위當爲라고도 한다. 정의라는 법이념을 향한 규범이고 행위를 결정하는 기준이자 재판의 준거가 된다고 한다. 그래서 법은 지켜야 하는 것이라고 한다. 그런데 정말 우리는 법을 그렇게만 생각하고 있는 것일까?

우리는 주변에서 수시로 법규범과 접하면서 살아간다. 가장 대표적인 것이 길을 나서면 만나게 되는 신호등이다. 신호등은 보행자와 차량운전자에게 일정한 행위를 허용, 명령 또는 금지하는 규범이다. 보행자에게 초록색 신호는 횡단보도 보행을 허용하고, 빨간색 신호는 금지한다. 차량 운전자에게 초록색 신호는 운행을 명령하는 것이고 빨간색 신호는 정지를 명령하는 것이다. 신호등은 일정한 형식의 교통체계로 시민에게 일정한 행위 결정의 기준으로 작용하는 규범이다. 나아가 도로는 수많은 규범이 지배하는 거대한 규범 세계이다.

우리는 법을 왜 지킬까?

그러나 과연 우리는 법이라는 것을, 신호등이라는 것을 '지켜야 하는 규범'으로만 생각하고 있을까? 업은 애는 울고, 비는 오고, 날은 저무는데, 게다가 차도 오지 않는데 덩그러니 빨간불만 켜져 있는 상태에서 횡단보도를 건너는데 교통경찰이 범칙금을 부과한다면, 과연 우리는 경찰의 범칙금 부과를 당연히 받아들여야만 하는 것일까? 그런 의

문은 들지 않는가? 교통신호라는 게 그저 그걸 충실히 지키는 게 목적이 아니라 차와 사람이 안전하게 교행할 수 있도록 하는 것이라면, 차도 사람도 아무런 사고가 없이 다닐 수 있는 상황에서조차 신호등의 지시를 따르지 않은 것이 당연히 비난받아야 할 일이겠는가?

우리는 신호등을 지키거나 지키지 않는다. 신호등을 지키는 이유는 그것을 지켜야 하는 것(규범)으로 생각하기 때문인 경우가 있다. 이때 규범은 당연히 지켜야 하기에 지켜야 하는 것이라는 태도는 법의 내용 또는 정당성을 굳이 묻지 않는다. 법이 잘 만들어진 것이면 법생활이 안정적이 되는 데 봉사할 수 있다. '준법'을 강조하는 것도 이러한 맥락이다. 하지만 잘못된 법을 기초로 할 경우, 그만큼 문제도 커진다. 불편, 위험이나 불이익을 특정인에게 법으로 강요하는 결과가 될 수 있기 때문이다.

법규범의 배후에 있는 사람들의 약속에 집중할 수도 있다. 법이 그냥 법이기 때문에 지키는 것이 아니라 우리가 서로 한 약속이기 때문이라는 것이다. 국민이 대표를 선출하고 그 대표들이 국회에서 모여 법률의 형식으로 의사결정을 한 것이라면 법률은 그것을 결정한 대표들을 선출한 국민의 의사로 환원되므로, 법률은 곧 국민 스스로의, 스스로에 대한 약속이라고 할 수 있다. 이런 관점에 의하면 법이 사람의 자유를 제한하는 것은 사람이 자신의 자유에 대한 제한을 스스로의 의사에 따라 하는 것이 된다.

또한 법을 지키는 이유가 법을 지키지 않으면 가해지는 제재가 법을 지키는 것보다 더 부담스럽기 때문인 경우도 있다. 법을 지키는 것이 자신에게 손해이면 당연히 법을 지키지 않는다. 이 경우 법은 지켜야 하는 규범이라기보다는 이익 아니면 손해를 가져다 주는 여러 요소가운데 하나일 뿐이다. 종종 사업하는 사람들이 환경보전을 위한 설비 의무나 장애인 의무 고용 비율을 준수하지 않고 과징금을 납부하는 사례가 여기에 해당한다.

입장, 관점, 이해관계와 법

법이 무엇인지에 대해서는 법에 대해 어떠한 입장에 서느냐, 어떤 관점을 취하느냐, 어떠한 이해관계에 있느냐에 따라 그 답이 달라진다. 법 집행자는 법의 정당성을 묻지 않고 그저 법이기 때문에 법을 집행하고 법을 준수할 것을 요구한다. 법이 취한 태도나 이익이 자신의 것과 같을 때도 마찬가지이다. 법의 내용에 대해 의문을 가지고 있는 사람은 그 실질적인 배후에 있는 국민의 의사나 약속을 묻게 된다. 그리고 그 내용에 따라 법의 내용이 조정되거나 바뀌기를 바란다. 같은 내용의 법에 대한 해석도 달리할 수 있다. 법의 내용에 대해 의문이나 불신을 가진 사람은 법이 지향하는 목적을 중시하고 그 목적 달성에 방해가 되는 법의 문제를 시정하고자 한다. 그리고 목적 달성에 법이 장애 요인이 되면 법은 후퇴하여야 하고 다른 요소가 중시되어야 한다고 한다.

법이란 모든 이들에게 같은 의미로 이해되는 것은 아니다. 법은 언제나 지켜야 하는 것으로만 이해되고 있지는 않다. 자신이 선 입장이나 취하는 관점 그리고 걸린 이해관계 등에 따라 달리 이해되는 것이다. 어느 입장이나 관점만이 법에 대해 취해야 하는 유일한 태도는 아니고 어느 것만이 반드시 옳다고 할 수는 없다. 법의 제정이나 해석에는 치열한 이해관계가 반영된다.

법만으로 할 수 없는 것: 이 차들을 어떻게 옮길 것인가?

불법 주차의 해법은?

우리는 사진 1과 같은 도로를 자주 만난다. 도로에 노란색 실선이 그어져 있으니 주차가 금지된 구역이 분명한데도, 차량의 통행이 뜸한 곳이니 이렇게 주차를 해도 차량 통행에 큰 지장이 없다고 생각한 결과이다. 그러나 이런 길에 가끔씩 대형차가 드나들면서 혼란이 초래되기도 하고 차량이 교행하다가 접촉 사고가 발생하기도 한다. 그리고 그 비용 부담은 고스란히 운행자의 몫이 된다. 이런 주차 문제를 해결하는 방법은 무엇일까?

우선 주차 위반 행위를 엄격하게 단속하는 방법을 생각할 수 있다. 부지런하고 엄격하게 도로교통법을 집행하면 불법 주차를 막을 수 있

사진 1. 주차가 금지된 구역에 차량이 주차되어 있다. 도로 가장자리의 노란 실선은 주차 금지를 뜻한다.

사진 2. 불법 주차를 방지하기 위하여 견인 경고를 하기도 한다. 이런 방법은 시간과 비용이 들고 다른 분쟁이 발생할 가능성이 있다.

다. 우선 잘 보이게 '주차 금지' 표지판을 세우고 주차 단속하는 사람을 고용해서 단속을 하는 것이다. 좀 더 세게 하자면 견인을 해 버리는 것이다. 자기 차 견인되고 범칙금에 견인 비용까지 부담하고 나면 다음부터는 좀 조심할 테니까. 요즘같이 취업이 어려운 시기에는 고용 창출 효과도 있을 것이다. 주차 단속하는 사람도 자기 밥값을 하려면 임금 이상의 실적을 올려야 할 테니 부지런히 단속을 하다 보면 이렇게 불법 주차하는 사람들도 점차 사라질 것이다. 미국의 주요 도시에서 불법 주차를 찾아보기 어려운 것은 바로 이런 이유 때문이다. 잠시라도 불법 주차를 하고 나면 앞 창문에 딱지가 놓여 있다. 주차 단속하는 사람이 자기 밥값 하려고 부지런히 돌아다니면서 걸리는 족족 예외 없이 발부하는 것이다. 불법 주차를 하고도 딱지를 받지 않았다면 재수 좋은 날이다.

그런데 이 방법은 지속적으로 돈이 든다. 잠시라도 집행이 느슨해지면 금세 원래의 모습으로 돌아가고 만다. 집행을 아주 철저하게 해서 법규를 위반하는 차가 없으면 주차 단속하는 사람들 봉급만 나가게 되어 그 돈이 아깝다는 생각을 하게 된다. 그래도 그게 법집행 비용이니 아깝게 생각할 것도 없겠지만 계속 이렇게 지출하기도 쉽지 않을 것이다. 더구나 법집행 과정에서 발생하는 분쟁을 처리하는 데에도 비용이 든다. 법집행에 대한 이의신청이나 소송을 하는 경우도 적지 않다. 법을 엄격하게 집행하는 것 말고 다른 방법은 없을까? 돈도 적게 들고 말이다.

이렇게도 생각할 수 있지 않을까? '불법' 주차를 하는 것은 주변에 주차를 할 공간이 없거나 부족해서일 수도 있고, 또 어떤 경우에는 불필요하게 주차금지구역으로 설정해서 그럴 수도 있다. 아니면 오히려 길이 넓어서 그럴 수도 있다. 주차장이 없을 경우라면, 우선 가능한 대로 주차장을 마련하는 것이 일차적인 문제 해결 방법이 될 수 있다. 그게 어렵다면 법을 그대로 집행하여 해결할 수밖에 없을 것이다. 아래의 사진 3처럼 길이 넓고 주민들이 일상적으로 주차를 하는데, 도로의 차선이 주차 금지로 되어 있다면 이런 도로는 아예 주차구역을 설정하는 것이 적절할 것이다. 사진 4처럼 도로가 어중간하게 넓은 경우에는 아예 차량통행에 필요한 부분만 남기고 보도를 넓힐 필요가 있다. 이 사진은 고등학교 출입구를 찍은 것이다. 학교 진입 차로가 4차선이 되어야 할 이유는 없다. 더구나 등하교 시간에 학생들이 걷는 길은 너무 좁지 않은가?

중앙선 대신에 차가 넘어가기 힘든 높이의 돌이라도 박아 놓는 건 어떨까? 물론 보기 좋게 만들어야 할 것이다. 도로 가운데 분리대를 만드는 것도 좋은 방법이다. 사진 5처럼 나무를 심을 수도 있다. 이렇게 하면 주차 금지 표지판이 없어도, 주차 단속을 하는 사람이 없어도 차를 길가에 세우지 않게 된다. 차 한 대나 다닐 수 있는 일방통행인 길에 주차할 배짱을 가진 사람이 있겠는가? 당장 경찰차나 견인차가 달려올 텐데. 길을 좁혀도 차 다니는 데 지장이 없고 보도가 넓어지면 사람들 걸어 다니기도 좋아진다. 처음에 도로 공사 비용만 들이면 불법 주차는 걱정을 하지 않게 되는 것이다.

과속단속용 카메라 앞에서

차량의 속도를 규제하는 것도 비슷하게 생각할 수 있다. 대체로 과속단속 카메라를 이용하지만, 요즘은 자동차 내비게이션에서 카메라가 설치된 장소를 다 알려 주기 때문에 별 실효성은 없어 보인다. 대체로

사진 3. 도로가 불필요하게 넓어도 주차하는 경우가 생긴다. 도로를 오히려 좁히는 것이 문제 해결의 방법이 될 수 있다.

사진 4. 위 사진보다 정리가 되긴 했지만 투박한 모습이다.

사진 5. 도로 가운데의 나무가 중앙분리대 역할을 한다. 조경으로 주차 문제까지 해결하는 방법이다.

과속하는 차량의 운전자는 국가권력에 대한 경의(?)를 엄숙하게 표하면서 카메라 밑을 통과한다. 법규범을 존중하거나 준수해서가 아니라 손해가 되는 요소를 피할 뿐이다. 운전자에 대한 교육이나 캠페인 등을 통해서도 고쳐지지 않는다면 과속은 엄한 단속 이외에 별다른 방법이 없을 듯하다. 그러나 언제나 엄격한 단속만이 능사는 아니다. 전북 부안에 가면 이런 문구가 있다. "속도를 늦추면 변산반도의 아름다움이 보입니다."

법을 가지고 원하는 결과를 얻을 수도 있지만 때로는 많은 비용이 들기도 한다. 비용도 적게 들고 효과도 좋다면 법이 아닌 다른 방법을 구상하는 것도 좋다. 법으로 할 수 있는 것도 있고 할 수 없는 것도 있다. 법으로 하지 않는 게 나은 경우도 있다. 법은 가능한 한 적어야 한다. 법적 수단에 지나치게 기대하거나 의존하는 것은 바람직하지 못하다. 사람의 자율성을 존중하고 법적 제한을 최소화하는 것은 인권의 보장이기도 하다.

법으로 할 수 있는 것

상인과 권리금의 회수

여러 해 전 용산에서 엄청난 참사가 있었고 이와 유사한 크고 작은 일이 개발 사업에서는 발생한다. 법의 공백 때문이다. 땅이나 건물의 '소유권'을 취득한 주인은 그 물건을 '사용, 수익, 처분'할 수 있으니 자기의 동의를 받지 않고 '버티는' 사람을 강제로 쫓아낼 수 있다. 하지만 못 나가겠다고 버티는 사람은 대개 그 땅이나 집과 관련하여 이해관계가 있는 사람들이다. 남의 집이나 땅을 정당하게 사용할 권원權原은 없어도 거기에 자기 재산의 상당 부분을 투여하여 이익을 추구하고 있었던 탓이다.

장사하는 사람이 가게를 얻을 때 보통 권리금이라는 돈을 지불한다. 가게 건물의 주인은 관여하지 않고 상인들끼리 거래되는 돈이다. 장사가 잘되면 다른 상인에게 권리금 많이 받고 넘기기도 하지만 장사가 안되면 권리금은 공중에 날아가 버리고 만다. 장사가 잘되든 안되든 권리금이라는 돈은 건물 주인과는 무관한 돈이다. 그러니 건물 주인이 이 돈에 대해 책임져야 할 이유는 없다.

그런데 이런 경우도 있다. 장사가 잘되는 지역이라 상가 건물 주인들이 재개발을 하려고 한다. 언제까지 가게를 비워 달라고 하고 이사 비용과 상인의 서운함을 조금이라도 달래 주려고 얼마간 돈을 쥐어 주고 나가 달라고 한다. 돈을 벌어야 하는 상인들이니 못 나가겠다고 오래 버티다가 장사도 못하고 돈만 날릴 바에는 여길 빨리 접고 다른 곳에서 장사를 하는 게 낫겠다고 생각한다. 그런 사람들이 많으면 반대하는 사람들도 버티기 힘들다. 이럴 경우는 상가 주인과 상인들 사이에 전선戰線이 만들어지지 않는다.

하지만 상가 건물 주인이 권리금을 전혀 인정하지 않거나 돈을 주더라도 턱없이 적을 때는 사정이 달라진다. 건물 주인들은 법에 기댄다. 대법원의 판례도 상인 사이에 거래되는 권리금을 건물 주인이 물어 주라고는 하지 않기 때문이다. 그렇지만, 장사 잘되는 상가를 재개발할 경우는 사정이 아주 다르다. 상인들이 재개발만 아니었다면 건질 수 있었을 돈을 허공에 날려 버릴 수 있을까? 반면에 상가 주인은 재개발의 이익을 다 가지게 된다. 대개 상가는 재개발을 추진하는 회사가 구입한 상태이다. 상가의 분양과 관련해서 예전에 권리금으로 환산될 수 있는 이익까지 건물의 소유자라는 이유로 가지게 되는 것이다. 물론 새로운 상가에서도 또 다른 권리금이 형성될 것이다. 그걸 막을 수도 없는 노릇이다. 상권이 만들어지는 것이 온전히 상인들만의 노력은 아니겠지만 상가가 재개발될 때 재개발 이전의 상인들이 가지는 권리금을 회수할 수 있다는 기대는 분명히 보호할 만한 필요가 있다고 할 수 있다. 재개발업자들이 재개발 이익을 통째로 먹으려 하니까 문제가 터지는 것이다. 결국 돈 문제이다. 법으로 재개발 이전의 상인들에게 권리금으로 평가될 수 있는 이익을 적절하게 보상한다면 문제는 의외로 쉽게 풀릴 수 있다. 공신력 있는 기관의 평가에 기초하여 사회의 여러 인사가 참여하여 갈등을 조정하는 기구를 만들어 사안을 해결할 수도 있을 것이다. 그러면 테러나 특수 범죄 막으라고 만든 경찰 특공대가 출동해서 많은 희생을 치러야 하는 상황도 피할 수 있다.

무기가 되는 법

흔히 '떼법'이나 불법 점거라고 비판을 하지만, 여기서 농성을 하는 사람들은 가정에 대한 책임감이 어깨를 짓누르고 있는 걸 느끼고 사는 사람들이다. 절박함이 이루 말할 수 없다. 법이 어느 한쪽 편만 들어주는 게 확실한 상황에서는 상대방은 이 법이 내가 따라야 하는 규범이 아니라 상대방이 사용하는 무기로 보게 된다. 법이 일방적으로 사회의 기득권자의 편을 들고 가난한 사람과 약한 사람, 억눌린 사람을 고려하지 않을 때, 법은 시민 모두를 구속하는 규범이 아니라 기득권자의 지배 도구로 전락한다. 게다가 법을 운용하는 법률가들 역시 우리 사회의 지배집단의 일원이라 기득권자들의 이익을 옹호한다. 재벌의 회장이 법원에서 실형을 선고받은 게 얼마나 되나?

법이 사회의 구성원 모두가 받아들일 수 있는 합리적인 내용을 담지 못하면 제대로 서기 어렵다. 그런 법을 집행하는 데는 시민과 경찰의 희생이 따르고 비용도 많이 들 수밖에 없다. 법으로 인하여 긴장과 갈등이 풀리기는커녕 더 꼬이기 마련일 테니까. 법은 잘 만들어야 하고, 만들면 제대로 집행하여야 하는 게 원칙이다. 집행 못할 법은 만들지 않아야 한다. 법을 위반하는 처벌을 감수하고 농성을 하는 이유가 무엇인지, 이런 분쟁을 가장 적은 비용으로 해결하는 방법은 무엇인지 고민해야 한다. 법을 강력하게 집행하는 것만이 능사는 아니다.

법대로 하자고?

법대로

흔히 '법대로 하자.'거나 '법치주의 확립'이라는 말을 한다. 법대로 하자면 무서울 줄 아느냐고 소리치지만 진짜 법대로 하면 불리해질 사람들은 좀 겁을 먹기 마련이다. "법치주의 사회에서 법을 제대로 안 지킨다."라는 말도 틀린 구석이 없다. 법을 안 지키면 사회가 제대로 유지되거나 발전하기 어려울 테니까. 이처럼 법은 대체로 사람들에게 신뢰를 받고 있다고 생각된다.

'지금', '여기', '다수'의 이해관계가 반영된 법

그런데 법대로 한다거나 법을 지키지 않는다고 주장하는 게 반드시 공정하고 정의로운 것만은 아니다. 법원에서 승소한 걸 정의가 승리한 것처럼 생각하지만 언제나 그런 것은 아니다.

우선 법이라는 건 그것이 만들어지는 사회에서 지금 대다수를 차지하는 사람들, 더 정확하게 말하면 국회에서 다수를 차지하는 정파의 의사가 규범이 된 것이라는 점이다. 모든 사람의 의견을 골고루 반영한 것이라기보다는 다수결이라는 의사결정 방식에 의해 전체의 의사가 된 것이다. 엄격하게 말하면 전체의 의사인 것처럼 만들어진 것이다. 자기가 동의하지 않는 법에 구속되지 않는다면 사회라는 게 만들어질 수 없으니 다수의 의사를 전체의 의사로 보는 게 나쁘다고만은 할 수 없다. 그렇지만 여기서 알 수 있는 것은 법이라는 게 언제나 어디서나 타당하고 정의로운 것만은 아니라는 것이다. 시간이 흐르면 정반대의 내용이 법이 될 수도 있고, 법률이라도 헌법에 위반되면 효력을 잃게 된다. 법은 그만큼 상대적인 것이다. 혁명이 성공하는 경우에 법이 어떻게 바뀌는지를 생각해 볼 수 있다. 어쩌다가 정치인들이 "법을 바꿔서라도 이렇게 하겠다."라는 말을 하는데 이런 말을 하는 사람들이 "법대로 하자."거나 "법을 왜 안 지키냐?"라고 하면 어떤 생각이 들까? 약자와 강자에게 법은 때로는 다른 의미를 가지는 것이다.

사람이 '해석 · 적용'하는 법

다른 문제는 법이 정의롭다 해도 그것을 해석하고 적용하는 것은 결국 사람이라는 것이다. 주로 변호사 자격을 가진 법률가들이 이 몫을 담당하게 된다. 그런데 법률가들도 사람이다 보니 한계를 가지기 마련이다. 우선 법해석을 담당하는 법률가들이 우리 사회에서 특권을 누리고 있다는 점이다. 그러다 보니 '법대로'나 '법치'를 강조하는 게 법이 자신의 이익을 보장해 주는 쪽으로 치중하는 경향이 나타난다. 권력자들의 비리에 대해서는 별로 말을 안 하다가 정부 정책에 반대하는 이들이 법을 위반하면 법치를 위협하는 세력을 발본색원해야 한다고 한다.

옛날 독재정권 아래서는 검사나 법관이 정치적 압력을 받았다. 요새는 노골적인 정치적 압력이야 없다고 믿고 싶은데, 돈이 문제가 아닌가 생각된다. 재벌 회장들이 저지른 뇌물이나 횡령, 배임죄는 죄의 양이나 질이 적지도 작지도 않지만, 궁핍하여 물건을 훔친 범죄자는 징역형을 받고 돈 많은 사람들은 그동안 경제발전에 이바지한 공로가 적지 않고 이들이 실형을 살게 될 경우 경제에 미치는 영향이 크다는 이유로 집행을 유예하는 논리도 기가 막힐 정도이다. 사법농단 사건에서 보듯이 법해석이라는 것도 정치적인 경우가 적지 않다. 지금의 법원은 대법원장을 정점으로 서열화되고 행정부처럼 관료화되었다고들 한다. 이런 조직에서 인사권을 가진 대법원장이나 법원장의 말은 어떤 의미를 가질까? 인사권을 가진 자의 부탁에도 재판에 부담을 느끼지 않는다면 매우 훌륭하거나 승진을 포기한 판사일 것이다. 재판에서 판사에게 가장 부담이 되는 것은 법원의 동료나 상급자의 청탁이라고 한다.

법을 만들고 집행하는 이들은 권력의 편이 아니라 이 사회의 약자들까지 보아야 한다. 법치주의란 법으로 통치하는 게 아니라 법으로 인권을 보장하고 권력자를 구속하고자 하는 게 그 핵심이기 때문이다.

법의 제정, 해석, 집행: 힘의 작용과 법치주의

법률가가 독점하는 법해석과 적용

법의 해석과 적용을 담당하는 것은 법조 집단이다. 법률에 관한 사안에서 독점적 지위를 가지는 법조 집단의 유사가족적 관념은 법의 해석과 적용에서 큰 영향력을 가진다. 과거 법원의 독립성을 침해하던 정치권력의 압력은 오늘날 거의 사라진 것으로 평가되지만, 오히려 사법농단사건처럼 법원이 재판을 가지고 정치권과 거래를 시도하는 일조차 발생하였다. 법원 내에 존재하는 위계질서나 관계 등의 문화는 법원의 독립성에 대한 문제를 나타내고 있는 것으로 보인다. 국민들은 여전히 사건의 재판을 담당하는 법관과의 관련성(사법시험 동기나 연수원 기수, 부장판사와 배석판사의 관계 등)을 고려하여 자신의 변호사를 선임한다.

법관의 편견

법관이 가질 수 있는 편견도 문제이다. 2005년 초 김영일 헌법재판관이 퇴임사에서 "헌법재판소의 결정은 지고지선의 결정"이므로 헌재의 결정을 비판하는 정치권과 시민단체를 "지각없는 행위를 자행하는 사람들"이라고 비판한 것은 재판관이 그러한 편견으로부터 자유롭지 못함을 역설적으로 말해 준다. 국민이 법원을 불신하게 되는 판결도 보도되었다. 대표적으로는 이른바 '스폰서 검사' 사건 관련자들에 대하여 무죄판결이 선고된 일이다. 사회적으로 비난 받을 일이 반드시 법적으로 유죄인 것은 아니겠지만 이 판결은 법리적으로도 여전히 문제가 된다. 판결에 작용하는 것이 오로지 법적인 요소뿐일까?

한국사회의 양극화 경향과 함께 법관으로 임명되는 사람들의 출생과 성장의 배경이 다양한 국민적 이해관계를 대변할 가능성이 점차 약해진다는 점도 문제로 지적된다. 출신 지역이나 성장·교육환경 자체가 판결에 결정적 영향을 미친다고 단정하기는 어렵겠지만, 대체적으로 이들 법관이 누리는 사회적·경제적 지위를 고려할 때 사회적 소수자나 약자의 이해관계를 충실하게 고려하거나 대변할 여지는 줄어들 것으로 생각된다. 또한 재판관 자신을 포함한 법조 집단의 이익을 옹호할 경향도 쉽게 예상할 수 있다. 이러한 우려는 결국 법치주의가 특정 집단의 이익을 객관적 법의 공정한 집행이라는 관점에서 합리화하거나 관철할 가능성을 높여 준다는 점에서 문제가 지적될 수 있다. "'법의 지배'라는 시민사회의 요청이 '법조의 지배'로 왜곡되고, 국민의 법이 아니라 그들의 법이 국민을 지배한다."(한상희, 「[세상읽기] 법치국가라는 새 유령」, 『한겨레』 2006. 10. 27.)라는 지적은 귀담아들을 만한 것이다. '법의 지배(rule of law)'는 객관적 법에 의한 지배이지 사람 특히 '법조인 또는 법조 집단의 지배(rule of lawyers)'는 아니다.

돈이 움직이는 법

오늘날 재벌을 중심으로 하는 대기업은 권력화되고 있다. 독점적인 기업을 비롯한 경제력 역시, 그것이 가지는 경제력을 통해 국민의 생활을 일정하게 종속시키며 정치에도 일정한 영향력을 행사하고 있다는 점에서 그렇게 볼 수 있다. 선거 과정에서는 경제권에서 나오는 선거자금으로 국민의 의사 표현이 왜곡되기도 하고 정치인이 매수되기도 한다. 대기업이 고액 연봉을 지급하고 퇴직 관료를 영입하는 것은 전문가 영입이라는 측면도 있지만 장기적으로 보면 '사후적으로 제공되는 연성軟性 뇌물'의 성격을 가지고 있다고 생각된다. 전관예우의 문제는 전관前官에 대한 예우의 측면보다는 현직의 공무원에게 장차 전관예우를 통한 이익의 수취를 기대하게 함으로써 사후적으로 이익을 얻는 시스템을 만들고 있는 측면이 중시되어야 한다.

경제권력이 언론에 대해 광고를 통하여 자신의 의도를 관철하려는 경향이 있다는 점도 지적되어야 할 것이다. 우리나라 경제발전 과정에서 국가의 지원을 받아 형성된 거대 재벌을 위시한 경제권력은 국가권력과 언론권력에 대해 강력한 영향력을 가지게 됨으로써 거대한 경제권력과 국가권력 그리고 언론기관 간의 복합체가 오늘날의 한국 사회의 지배권력을 형성하고 있다. 경제권력은 법의 제정, 해석과 집행의 과정에도 영향을 미치고 있다.

법치주의 정착의 조건

법치주의는 국민의 대표로 구성된 의회에서 제정한 법률에 따라 국가 작용이 이뤄지고, 그것이 지향하는 국민의 인권보장이 이뤄질 때 실현된다고 할 수 있을 것이다. 이를 위하여 국민의 인권보장을 위하여 국가 작용에 대한 적절한 근거 또는 통제의 근거로 법제를 정비할 필요가 있다. 이를 통하여 국가 작용의 예측 가능성과 법적 안정성이 확보된다. 하지만 법률에 따른 행정이나 국가 작용 그 자체만으로 법치주의가 목표로 하는 국민의 인권보장이라는 목표를 달성하게 되는 것은 아니다. 법은 자의恣意를 통제하려는 성격 때문에 권력 담당자를 기속하므로, 나치 독일이나 권위주의 정부에서도 법치를 표방하기도 하기 때문이다.

법치주의가 제대로 자리잡기 위해서는 우선 헌법에 합치하는 법률이 충실하게 만들어져 있어야 하며, 국가 작용의 직접적인 근거가 되는 규범이 헌법과 법률에 부합하여야 한다. 또한 법집행 자체가 공정하고 합리적이어야 한다. 법은 잘 만들어야 하며, 만들어진 법은 잘 지켜야 한다. 그러나 목표 달성을 위하여 법규범은 필요조건이지만 충분조건은 아니다. 법을 신줏단지처럼 모시는 법물신주의法物神主義는 경계하여야 한다. 중요한 것은 국민의 기본권의 보장이지 법률에 따른 국가 작용 그 자체만은 아니기 때문이다.

법치주의가 국가 작용을 적절하게 통제하고 국민의 기본적 인권을 보장하는 데 기여하기 위해서는 법의 해석과 적용 및 집행의 과정이 공정하고 합리적이어야 한다. 객관적인 법으로 국가권력을 통제한다는 점에서 법치주의는 어디서나 환영받으며 좋은 평가를 받는다. 그러나 법 현실에서는 법의 해석과 적용이나 집행은 일정한 한계 안에 있는 것이 분명하다. 법의 제정과 해석 및 집행의 과정에서 이를 담당하는 공무원이나 법률가들은 자신이 가지는 권한으로 일정하게 법치주의의 기능을 수행하는 한편, 한국사회의 정치적 과정에서 힘을 행사한다고 할 수 있다. 법적 권한의 행사는 정치적 과정 속에서는 정치적 성격을 배제할 수 없다. 국정농단사건 관련자들에 대한 법해석과 적용은 전 정부 중요 인사나 정책에 대한 비판과 심판을 의미한다는 점에서 정치적이다. 사법농단사건에 대한 재판도 마찬가지다. 법도 정치적 과정 속에 있는 것은 부인할 수 없다. 즉, 법치주의 역시 일정한 정치적 과정 속에 있는 것이다.

법의 제정 · 해석 · 적용도 정치적 과정 속에 있다

법은 그 제정과정에서부터 해석과 집행에 이르기까지 정치적·경제적 이익이나 힘에 의하여 왜곡될 가능성이 있다. 법률이라는 것 자체도 지금 여기에서의 다수의 의사와 이익을 법의 형태로 정당화하는 것이라는 점에서 법규범 자체도 일정한 정치적 성격을 가지며, 법규범을 해석하고 적용하는 주체 역시 자신들의 이해관계로부터 초연할 수 없다는 사실을 생각하면 근본적으로 법치주의는 일정한 정치성으로부터 자유로울 수 없다는 문제가 있다. 좋은 정치가 뒷받침되지 않고서는 법치주의가 성공할 수 없다.

사람의, 사람에 의한, 그러나 사람을 위한 법

양심적 병역거부자는 인의예지가 의심스러운 사람들?

2005년 초에 퇴임한 어느 법률가는 이렇게 말했다. "헌법재판소 결정은 지고지선의 결정"이며, 이를 비판하는 정치권과 시민단체 사람들은 "지각없는 행위를 자행"하고 있다고. 2004년 10월 신행정수도의 건설을 위한 특별조치법에 대해 위헌결정을 선고한 지 얼마 지나지 않은 시점이었다. 그는 헌법재판소 재판관이었다. 다른 한 헌법재판소 재판관은 병역법 제88조 제1항 제1호에 대한 위헌법률심판사건(2004년)의 별개의견에서 이렇게 말했다. "율곡 이이가 외적의 침략에 대항하기 위하여 임진왜란의 발발 10년 전인 1583년에 10만 양병을 주장한 것은 율곡이 양심이 없었거나 호전적이었기 때문은 아니었고 오늘날 국민개병의 기치 아래 많은 청년이 군에 입대하여 희생을 견디며 집총을 하는 것도 그들이 양심이 없거나 호전적이어서 그러한 것은 물론 아니다." 이 문장에 무슨 심오한 뜻이 있나 싶지만, 그건 아니다. '(양심적) 병역거부하면 양심적이고, (병역거부 안 하고) 군대 가면 비양심적이냐?' 하는 항간의 거칠고 비논리적인 소리를 우아한 문장으로 다듬은 것뿐이다. 그는 심지어 이렇게까지 얘기한다. 이들은 '인의예지仁義禮智가 의심스러운' 자들이라고. 과연 그러한가?

우리 헌법은 피부색을 모른다

미국 일리노이주의 어느 여성이 변호사등록신청을 했으나 거부되어 다툰 소송(Bradwell v. Illinois, 1872년)에서 연방대법원의 브래들리 Bradley 대법관은 이렇게 말했다. "여성은 자신의 머리이자 대표인 남편으로부터 독립된 법적 존재가 아니다." 그런가 하면 흑백차별이 여전히 극심하던 시절에 미국 연방대법원 판결(Plessy v. Ferguson, 1896년)에서 유일하게 반대의견을 낸 할란Harlan 대법관도 있었다. "우리 헌법은 피부색이 무엇인지에 대해 무관심하며(color-blind), 시민들 사이에 신분이 있지도 않고 있어서도 안 된다고 한다." 한 세기가 지난 지금 어떤 생각은 낡아 빠진 게 되었고, 어떤 것은 보편적인 게 되었다. 1954년 미국 연방대법원은 흑인학교와 백인학교를 구분하는 제도는 그 자체가 차별적이라고 판결하였다(Brown v. Board of Education).

'지금', '여기', '다수'의 뜻과 이익

법률가가 되기 위해 공부하고 있는 학생들은 헌법이나 법률의 조문과 판례를 소중하게 다룬다. 마땅한 일이다. 그러나 앞에서 보듯이 판례라는 것이 법률에 대한 충실한 해석의 결과라고는 하지만 근본적으로는 사람일 수밖에 없는 법관이나 재판관이 자신의 인식의 한계와 세계를 바라보는 각도와 폭 안에서 만든 것이라는 점도 부인할 수 없다. 특히 법관 자신이 자유로울 수 없는 이해관계에 관련되어 있거나 스스로 민감하게 반응할 수밖에 없는 사건에 대한 판단에서는 그런 측면이 두드러진다. 심지어 법률도 이러한 면을 가지고 있다. 법률은 수많은 이해관계의 갈등과 충돌 속에서 조정과 타협의 결과 만들어지는 것이기 때문이다. 법률이 '각자에게 각자의 것을' 주는 정의의 실현으로 얘기되지만, 실상은 '지금' '여기'에서의 '다수'의 뜻과 이해를 법률의 형식으로 관철시키는 것이라고 할 수 있다. 법률이나 그 해석과 적용이 모두 그것을 만들고 움직이는 사람과 관계되어 있는 것이다. 이게 현실의 법이다.

그럼에도 법과 법해석을 지고지선이라 한다거나 이에 대한 비판을 몰지각하다고 한다거나 자신의 편견을 보편적인 것처럼 여기는 태도는 법을 물신화物神化하는 것이다. 본래 물신을 숭배하도록 하는 것은 지배자가 원하는 바이다. 법은 사람이 만들고 사람이 해석·적용하여 움직이는 것이다. 물론 법이 사회 구성원 다수 또는 대표의 다수의 동의에 의하여 만들어졌으니 법이 효력을 가지는 동안은 그대로 집행되어야 하겠지만, 그것이 만들어질 때의 동의가 가지는 한계나 해석하고 적용하는 이들이 가지는 또는 가질 수 있는 문제점에 무심해서는 안 된다.

그러므로 우리가 법률과 판례를 공부할 때, 그것의 내용을 충실하게 이해하려 해야 하겠지만, 항상 그것이 가지는 한계에도 주목하지 않으면 안 된다. 특히 판례는 해석자의 인식의 한계 또는 오류까지 담고 있을 수 있으므로, 그저 있는 그대로 판례를 이해하고 받아들이려 하는 것은 매우 위험하다. 헌법재판소 주요 판례도 문제점이 지적되지 않는 것이 드물다.

생각은 가슴으로 하는 것

법은 사람을 위한 것이다. 그러니 법을 공부할 때 그 법 속에서 사람이 어떻게 살고 있는지를 연상하는 것도 좋고 또 필요한 일이다. 특히나 그 법 속에서 사람이 겪을 아픔을 느끼고 그걸 풀기 위해서 어떻게 해야 할지를 고민할 필요도 있다. 분노도 느낄 일이다. 법적 논리는 머리에서보다는 가슴에서 나오는 것이기 때문이다. 이런 공부 방법은 어떨까? 어떤 법 또는 조문을 공부하면서 항상 그 조항이 우리 사회의 가난한 사람, 장애를 가진 사람이나 노동자에게 어떤 의미를 가지는지를 생각하는 것이다. 그러면 법을 조금 더 넓게, 또 사람을 위한 것으로 배울 수 있지 않을까? 법에는 항상 사람이 있는 법이니까.

재산증식 수단으로서의 재단법인?

사법농단사건의 주범 양승태의 궤변

그는 이렇게 말했다. “학교법인에는 적지 않은, 때로는 막대한 기본 재산이 있게 마련인데, 임시이사가 정식이사를 선임함으로써 사학의 운영 주체가 변경되는 것은 그 재산의 귀속 주체에 실질적인 변경이 있는 것이나 마찬가지로서 재산권 침해의 문제도 야기된다.”(대법원 2007. 5. 17. 선고 2006다19054 전원합의체 판결 [이사회결의무효확인청구]) 재단법인도 법인격을 가지니 그 이름으로 재산을 소유하고 그 재산이 법인 이외의 어느 누구의 소유도 될 수 없는데도, 법인의 운영에 관한 권한을 가지는 이사들이 바뀌는 것이 재산권의 침해를 낳는다는 것이다. 대법관과 대법원장까지 지낸 그가 법인의 법리를 모르지 아니할 터, 그는 이렇게 부연한다. “비록 그 재산의 소유자가 형식상 동일한 학교법인이라 하여도 실질적으로는 귀속주체가 달라진 것에 다름없다 할 것이니, 이러한 결과는 결국 헌법 제23조가 보장하는 재산권에 관한 침해”가 된다는 것이다. 그의 이름은 양승태다. 과연 법인 재산의 ‘실질적’ 소유자라는 것은 있는가?

또 다른 사람, ‘법인’

법인이라는 제도는 매우 유용하다. 법인은 사람이 아니지만 법적 주체로 활동할 수 있는 자격을 갖고, 그 이름으로 권리를 얻고 의무를 부담한다. 법인의 주된 유형의 경우 책임의 범위가 제한되어 위험을 일정하게 분산하는 기능을 하기도 한다. 때로는 그 부분을 노려 사기 파산 등과 같이 타인의 또는 사회적 비용으로 개인의 이익을 도모하는데 악용되기도 한다. 이러한 법인은 이를 실질적으로 지배하는 이들에 의하여 이익추구수단의 하나로 사용된다. 주식회사의 경우 주식 소유를 통한 회사 지배에 의하여 그 수익을 얻게 된다. 그러나 이와 달리 일정한 목적에 바쳐진 재산에 법인격이 인정되는 재단법인의 경우는 재산출연자의 이익이 보장되지 않는다. 본래 재단법인이라는 제도는 이익추구를 위한 목적으로 만들어진 제도가 아닌 탓이다. 재산의 출연자가 재단 운영을 위한 이사를 당연히 맡는 것도 아니다. 하지만 재단에 재산을 출연한 경우 대체로 재단의 이사로서 재단 운영에 관한 임무를 수행하게 되며 재단에 대한 지배권을 행사하게 된다. 이러한 이사로서의 지위는 법적으로도 보장될 필요가 있다. 그리고 이들은 재단의 설립목적을 달성하기 위하여 '선량한 관리자로서의 주의의무'를 부담하게 된다.

재테크로서의 재단법인 설립과 운영

그런데 재단의 설립자나 이사장이 재단 운영과 관련하여 재단을 자신의 재산인 양 여기는 경우가 적지 않다. 자기가 재단의 '주인'이라는 것이다. 그리고 재단을 통하여 이익을 추구하기도 한다. 재단법인의 임원이 급여를 받지 않지만 건축공사나 직원의 채용 등과 관련하여 이익을 추구하는 것은 대표적인 수익모델(?)이다. 그 결과 재단을 설립하는 것이 재단에 대한 실질적 소유를 통하여 수익을 올리는 기회로 인식된다. 그리고 그런 게 보장이 되지 않는다면 누가 재산 바쳐 재단법인을 설립하겠느냐고 한다. 이런 인식을 하는 이들이 주변에 의외로 많다. 법적인 개념과는 너무 동떨어진 것이지만 법률가들 가운데도 재단이라는 것도 주인이 있다고 생각을 하는 이들이 적지 않다. 앞에서 말한 양승태 전 대법원장의 경우도 그에 해당한다. 다른 대법관들이 그의 의견에 동조하지 않은 건 다행이다.

법인의 사유화를 뒷받침하는 판결

법인의 불법적인 이익추구행위가 나타나는 것은 학교법인이나 사회복지법인 등을 가리지 않는다. 이런 행위는 감독관청의 부패와 무관하지 않다. 제대로 된 지도·감독권을 행사한다면 법인의 위법행위를 상당 부분 제어할 수 있을 것이다. 이사의 잘못도 결코 작지 않을 것이다. 그리고 법인에는 주인이 있고 주인은 웬만한 잘못이 있지 않고는 그 지위를 잃어서는 안 된다는 생각과 이를 반영한 법률가의 법해석이 그 배경을 이룬다. 학교를 파탄지경에 이르게 한 자를 다시 법인의 이사로, 심지어 총장으로까지 복귀하는 길을 열었던 게 앞의 대법원 판결이다. 법인의 설립자나 이사장이나 이사는 법인의 주인이 아니다. 선량한 관리의무를 지는 이들이고 이를 위반하면 그 지위를 유지할 수 없다는 것이 법리이다. 법인이 이익추구수단일 수는 없는 것이다.

자연법은 있는가?: 안티고네의 항변

폴뤼네이케스의 주검

고대 그리스 비극 가운데 소포클레스가 쓴『안티고네』라는 제목의 희곡이 있다. 안티고네는 오이디푸스왕의 딸이다. 오이디푸스왕이 자신의 눈을 찔러 장님이 되고 테바이를 떠난 뒤, 아들 에테오클레스와 폴뤼네이케스는 교대로 테바이를 다스리기로 했지만 에테오클레스가 폴뤼네이케스를 쫓아냈다. 이후 아르고스로 망명한 폴뤼네이케스는 아르고스 왕의 사위가 되어 테바이를 공격하였다. 두 형제의 일대일 대결에서 두 형제가 모두 죽었다. 테바이의 왕이 된 크레온은 테바이를 위해 싸우다 죽은 에테오클레스는 왕의 예로 장사한 반면, 테바이를 침략한 폴뤼네이케스의 시신은 들판에 버려두고 짐승의 먹이가 되도록 하였다. 시체 주변에 파수꾼을 세워 두었고, 시체를 훔치거나 매장하는 자는 사형에 처한다는 포고령을 내렸다. 서슬 퍼런 왕의 명령 앞에서 어느 누구도 시신을 매장하려는 엄두를 내지 못하고 있을 때, 여동생인 안티고네가 오빠의 시신을 흙으로 덮어 주었다. 당시 그리스에서는 죽은 자를 매장하지 않거나 최소한 흙이라도 덮어 주지 않으면 그 영혼이 지하의 명부로 들어갈 수 없다고 믿고 있었기 때문이다. 왕의 포고령을 어긴 죄로 크레온 왕의 신문을 받게 된 안티고네는 이렇게 말한다. 왕의 명령은 "신께서 내리신 명령이 아니었습니다. 지상의 인간들을 다스리시는 저 최고의 정의는 그러한 법을 만들지 않습니다. 내리신 포고는 강력한 명령이었습니다. 그러나 당신의 모든 힘이란 것도 신의 영원한 불문율에 비하면 미천하기 짝이 없습니다. 하늘의 법은 오늘에만 존재하는 게 아닙니다." 테바이의 어떤 시민도 안티고네를 범죄자로 생각하지 않았다. 안티고네는 바위 무덤에 갇히고 죽지 않을 만큼의 음식만 먹을 수 있게 되었다. 결국 마음을 돌려 안티고네를 풀어 주려 바위 무덤에 찾아갔을 때 안티고네는 목을 맸고, 자신의 아들이자 안티고네의 약혼자인 하이몬도 자결한 뒤였다. 아들의 소식을 들은 어머니 에우리디케도 목숨을 스스로 끊었다.

자연법인 '신의 법'

이 작품은 신의 법을 인간의 법이 거스를 수 없다는 메시지를 담고 있다. 다른 말로 표현하자면, 자연법에 어긋나는 실정법은 효력이 없다는 것이다. 자연법에 어긋나는 실정법이 초래하는 비극을 통하여 자연법의 하나인 신의 법을 생생하게 전하고 있다. 자연법은 근대 시민혁명 과정에서도 구체제를 전복하고 새로운 세상을 여는 데 중요한 역할을 한다. 우리 역사에서도 박정희, 전두환으로 이어지는 독재 시대에 대항하는 논리의 하나가 자연법이었다. '악법도 지켜져야 한다.'가 아니라 '악법은 효력이 없다.'라는 것이었다. 이런 연유로 우리에게 자연법이란 매우 좋은 것으로 가까이 있다. 나쁜 실정법을 공격하고 타파하는 것이니까.

삼인삼법三人三法

하지만 자연법에도 문제가 있다. 그리스 시대에 사람을 매장해야 한다는 게 신의 법이었다고 해도 그것이 어느 시대, 어느 사회에서나 보편타당한 진리는 아니기 때문이다. 신의 뜻이나 사람답다는 게 언뜻 당연한 것 같지만 사람마다 제각각일 수 있다. 삼인삼법이다. 때로는 인간을 억압하는 체제가 신의 뜻을 구현한 것이라고 하여 현상을 정당화하는 데 이용되기도 한다. 중세시대의 신의 뜻이라는 자연법이 그랬다. 급격한 정치적 변화 이후 몰락한 권력자가 새로운 체제에 대해 불만을 가질 때 체제를 공격하는 논리가 될 수도 있다. 예를 들면, 혁명으로 왕정에서 민주정으로 이행했을 때 과거 귀족 세력이 자신들이 생각하는 자연법으로 민주주의를 공격하기도 했다. 그래서 자연법이 배척되기도 한다.

영원불변의 자연법이 있다고 하기도 어렵고 자연법의 해악도 있지만, 그렇다고 자연법이 부정될 수는 없다. 실정법이 인간의 삶을 억압할 때 자연법은 실정법을 견제하고 실정법을 법답게 하기 때문이다. 자유와 해방을 갈구하는 인간의 삶이 있는 한 이에 봉사하는 자연법은 '있다'고 할 수 있지 않을까?

법실증주의와 자베르의 죽음

무자비한 인간 자베르

자베르는 가석방된 뒤 자신의 소재를 신고하지 않고 사라진 죄수 장발장를 잡으려 그의 뒤를 쫓는 경찰관이다. 아주 어릴 적에 읽은 『장발장』이라는 제목으로 된 소설에 나오는 그는 인정이라고는 눈곱만큼도 없는 냉혈한이고 무자비한 인간으로 필자의 머릿속에 기억되고 있었다. 굶주린 조카를 위해 빵 한 조각을 훔친 죄로 수감되고 이후 탈옥하려다 잡혀 19년형을 선고받았다는 19세기 프랑스의 무자비한 사법제도와 겹쳐 그가 무자비한 인간으로 기억되었는지도 모른다. 사실 이것은 빅토르 위고가 그린 그의 모습이기도 하니 잘못 이해한 것도 아니다. 그는 부모가 모두 감옥에 있어 옥중에서 태어났고, 사회에 돌아갈 것을 단념한 채 자유분방한 생활을 하는 족속들에 대한 말할 수 없는 증오심을 느끼며 살아가는 사람으로 그려져 있다. 하나의 납작코와 두 개의 깊은 콧구멍, 텁수룩한 구레나룻을 가진 그는 '평소에는 불도그 같았고 웃으면 호랑이 같았다.'라고 묘사되어 있다. 그는 '한 번 법을 범하여 죄악 속에 발을 들여놓은 이들에 대해서는 모두 경멸과 반감, 혐오를 품'고 사는 사람이다.

자베르의 자살

〈레미제라블〉이라는 제목으로 상영된 영화를 보면서 필자는 깜짝 놀랐다. 자베르의 죽음 때문이다. 또 영화를 보기 전에 읽은 원작 소설에서도 '자베르가 과연 나쁜 사람이라고 할 수 있을까?' 하는 의문도 가졌다. 가석방된 장발장이 마들렌이라는 이름으로 어느 도시의 시장이 되었는데, 이 도시에서 자베르가 마들렌 시장에게 자신을 파면하여 달라고 요청하는 장면에서다. 자신은 마들렌 시장이 죄인 장발장이라고 의심하고 상부에 그렇게 보고했는데, 장발장이라는 인물이 체포되어 다른 곳에서 재판을 받고 있으니 자신은 상관을 무고한 죄가 있다는 것이다. 물론 마들렌 시장(장발장)은 이를 받아들이지 않았다. 그는 장발장이 아닌데 억울하게 처벌받아야 하는 다른 이를 위하여 그 법정에 나타나 저 사람은 장발장이 아니라고 증언을 하고는 다시 마들렌이라는 이름의 안락한 삶을 포기하고 코제트와 함께 힘든 삶의 길을 떠난다. 조만간 상관을 무고한 사실이 알려져 파면될 위험이 있다 해도 미리 자신의 죄를 자백하고 해임해 달라고 한 자베르의 모습은 필자가 기억하는 그의 모습과는 어울리지 않는 것이었다. 자베르는 나중에는 자살하기까지 한다.

충실한 법집행은 잘못인가?

과연 그는 냉혈한이었을까? 인간적인 고민도 없이 장발장의 뒤를 쫓아다니는 야수였을까? 법이라는 게 만들어지면 그대로 집행되어야 하는 것이니, 그가 지켜야 할 법대로 법을 집행한 것이 잘못이었을까? 결국 법을 자신의 삶의 전부로 알고 나쁜 인간을 처벌하는 것이야말로 정의라고 알고 살다가 그렇지 않다는 것을 깨닫고 자신의 삶을 처절하게 후회하여 목숨을 버린 것은 아니었을까? 정말 좋은 법을 가지고 있었다면, 또는 법을 집행하는 자는 법의 흠이 있어도 일단 이것을 집행할 의무를 가지고 있다면 치열하게 그 법을 집행하려는 그의 태도는 변호되어야 하는 것은 아닐까? 그가 법에 허용된 자신의 권한을 넘어서 장발장을 괴롭혔다면 모르지만, 철저하게 법을 집행하고자 하는 것이었다면 그도 억울하지 않겠는가? 그렇다면 비난받아야 할 것은 그가 아니라 법이 아닐까?

엄정한 법집행이 필요하다

자베르를 보면서 고무줄 같은 우리 시대의 법에 대해 생각하게 된다. 떡값(말이 떡값이지 떡을 사 먹을 것도 아니고 실질은 뇌물이다.)을 준 검사의 실명을 공개한 것이 통신비밀보호법 위반이라고 어느 국회의원이 유죄판결을 받아 의원직을 상실하였는데, 이 사건에서 정작 떡값을 준 사람들이나 이 돈을 받은 검사들은 처벌받지 않았다. 재벌 회장은 엄청난 액수의 회사 돈을 횡령하거나 배임죄를 범해도 다 풀려나지만, 가난한 시민들은 작은 액수의 물건을 훔쳐도 처벌을 받는다. 실제 징역형을 살게 된다. 법은 사람의 지위의 높고 낮음이나 재산의 많고 적음을 따지지 않는다. 그게 법의 공정성이다. 우리가 너무나도 뻔하게 그런 결과가 있을 거라는 것을 알 정도로, 집행되는 법은 강한 자에게는 약하고 약한 자에게는 엄하다. 어쩌면 자베르 같은 엄정한 집행자가 필요한 것 아닐까? 자기 상관까지도 의심하고 처벌받아야 한다고 생각하고 자신도 역시 잘못하면 그 법에 의하여 처벌되어야 한다고 생각할 수 있는 자베르 말이다.

승복 요구의 불편함에 대해

재판결과에 승복하라?

2017년 박근혜 씨가 대통령직에서 파면되었다. 그 동안의 실정과 악행을 보면 마땅한 결과다. 파면 말고 다른 결정을 예상할 수 없었고, 헌법재판소는 국민이 이미 내린 결론을 충실하게 담아 파면결정을 선고하였다. 이제 새로운 대통령을 잘 뽑고, 박근혜 씨 등이 저지른 범죄에 대해 충실한 수사를 통해 엄정한 처벌을 기대한다.

파면결정 전후로 헌법재판소 결정에 대해 승복을 요구하는 캠페인 비슷한 게 벌어졌다. 아마도 파면이나 탄핵소추기각결정이 가져올 극단의 충돌을 염려하였기 때문이라고 생각된다. 그러나 이러한 '승복勝服'을 요구하는 것이 무척 불편하다.

쉽지 않은 패자의 승복

재판이나 정치적 싸움에서 지고 승복한다고 말하기란 쉽지 않다. 졌는데 왜 이유가 없겠는가? 필자도 잠시 동안이지만 이재용 삼성 부회장에 대한 구속영장 청구가 기각된 뒤 법원의 결정에 항의하는 농성에 참여한 적이 있다. 법원의 결정이라고, 법률에 따른 선거 결과라고 승복해야 할 이유는 없다. 지금도 박근혜 씨가 당선되었던 대통령 선거에 대해 부정선거라고 생각하는 사람들이 적지 않고 이 사람들은 지금도 박근혜 씨를 대통령으로 인정하지 않는다. 그러나 그럼에도 이러한 법원의 결정은 '유권적'이기 때문에 법적 효력을 가지고 있고 안 따르려 해도 안 따를 수가 없다. 그걸 부인하자니 시간과 돈이 많이 들고 버거운 일이다. 제18대 대통령선거무효확인소송을 청구했으나 대법원에서 소송기일을 열지도 않고 각하결정하였잖는가? 그리고 안 따른다고 해도 법률의 테두리를 벗어날 수가 없다. 그렇지 않아도 활동을 주시당하고 있는 터에 법률을 위반하면 더 큰 화를 자초할 것이므로. 법을 집행하고 판단하는 사람들의 승복은 필수적인 것은 아니다. 법률상 인정되는 범위 안에서 법원이나 헌재 결정에 항의를 할 수도 있는 일이다.

지고도 승복한다고 말하는 이유는?

또 승복은 진 사람이 스스로 하는 것이지 이긴 사람이나 제3자가 승복하라고 할 말은 아니다. 진 것도 억울하고 슬픈데, 진 것을 받아들인다는 말을 하는 것은 가혹한 것이기도 하다. 박근혜 대통령 탄핵심판사건 헌재 결정을 앞두고 어느 방송의 토론프로그램에 출연했는데, 방송 진행자가 '헌재 결정이 나면 이 결정에 승복해야 하는 이유를 설명해 달라.'라고 하기에 말이 꼬인 적이 있다. 탄핵기각 결정이 내려진다면 필자는 승복할 생각이 없었기 때문이다. 필자가 생각하기에 파면 말고는 다른 것을 예상할 수 없는 사건에서 탄핵소추를 기각한다고 하면 왜 승복하겠는가? 또한 파면결정이 내려진다 해도 파면된 사람에게 승복하라고 요구하는 게 옳지 않기 때문이다. 승복은 진 사람이 스스로 해야 할 말이고 행동이다. 그러니까 질문에 답을 하기보다는 질문 자체에 대해 반론을 폈어야 하는 것이었다.

그래도 진 사람이 '승복'한다고 하는 것은 지더라도 일어날 '기운'을 모으는 의미이고, 멋지게 지고 다시 이길 기회를 모색하는 데 유리하기 때문이다. 법률이나 법 판단기관을 존중하고 결정을 받아들이는 태도는 또 자신에게 유리한 결정이 내려질 때 그것을 정당화하는 근거도 되기 때문이다. 또 국민 간의 대립이 초래된 상황에서라면 국가기관의 판단을 존중하고 받아들이는 것이 이제 정치적 안정을 위해서 필요한 것이기 때문이다. 특히 물러나는 정치인이라면 그것이 정치인으로서 할 수 있는 마지막 봉사일지도 모른다.

승복한다고 말하지 않아도 괜찮아

파면된 전직 대통령 박근혜 씨가 승복한다는 말을 하지 않은 걸 두고 비판이 많다. 그러나 승복한다는 말은 당연히 해야 하거나 하라고 요구할 수 있는 말은 아니다. 그런 고상한 말은 하지 않아도 좋다. 그리고 사실 박근혜 씨가 그런 말을 하리라고 기대하지도 않았다. 이 대목에서 승복한다는 말을 하는 것은 그래도 앞으로 정치적인 문제의 해결과 안정에 기여하는 것이 될 테고 그것은 나름대로 국가의 이익과 국민의 삶을 생각하는 정치인이라야 가능할 것이기 때문이다. 4년 동안 무지와 무능 그리고 무책임으로 일관한 사람에게 또 그러한 집단에게 일말의 국가와 국민을 위한 언행을 파면 이후에까지 기대한다는 것은 가당치도 않은 일이었다.

이제 이들은 서서히 죽어 갈 세력일 뿐이다. 그들이 승복하지 않아도 좋다. 다만 결정에 항의하는 자신들의 행위를 헌법과 법률의 한계 안에서 하길 바라고 법률을 위반하면 처벌이 기다리고 있다는 것을 상기시켜 주고 싶을 뿐이다. 백색테러는 권력의 뒷받침을 받는 자들의 소행이니 이제 죽은 권력을 믿고 날뛰는 일이 없기를 바란다. 하지만 아직은 죽지 않은 권력인가?

제2장

사람을 위한 법, 인권, 인권감수성

거세는 욕망까지 거세할 수 없다

거세로 씨(?)를 말려야 한다는 주장들

성범죄, 그것도 어린이를 대상으로 한 잔인한 행위를 보면서 온 사회가 분노하고 있다. 아직 성에 대해 눈도 제대로 뜨지 못한 아이에게 성적으로 해를 가하는 것은 어린이의 신체를 상하게 할 뿐만 아니라 인격 형성에 관련되는 중요한 부분을 파괴할 위험이 있기에 이러한 분노와 비난은 정당한 것이고 마땅한 대책이 마련되어야 한다.

그러나 성범죄에 대한 대책으로 제시되는 것을 보면 눈앞의 분노를 제대로 다스리지도 못한 채 효과가 있을지도 의심스러운 대책을 범죄인에 대해 실시하고자 하는 경우가 많은 것 같다. 화학적 거세(성충동 약물치료)가 그 예이고, 심지어 물리적 거세까지 대책으로 제시되고 있다. 이런 대책은 효과가 있을까? 물론 물리적 거세까지 담은 법률안이 국회에서 통과될 정도로 우리의 의식이 낮다거나 의원들이 무지하다고 생각지 않지만 이런 법안을 지지하는 시민이 있는 것도 사실이다. 하지만 화학적 거세나 물리적 거세라는 방법 모두 성범죄를 억지하는 데 효과가 의심스러울 뿐만 아니라 인권침해의 위험을 안고 있다.

성범죄는 신체의 호르몬 작용 때문인가?

이들 방법은 성범죄가 범죄인의 호르몬 작용으로 나타나는 신체적 행동으로 보는 전제에 서 있다. 과연 남성의 성적 충동을 억제하기만 하면 문제가 해결될 수 있을까? 인간의 성적 문제는 심리적이고 정신적인 부분과 밀접한 관계에 있다고 한다면, 아무리 남성호르몬 분비를 억제하고 심지어 성기까지 없앤다 해도 성적으로 자신을 확인하고 싶어 하는 인간의 마음까지 잠재우기는 어려울 것으로 생각한다. 사실 성범죄인 강제추행이나 강간죄는 성적 충동을 일으킨 남자만이 직접 범하는 범죄가 아니라는 점도 기억할 필요가 있다. 남을 시켜서 또는 그런 행위를 부추겨 할 수도 있기 때문이다.

우생학과 거세형

화학적 거세는 신체의 완전성을 손상할 수 있다는 점에서 기본적 인권에 대한 침해라는 주장이 제기된다. 특히 물리적 거세는 이러한 신체의 완전성에 대한 극단의 침해를 초래한다. 1942년에 선고된 미국 연방대법원의 한 판결(Skinner v. Oklahoma)에서는 거세형이 결혼하고 자손을 낳는 인간의 기본적 인권에 관련되는 것으로서, 이것이 시행됨으로써 미묘하고 광범위한 파괴적인 효과가 발생할 것이라고 지적하고 있다. 특히 사악하거나 부주의한 자들이 거세형을 시행하게 되면 사회의 지배적 그룹에 해롭다고 여겨지는 인종이나 집단은 쇠약해지거나 사라질지 모른다고 하였다.

범죄의 원인은 범죄인의 신체에만 있는 것이 아니다

형벌을 가중하거나 더 무겁고 무서운 형벌을 고안하는 것이 범죄예방에 기여한다고만은 할 수 없다. 심지어 사형이라는 형벌도 살인이나 중범죄를 억지하는 데 별 효과가 없다는 것은 널리 인정되는 주장이 아닌가? 절도죄를 막으려면 범죄인의 손목을 자르는 방법이 아니라 공평한 사회를 만들고 사람들에게 부족한 것이 무엇인지를 살피는 정책을 시행하는 것이 우선되어야 한다. 성범죄는 범죄인의 자존감을 회복하는 것이 우선이다. 어떤 범죄가 사회적이지 않은 것이 있는가? 범죄에 대한 대책은 범죄인 하나에 대해서만 이뤄져서는 안 된다.

그런 법률도 있었나?

세상에 이런 법률이

법을 연구하는 것을 직업으로 삼고 있지만, 가끔은 "그런 법률도 있었어?" 하는 반응을 보여야 하는 법률을 접하게 된다. '군복 및 군용장구의 단속에 관한 법률'도 그 가운데 하나이다. '군수품의 유출을 방지하고, 군의 품위를 유지하며 나아가 군의 임무를 효과적으로 수행하는 데 기여함.'을 목적으로 하여, 심지어 '군인이 아닌 자가 군복을 착용하거나 군용장구를 사용 또는 휴대'하는 것을 금지하고 '유사 군복을 착용하여 군인과 식별이 곤란하도록 하여서는 아니 된다.'라고 한다. 물론 문화·예술 활동 또는 국방부령이 정하는 의식행사, 공익을 위한 활동으로 국방부령이 인정하는 경우는 제외된다. 군인 아닌 자가 군복을 착용하거나 군인과 식별이 곤란할 정도의 유사 군복을 착용하면 10만 원 이하의 벌금이나 구류 또는 과료에 처해진다.

군사정권의 유산

원래 이 법률은 유신정권이 서슬 퍼런 칼날을 휘두르던 1973년 1월에 비상국무회의에서 제정하였다. 당시 군에서 큰 문제가 되던 군수품의 유출을 방지하는 것이 가장 큰 입법목적이었다. 그러나 군수품의 횡령과 시중 유통을 막으려면 군수품의 생산과 군납에 관련되는 사업자와 군수 담당자에 대한 규제를 통하는 것이 원칙이며 그 유통과 사용 자체까지 막는 것은 그것이 다른 방법이 없이 불가피한 경우에 한정되어야 한다. 횡령한 군수품이라면 형법상 장물죄로 대처할 수 있으니 별도의 법률이 굳이 필요할지도 의문이다. '군의 품위'를 유지하고자 하는 입법목적을 위해 이 정도의 규제가 필요한지는 의문이다. 명예를 가장 소중하게 여기는 군인이지만 군인 아닌 다른 이들이 군복이나 유사 군복을 입는다고 하여 군인의 품위가 훼손되는 것은 아니기 때문이다. 군인의 명예가 그렇게 훼손될 리도 없다. 또 일반인이 군복을 입는다고 하여 얼마나 '군의 임무를 효과적으로 수행'하는 데 지장을 받을까? 평시에는 군인이 국민에 대하여 군사력을 바탕으로 한 권한을 행사할 수 없으므로 일반인이 군복을 입는다고 하여 군의 임무 수행에 지장이 생길 리도 없다. 전시에는 군인에게 더욱 위험한 시기이므로 일부러 민간인이 군복을 입으려 하지 않는 것이 일반적이다. 적군이 아군의 군복을 입는 경우를 막기 위해서 일반인의 군복 착용을 금지하는 것이라면 아무래도 지나치다. 지나치게 군대 중심으로 생각하고 국민의 자유를 제한하는 것이다.

개성의 표현과 군복

누구나 자기의 취향(지향성)에 따라 가장 적합한 옷을 골라 입을 수 있다는 것은 국민의 기본적 인권에 속한다. 필자는 그리 좋지 않은 군에 대한 기억을 가지고 있기 때문에 예비군훈련 때가 아니면 군복을 입지 않았고 군복을 입고 다니는 사람들에게 호감을 느끼지도 않지만, 사람에 따라서는 보람 있었던 군 시절을 떠올리면서 자부심으로 군복을 대할 수도 있다. 이들에게 군복을 입는 것은 자신의 정체성이나 의사의 표현이기도 할 것이다. 더구나 이러한 군복 착용 행위에 대해서는 구류와 과료라는 형벌이 과해지므로 무엇이 범죄가 되는지를 명확하게 알 수 있도록 하여야 하는데, 예비역은 '군인'인지, 문화·예술 활동의 범위가 무엇인지 등 불명확한 부분도 많을 뿐만 아니라, 과연 이 입법목적을 달성하기 위하여 그런 규제를 하고 게다가 형사처벌까지 할 필요가 있을지 납득할 수 없다. 물론 전시에 전투에 참여하는 군인과 일반인을 구분하기 위해 필요한 경우가 있을 수 있다.

좋은 법은 상식에 가깝다. 국민의 기본적 인권은 필요한 경우, 필요에 상응하는 정도로만 최소한으로 제한하여야 한다. 군의 품위와 임무 수행의 적절함은 옷에서 나오는 것이 아니다.

서산개척단…… 이 땅은 누구 것인가?

사회명랑화?

'사회명랑화'사업이라는 게 있었다. '부랑아 등'을 일소하여 사회를 맑고 밝게 한다는 것이었다. 1961년 군사쿠데타 이후의 일이다. 이들을 개간, 간척사업에 동원하여 사회는 명랑하게 하고 농사지을 땅도 넓히고 이들을 정착시킨다는 계획이었다. 마침 미국 공법(PL) 480호에 의한 잉여농산물 지원이 있었으니 사업을 많이 벌일수록 지원도 많이 받을 수 있었다. 그렇게 해서 전국에 140곳의 자조근로사업 작업장이 생겼다. 이 작업에 참여한 이들 가운데 영세민에게는 개간 사업이 종료되면 논은 2,400평, 밭은 3,000평 이상을 기준으로 분배한다는 계획까지 있었다. 이 점은 보건사회부의 '자조근로사업실시요령'뿐만 아니라 다른 문서에서도 확인된다. 개간허가나 공유수면매립 허가를 받은 곳이 자조근로사업장의 지정을 받으면 여기서 일하는 사람들에게 정부가 노임으로 밀가루 3.3kg을 지급하니 개간 등을 하는 사업자는 그냥 땅 짚고 헤엄치기 식으로 공사를 마치고 땅의 소유권을 취득하게 되었다.

폐염전을 농경지로!

이것은 국가가 벌인 사업이었다. 자조근로사업 작업장은 서산과 장흥에도 있었다. 이 두 곳은 대한청소년개척단이 운영하던 곳이다. 대한청소년개척단은 1961년 11월에 구성되었다. 서산작업장(서산개척단)

은 국유 폐염전을 농경지화하겠다는 곳이었다. 말은 폐염전이지만 실은 염전이 아니라 아무것에도 쓸데없는 땅이었다. 단장을 맡은 민정식이 서울에서 68명을 데리고 내려갔으며, 행정기관과 군 그리고 경찰이 '협력'하여 단원을 충원해 주었다. 경찰의 '후리가리' 단속에 걸려온 사람도 있었고, 영문도 모른 채 끌려온 사람도 있었다. 단원의 수가 많을 때는 1,700명에 이르렀다고 한다. 운영은 폭력적이었다. 구타와 학대가 심했다. 탈출을 서로 감시하도록 했다. 맞아 죽으면 암매장을 했다. 단장이 지원되는 양곡을 빼돌려, 먹을 게 부족했다. 이들의 정착을 위해서 자신의 의사와 상관없이 결혼을 합동으로 시키기도 했다. 서울시장이 주례를 하고 피로연은 워커힐에서 열어 주었다. 대한뉴스로도 홍보되었다. 단장은 인권선언기념일에 국무총리 표창을 받았다. 5년 뒤 단원들이 '봉기'하고 서산개척단은 해체되었다. 그리고 이 사업은 서산군이 맡아 진행하게 되었다.

개간한 토지를 분배하겠다는 약속은 어디로?

이 사업 완료 시 작업에 참여한 이들에게 개간된 땅의 일부를 분배하는 것은 정부의 확고한 입장이었다. 보건사회부의 자조근로사업 실시요령에서도 이 점을 분명하게 하고 있고, 이를 위해 1968년 만들어진 자활지도사업에 관한 임시조치법에서도 '사업 시행으로 생긴 분배대상이 되는 토지는 대통령령이 정하는 바에 의하여 근로구호의 대상자에게 우선적으로 무상분배할 수 있다.'(제6조)라고 규정하였다. 그리고 개간에 참여한 단원들에게 땅도 가분배되었다. 그러나 이 법률의 시행령은 제정되지 않고 있다가 1982년 12월 이 법률이 폐지되었다. 원래 "이 법은 구호용 양곡(PL480-2에 의한 미국 잉여 농산물 등 외국원조용 양곡)을 활용하여 영세민의 취로사업을 수행하기 위한 임시조치로 제정된 것이나 1973년 이후 구호용 양곡이 없어져 이에 의한 취로사업도 불가능하게 되었으므로 이 법을 폐지"한다는 것이다. 이로써 서산개척단 단원들이 땅을 분배받을 법률상의 근거가 사라지게 되었다. 강제로 끌려와서 죽도록 맞아 가며 일하다가 지긋지긋한 곳을 떠나려 하다가도 좀 더 참고 일하면 내 땅이 생긴다는 희망 하나만 갖고 살아온 사람들에게는 날벼락 같은 일이었다. 단원들은 자조근로사업의 지원이 끊긴 뒤에는 서울 남산터널 공사장 등 다른 곳에 가서 일하고 와서 가분배된 '자기' 땅을 계속 개간하였다고 한다. 그렇게 해서 우리가 보는 반듯한 옥토가 만들어졌다. 그러나 이 땅은 국유지로 남아 있다.

국가의 거짓말

이들은 시효취득에 의한 소유권이전등기청구를 하였으나 패소하였다. 가분배된 땅을 돈을 주고 사라고 하자 가분배 조치가 무상이라는 확인을 요구하였으나, 근거 법률의 시행령이 없으므로 가분배 조치가 무효라는 판결이 선고되었다. 이 땅을 토지대장에 국유지로 기재한 '처분'의 위법성을 다투었으나 각하되었다. 국유지를 '무단점유'한 데 대한 변상금 부과처분에 대해 다투었으나 패소하였다.

이들은 말한다. 너무 억울하다고, 여기서 일하면 땅을 주겠다고 거짓말을 한 국가는 책임을 져야 하지 않느냐고. 이 땅은 누구 것인가?

765, 345, 154

고압전류가 흐르는 송전탑 아래

제목의 숫자가 무슨 뜻인지 아시는 분은 많지 않을 것이다. 고압송전선로에 흐르는 전압의 크기이다. 전압이 각각 76만 5천 볼트(765kV), 34만 5천 볼트(345kV), 15만 4천 볼트(154kV)라는 말이다. 킬로볼트를 생략하고 앞의 숫자만으로 송전선로의 전압을 나타내는 것이다. 전압의 크기에 따라 철탑의 모양도 다르다. 오늘부터 눈여겨 볼지도 모르겠다.

밀양과 군산 등에서 송전탑 선로 건설을 둘러싸고 주민과 한전 사이에 싸움이 심각하게 발생한 적이 있다. 아직도 후유증이 심각하다. 밀양 지역은 한전이 765kV 송전선로 건설을 강행하였고(군산 지역은 이보다 낮은 345kV이다.), 주민들은 선로를 바꿔 달라, 땅속으로 지나가게 해 달라, 피해보상을 현실화하라는 등의 요구를 하였다. 이 송전선로는 부산 가까이에 있는 신고리핵발전소에서 생산하는 전기를 경기 지역까지 보내기 위한 것이라 하니, 어쩌면 이 지역에서의 문제는 앞으로 벌어질 큰 갈등의 시작일지도 모른다. 국토의 중앙을 따라 고압 송전선로가 앞으로도 300km 이상 건설되어야 할 테니까. 그래서 밀양 지역 송전선로 건설 문제는 단순히 주민들의 피해보상 정도가 아니고 근본적으로 핵발전에 의한 대량 전기생산을 언제까지 지속할 것인가, 전기 소비를 줄이기 위한 방안은 무엇인가 등으로 바뀌고 있다.

갈등은 왜 생기는가?

여기서는 그런 거시적인 문제는 미뤄 두고, 한전과 주민 사이의 갈등이 왜 생기는지를 법적인 측면에서 살펴보자. 첫 번째 원인은 한전이 송전선로 건설 등을 시작할 때 주민들의 의견을 제대로 듣지 않아 주민의 불신이 극심하기 때문이다. 이런 사업계획의 수립과 시행과정에는 주민의 의견수렴을 위한 공청회를 개최하게 되어 있다. 그런데 한전은 이런 절차를 대부분 피하고 싶어 한다. 오랜 경험 때문인지 모르겠으나, 주민들의 의견을 다 듣다 보면 아무 일도 못한다는 생각이 강한 듯하다. 그래서 한전은 공청회가 열린다는 사실을 주민들에게 제대로 알리지도 않았고, 이 사실을 공청회 직전에야 알게 된 주민들이 아예 공청회를 거부하게 된다. 이런 때를 대비하여 법률에서는 주민들의 거부 등으로 공청회가 열리지 못할 경우는 공청회를 연 것으로 보고 사업을 진행할 수 있도록 하고 있다. 한전은 법률 절차를 준수하였다고 하겠지만 주민들이 이 사업을 인정할 수 있을까? 이러한 사업을 위한 토지수용에 협조할 리도 없다. 법률이 불신을 조장하는 결과를 낳고 있는 것이다.

둘째, 토지 등 재산권의 침해에 대해 정당한 보상이 이뤄지지 않기 때문이다. 현재 송전선로 건설로 보상이 이뤄지는 것은 철탑 부지와 선로 아래 토지(선로 양쪽 3m까지)이다. 그러나 무인항공기를 이용하여 방제작업을 하는 곳은 철탑과 선로가 생기면 더 이상 항공방제를 할 수 없게 된다. 이처럼 통상적인 손해 이외에도 고려하지 않으면 안 되는 손해가 적지 않다. 그러니 주민들의 불만이 높을 수밖에 없다. 땅을 강제로 수용당한 것도 억울한데 피해마저 제대로 보상하지 않으니까. 특히 고압송전선로 주변의 전자계(전자파)의 영향에 대해서도 걱정을 한다. 정부나 한전은 위험이 없다고 하지만 어느 누구도 위험이 없다고 단정하지 못한다. 실제 고압송전선로 주변 지역에서 암환자가 집단으로 발병하기도 한다. 땅값은 떨어지고 거래마저 이뤄지지 않는다. 설사 전자계의 영향이 없다 해도, 그러한 피해를 입을 수 있다는 불안감 자체가 피해이다.

분쟁해결을 위한 합의로서의 법

이러한 문제는 상당 부분 법률에서 송전선로 건설로 인한 피해에 대해 정당한 보상을 할 수 있는 근거를 마련하지 않아 생긴다. 법률에서 이런 공사로 인한 피해를 세심하게 분류하여 보상할 수 있도록 하면 불필요한 긴장과 갈등은 상당 부분 사라질 수 있다. 2014년 송·변전설비 주변지역의 보상 및 지원에 관한 법률이 제정되어 시행되고 있다. 무슨 일을 하든 정당한 비용을 치르는 것은 당연하다. 주민의 순종과 침묵만을 요구할 수는 없는 것이다.

인권은 따뜻하다

사람의 손길과 숨결이 느껴지는 물건들

슈퍼에 무더기로 쌓아 놓고 파는 감귤의 꼭지에 남아 있는 칼자국을 보면 나무에서 열매를 따내던 사람들의 고된 노동과 따스한 숨결이 느껴진다. 우리가 입는 옷이나 길가의 시설물을 볼 때도 그 물건을 만든 사람들의 손길이 느껴진다. 사람 사는 세상 속의 물건이나 현상치고 사람과 동떨어진 것은 흔치 않다.

법 역시 사람이 만든 것이고, 또한 사람을 위한 것이다. 사람이 법을 위해 있는 것이 아니라 법이 사람을 위해 있다. 그러기에 법은 냉철한 논리일 뿐만 아니라 사람의 따스한 온기를 간직한 것이어야 한다. 사회적 힘을 가진 강자에게는 준엄하고 약자에게는 따뜻한 것이어야 한다.

안마사는 '앞을 보지 못하는 사람들'만 할 수 있는가?

안마사의 자격을 앞을 보지 못하는 사람들(맹인)에게만 한정한 보건복지부령은 위헌이라는 헌법재판소의 결정을 두고 논란이 있었다. 맹인들은 한강에 투신하면서 시위를 하기도 했다. 필자는 이 결정은 법논리적으로는 옳다고 생각한다. 시각장애가 있는 이들에게 안마사 직업을 독립하도록 하는 것이 시각장애인들의 복지에 기여하기도 하지만 국가가 장애인복지정책에 안이해질 수도 있기 때문이다. 그러나 현실을 살고 있는 사람을 제대로 고려하지 않은, 너무나 차가운, 그래서 인권보장에 기여하지 못하는 결정이라고 생각한다. 사람의 온기가 느껴지는 인권이야말로 제대로 된 인권보장이라 믿는다. 하지만 헌재의 결정에서는 한기마저 느껴진다.

제한된 수의 법조인만이 누리는 특권을 유지하기 위한 수많은 제도에 대해서는 위헌이라 하지도 못하면서, 사회적 힘이 보잘것없다 하여 그리도 쉽게 위헌결정을 할 수 있었던 것일까? 그렇게 온갖 이론 다 들이대며 현실의 특권을 유지하려 논리를 펼치던 이들이 그렇게 쉽고 단순한 논리로 기본권 제한이 법률에 의하지 않았다거나 포괄위

임입법금지원칙에 위반된다는 이유로 위헌결정을 할 수 있었던 배경은 무엇일까? 자기 이익에 관련되는 것에는 철저하고 다른 사람의 이익 특히 결정에 대한 반발이 무섭지 않은 사회적 약자들에 대해서는 준엄한 것이 아니었을까?

이 결정으로 사실상 생계가 막막하기 그지없을 이들의 심정과 생활의 현실을 조금이라도 고려할 수 있었다면 그렇게 쉽게 위헌결정을 할 수 있었을까? 이 결정에서는 차가운 논리만 있을 뿐 가슴이 따뜻한 재판관의 고민의 흔적을 찾아보기는 어렵다.

안마라는 게 앞을 보지 못하는 사람만이 독점해야 하는 직업은 아니지만, '단순명쾌'한 논리로 위헌이라 판단하기보다는 그러한 논리 전개가 가져올 맹인들의 삶의 막막함과 고통을 고려하여 새로운 제도 시행에 필요한 충분한 시간을 고려할 수는 없었을까? 논리만으로는 위헌이라 할 수밖에 없다 하더라도 위헌결정이 맹인들의 삶에 비치는 영향을 고려하여 헌법불합치나 '아직은 합헌'이라는 내용의 결정이라도 할 수는 없었던 것일까?

따뜻한 법, 따뜻해야 하는 인권

법은 잘 포장된 폭력이다. 그렇기에 사회적 약자와 관련될 때 법은 자칫 법해석이라는 이름으로 약자에게 가해지는 폭력이 될 수 있는 것이다. 법은 인간의 온기를 보듬는 것이어야 한다. 인권은 따뜻한 것이다. 인간을 아프게 하고 오로지 냉철한 논리만을 관철시키는 법은 사람을 살리지 못한다. 사람을 죽이는 법은 폭력이다. 그렇기에 법을 다루는 이들은 인간의 아픔을 치유하기 위한 고뇌를 하여야 하는 것 아닌가?

우리들의 인권감수성: '서로 다름'의 존중

총구가 머리를 겨눌 때

군대에서 사용하던 엠M16 소총모형을 아이들이 장난감으로 가지고 노는 걸 보면 소름이 끼친다. 게다가 총구가 필자를 향하면 필자도 모르게 긴장하고 뒤로 물러나게 된다. 총의 용도와 위력을 알기 때문이다. 그러나 아이들에게 그 총은 소중한 장난감일 뿐이다. 당구장에서도 심심해지면 당구 큐대를 들고 고등학교 때부터 배운 총검술 동작을 하는 사람들을 본다. '찔찔뒤길돌뒤'로 이어지는 행동을 하는 사람에게 그 동작은 옛날 한 때 무척이나 열심히 연습해서 숙달되었을 학습의 내용일 뿐이다. 그러나 이 동작은 예리한 검을 총에 장착하여 내가 상대를 죽이지 않으면 죽는 상황에서 적군을 무찌르는 연습이다. 살벌한 풍경이 아닐 수 없다.

엄청난 전쟁을 겪어서일까? 어릴 적부터 총과 칼을 장난감으로 삼고, 서바이벌게임을 레저로 생각하고, 군대의 사격마저 스트레스 푸는 즐거움으로 아는 사람들도 있다. 알게 모르게 우리들의 감수성은 세파에 시달려 둔해지고 있는지 모른다. '정의의 적개심에 타는 불꽃이 되어 필살의 진격으로 적군을 무찌를 때'라는 가사의 노래(무기의 노래)를 고무줄놀이 노래로 부르던 사람들은 그 가사가 그렇게 살벌한 것인지를 모른다. 코로나19 감염여부 측정을 위해 체온측정계를 머리에 갖다 댈 때 어떤 기분인가?

정의의 적개심에 타는 불꽃이 되어?

양심적 병역거부를 바라보는 사회의 시선은 곱지 않다. 수많은 질문과 비난이 가해진다. 왜 너만 군대에 안 가려 하느냐? 그렇게 군대에 안 가면 나라는 누가 지키느냐? 총 쏘는 게 뭐가 어때서 그렇게 문제를 삼냐? 그러나 이런 말은 진지한 양심의 소리에서 집총을 거부하는 이들에게는 설득력이 없다. 이들이 느끼는 집총의 문제는 일반인들의 그것과는 너무도 다르기 때문이다. 총과 칼을 장난감으로 삼고, 리니지게임처럼 즐거운 오락물로 삼으면서 병역거부를 하는 이들의 심정을 헤아릴 수나 있을까? 총과 칼을 든다는 것이, 사격을 하고 총검술 훈련을 한다는 것이 무엇을 의미하는지를 민감하게 인식하고 느낄 수 있다면 적어도 참을 수 없을 정도로 무기를 경계하고 집총을 거부하는 이들의 심정을 적어도 헤아릴 수는 있었으리라. 아마도 서로 전혀 다른 세계에 살고 있다고 해야 옳을 것이다.

다르고 다르도다

설사 무엇이 옳고 그른지 따지지 않는다 하더라도 사람의 경험과 안목 그리고 감수성이 다르기 때문에 사물과 현상의 의미가 사람마다 다를 수 있음은 적어도 인정하여야 한다. 진정 사람은 모두 다 다르다. 그렇기에 서로 제각각인 사람들로 구성된 공동체는 그 출발점에서부터 '서로 다름'을 존중하여야 하는 원리 위에 서 있다고 할 수 있다. 우리는 서로 다를 수 있고 또 다르게 살아갈 권리를 존중하여야 한다. 우리 사회의 다수와 다른 모습, 생각, 방식으로 살아가는 사람을 인정하는 것이야말로 진정한 인권보장의 출발점이 되는 것이다.

내가 무심히 넘겼던 것들

한자 명함

얼마 전 어떤 이를 만나 한 면이 온통 한자로 쓰인 명함을 받았다. 필자야 한자 또는 한문 교육을 충실하게 받은 세대이니 한자를 읽는 데 어려움은 없었지만, 오래 전 겪은 일을 떠올리게 되었다. 느지막이 대학에 자리잡고 나름 국제적인 쓸모가 있을 명함을 만들고자 하였다. 그리하여 한쪽은 한자로, 다른 한쪽은 영어로 표기한 명함을 가지고 다녔다. 동아시아 지역이 한자문화권이니 중국인과 일본인까지 읽을 수 있을 것이고, 영어는 국제어이니 세계 어디를 가더라도 이 한 장으로 사용할 수 있을 것이라는 생각 때문이었다. 실제 중국이나 일본 학자를 만날 경우 한자 이름을 알려 주는 편리함도 있었다.

한자는 쉽지 않다

그러다가 국가인권위원회가 주최한 행사에 참석하였다가 거기에서 만난 분들에게 이 명함을 드리면서 매우 어색한 상황을 맞이하게 되었다. 이 분들이 한자를 읽지 못하는 것이었다. 중국이나 일본이었으면 오히려 쉬웠을 글자가 오히려 우리나라에서 어렵게 되는 경우였다. 필자에게는 매우 쉽다고 여겨졌던 것들이 다른 누군가에게는 매우 어려운 것이었던 것이다. 사실 지금 필자가 가르치는 학생들에게 헌법전을 읽어 보라 하면 읽지 못하는 경우가 적지 않다. 대한민국헌법이 한자로 쓰여 있기 때문에 한자를 알지 못하면 헌법전을 읽지 못하는 경우가 생기는 것이다. 그리하여, 드러내기 창피한 일이지만, 어떤 경우는 2~3주 정도의 시간을 주고 한자 시험을 보기도 한다. 물론 읽는 것만이다. 쓰라고 하면 아마 글자를 쓰기보다는 그림을 그릴지 모르겠기 때문이다. 그만큼 한자는 사용에 저항을 느끼는 이들이 많아졌다. 이런 실정에서 한자를 사용한 명함을 주고받는 것은 의사소통에 중대한 걸림돌이 된다. 나아가 지식의 정도에 따라 차별적 취급을 받는 결과가 되는 일도 예상할 수 있다. 오래 전 문제가 되었던 '살색'이라는 표현을 수정한 것이 '연주황軟朱黃'이었는데, 이조차도 국가인권위원회에서 어린이들이 제기한 진정을 받아들여 차별이라고 판정한 바 있다.

열차표 구입의 최종병기 '코레일 앱'

휴대전화를 사용하면서 사람마다 가장 애용하거나 만족도가 높은 앱이 있을 것이다. 필자의 경우 그것은 코레일 앱이다. 철도를 많이 이용하다 보니 서울이나 철도를 이용해야 하는 도시에 갈 때 필수적으로 사용하게 된다. 특히 주말과 같이 차표를 구하기가 어려운 때에도 수시로 코레일 앱에 들어가서 불쑥 '뜨는' 차표를 '낚아채는' 일은 쾌감마저 있다. 그래서 일주일에도 한두 번씩 서울을 오르내리지만, 필요할 때 차표를 구하지 못한 경우는 ktx가 개통된 지 15년이 된 지금까지 거의 없다. 역에서 표를 사기 위해 기다란 줄에 서서 기다려 본 적도 별로 없다.

그러다가 얼마 전 신문에서 이런 기사를 보았다. '왜 기차표 사는 줄에는 노인이 많은가?'라는 제목이었을 것이다. 기사 내용까지 살펴보지 않았어도 문득 필자도 너무 무심히 살고 있지 않은가 되묻게 되었다. 헌법적 논의에서 정보격차의 문제를 얘기했을 뿐, 필자가 그 격차의 이익을 누리고 있었음을 제대로 생각하지 못하고 살아왔던 것이다. 지금은 '전설 따라 삼천리' 격의 이야기일지 모르겠지만, 1990년대 초반에 철도청이 마케팅이라는 걸 한답시고 멤버십카드를 발급한 적이 있었다. 그리고 금세 할당된 수량이 동이 나서 뒤늦게 신청한 사람들은 회원 가입을 할 수가 없었다. 회원의 경우는 철도예약에서 우선권을 주었고, 이것은 특히 명절 귀향 차표를 사는 데 매우 유용했으니 회원 아닌 사람들이 느끼는 차별은 매우 큰 것이었다. 철도청이 한 동안 회원 가입을 받지 않아 회원이 아닌 사람들은 회원들이 흘린 '찌꺼기'나 주워야 한다고 자조하기도 했다. 그러다가 회원에 가입하고 나서는 회원 아닌 이들이 회원제로 인하여 어떠한 피해를 입고 있을지 생각해 보지 못하고 살아온 것이다. 이런 문제는 현금을 사용하지 않고 오로지 신용카드만 받는 곳에서도 경험하게 된다.

자기중심 언어의 폭력성

우리들은 자기중심의 사고에 익숙하다. 그런 점에서 다른 사람과 형편과 처지를 바꿔서 생각하는 것은 균형감각을 갖춘 사람만 할 수 있는 일이다. 자기중심의 언어는 때로는 권력관계에 바탕을 둘 때 폭력적일 수 있다. 설명의무를 다한답시고 상대가 이해하기 어려운 말로 묶인 내용을 상대에게 안기는 것이 설명의무를 다하는 것일 수는 없는 법이다. 내가 사용하는 언어의 내용과 형식도 다시 돌아볼 필요가 있다.

우리가 만나는 장애: 사회의 가장 약한 자에게 편리한 것이 모든 이들에게 편한 법

장애란 본래 있는 것이 아니다

장애인들에게는 세상살이가 편치 않다. 신체적 조건에서 그다지 불편을 느끼지 못하는 사람들을 기준으로 사회제도와 시설이 만들어져 있기 때문이다. 무시할 수 있는 정도의 차이가 있을 뿐인 경우에도 상대방이 일단은 능력을 의심하고, 함께 지내면서 겪어야 할 부담을 걱정하여 배제하기 일쑤이다. 그래도 장애인들의 오랜 싸움의 결과 장애에 대한 인식이 바뀌고 점차 삶의 환경은 나아지고 있는 것으로 보인다. 장애란 본래 '있는' 것이라기보다는 사회적 시설이나 인식과 부딪히면서 생기는 것이다.

장애인에 대한 배제, 억압, 추방

여전히 장애인들에 대해서는 편견과 배제의 논리와 현실이 존재한다. 이를 해결하는 방법으로는 법제를 정비하여 장애 유무에 의하여 불합리한 차별대우를 하지 못하도록 할 수도 있다. 여러 가지 경제적 지원을 통하여 장애인에 대한 고용과 사회진출을 장려하는 정책도 시행되어야 할 것이다. 이러한 정책을 시행하는 데는 예산이 필요하기 때문에 현실적인 한계가 존재한다. 그러나 여기에서 반성할 것은 같은 돈을 지출하면서도 지금보다 환경을 더욱 낫게 할 가능성은 없는가 하는 것이다. 필자가 경험한 몇 가지 예를 들어 보자.

계단식 대형 강의실

첫째, 사진 1은 전북대 대형 강의실의 모습이다. 몇 십억의 예산이 들어간 건물을 지으면서 엘리베이터나 여러 가지 편의시설을 둔 점은 좋은 일이다. 그러나 장애가 있는 학생은 이 강의실의 맨 뒷좌석만 겨우 이용할 수 있다. 강의실의 통로가 모두 계단이다. 다른 이의 도움을 받지 못하면 뒷자리에마저 앉을 수 없게 되어 있다. 휠체어를 타고 다니는 학생이 강의실 맨 뒤에 앉아 강의를 듣길래 시설을 이용하는 데 큰 불편이 없는 줄 알았다. 그러나 그게 아니었다. 중간고사를 보던 날 이 학생은 늦게까지 답안을 작성하고 나가려다가 맨 뒷자리의 계단 하나를 넘지 못하고 휠체어가 뒤로 후퇴하려는 것이었다. 위험한 상황이었다. 이런 시설이 만들어진 것은 예산의 부족 때문이 아니다. 시설을 누가 사용하는지를 제대로 모르고 또 고려하지 않았기 때문이다. 장애인의 인권상황을 잘 느끼지 못하기 때문이다.

사진 1. 휠체어 이동이 어려운 계단형 강의실

장애인 유도블럭

둘째, 도로에 설치된 장애인 유도블럭이다(사진 2). 요즘 도로 곳곳에 이런 블록이 깔려 있다. 실제 이용하는 사람은 많지 않지만 그래도 수와 상관없이 이런 시설을 설치하도록 하는 것은 장애인정책의 진전이라고 할 수 있을 것이다. 그런데 이런 장애인 유도블록이 무슨 의미인지를 읽지 못하고 그 위에 자동차 진입금지 말뚝을 박아 놓은 곳이 적지 않다. 이걸 설치한 사람이 얼마나 무감각한지는 두말할 필요가 없을 것이다. (그래도 약간 비켜서 말뚝을 세운 것에 위로를 받아야 할지…….) 장애인을 위한다고 이동 턱을 없앤 것은 좋은데 그 길목에 말뚝이라니……. 이런 사례는 심심찮게 겪는 문제이다.

도로의 '덕'

휠체어가 이동하기 어려운 도로의 '턱'도 심심치 않게 만난다(사진 3). 이런 정도의 높이를 휠체어가 넘기란 쉽지 않다. 속도가 조금이라도 빠르면 전복사고를 당한다. 그래서 휠체어를 타고 이동하는 사람들은 '안전한' 보도보다는 '위험한' 차도로 가는 것이 덜 위험하다고 한다.

장애인들에게 편한 것은 장애가 없는 이들에게도 편한 법이다. 강의실에서 적어도 한 통로라도 계단을 없애고, 길 가운데 박혀 있는 말뚝을 뽑으면 누구에게나 걷고 이동하기 편한 길이 될 것이다. 지하철에 설치된 엘리베이터는 누구에게나 편리하다. 우리들에게 중요한 것은 이러한 시설에서 인권이 어떻게 침해되고 있는지를 민감하게 느끼고, 그 구제를 위해서 어떠한 방안을 마련해야 하는지를 진지하게 고민하는 것이다.

특히 국민에게 큰 영향을 미치는 것은 공무원이기에 공무원들의 인

사진 2. 장애인 유도블럭과 진입금지봉의 만남(?)

사진 3. 이 정도의 높이를 휠체어로 넘거나 내려오기는 쉽지 않다.

권의식 또는 인권감수성은 아무리 강조하여도 지나치지 않을 것이다. 공무원마다 그러한 감수성과 의식의 차이가 있으므로 최대한의 기준을 업무 매뉴얼로 만들어 모든 공무원이 업무를 수행할 때 따르도록 한다면 상당 부분 문제 해결에 도움이 될 수 있을 것이다. 같은 돈을 들여도 엄청나게 좋은 건물을 지어 모범 사례가 되는가 하면 준공 후 줄곧 부실공사와 불편만 나타나는 곳도 있다. 국민의 세금으로 이뤄진 국가와 지방자치단체의 시설물은 제발 사회의 가장 약한 자에게도 편리한 것이 되었으면 좋겠다. 단지 예산의 부족 때문만은 아니다. 근본적인 사고의 방향과 애정이 문제라고 생각한다.

지하도 통행

셋째, 지하도 문제이다. 지하도는 보행에 불편을 느끼지 못하는 사람도 다니기가 쉽지 않은 길이다. 지상으로는 차들이 질주하고 사람은 지하의 어두운 길을 걸어 오르락내리락 하는 것도 마땅치 않지만, 보행마저 불편한 사람들에 대한 배려 없이 지하도만 설치한 곳도 무척 많은 것이 현실이다. 과연 지상으로 보행통로를 만든다고 얼마나 교통이 혼잡해질까? 보행용 지하도보다는 지하차량통로를 만드는 것을 먼저 고려하지 못하는가? 그게 과연 부담스러울 비용일까? 서울 거리에 지하도를 두고도 보행자 횡단보도가 늘어난 것을 보면 예산 문제라기보다는 정책 방향의 문제라 할 수 있다고 생각된다.

'장애인' 김동산 씨의 경우

장애인 거주 시설에서 만난 사람

김동산(가명)씨는 장애인 시설에 사는 나이 63세의 남자이다. 다른 장애인 시설에서 이곳으로 10여 년 전에 왔다. 어느 날 전에 살던 토○○라는 시설에서 점심을 먹고 쉬는데 시설장이 차에 타라고 해서 탔더니 몇 시간을 달려 도착한 곳이 이곳이었다. 멀리 거대한 산줄기가 흐르고, 이따금씩 마을 주민이 농사일로 지나가는 것 말고는 다른 사람들을 만나기도 쉽지 않은 곳이다. 그는 이곳에 와서 사과나무, 블루베리 밭을 일구고 농사를 지었다. 몇 천 평 사과밭을 '직업훈련'이라며 돌봤지만 수확한 사과는 몇 개 먹지 못하였다. 통장에 있는 돈도 얼마 되지 않는다. 통장은 목사라는 사람이 관리했다. 김씨가 장애인 시설에 거주하지만, 그의 장애는 그리 심각한 정도가 아니다. 다리가 불편해서 지팡이를 짚고 다니고 때로 손이 떨리는 증상이 나타난다. 장기 두는 것을 좋아하고 글을 읽는 것도 불편함이 없다. 장사 일을 거들며 산 적도 있다고 한다. 어떤 연유로 장애인 시설에 들어왔는지까지 상세하게 듣지는 못했지만, 이 사람을 만나 얘기를 나누면서 들었던 생각은, '왜 이 사람이 여기서 살고 있나?' 하는 것이었다. 자신이 가진 불편함을 보완하고 도움을 조금 받으면, 자기 마음대로 살고 싶은 곳에서 살고, 하고 싶은 일을 하면서 살 수 있을 텐데 말이다.

본래 '장애'란 누군가의 몸이나 정신에 있는 것이 아니다. 모든 사람은 저마다 불편한 곳이 있기 마련이고, 이 불편함을 나름대로 극복하고 보완하면서 살아가는 것이다. 눈이 불편하면 손쉽게 안경이라는 보조수단을 이용해서 그 불편함을 극복하기 때문에 우리는 눈의 웬만한 불편함을 의식하지 않는다. 다리가 불편한 것도 마찬가지이다. 지팡이나 휠체어를 이용하면 어느 곳에나 갈 수 있다. 다만, 휠체어가 전진할 수 없는 계단이나 턱을 만나면 그 어려움이 장애로 인식된다. 장애란 누군가에게 있는 것이 아니고 우리가 살고 있는 사회적 환경 때문에 비로소 겪게 되는 것이다. 그러므로 장애란 어떤 사람의 몸과 정신을 기준으로 하여 그에 미치지 못하는 상태가 아니라 사람마다 가지고 있는 불편함이 제대로 시정 또는 보완될 수 없는 사회적 관계 속에서 비로소 겪게 되는 것이다. 장애를 겪는 사람이라고 하여 특별할 리 없다. 필요한 도움을 받으면 살고 싶은 곳에서 하고 싶은 일을 하면서 살 수 있는 것이다.

왜 꽃동네 앞에서 항의시위를?

몇 년 전 가톨릭교회 교황이 우리나라를 방문했을 때 꽃동네를 찾은 적이 있다. 그 때 장애인단체에서 이에 항의하는 시위를 벌였다. 장애인들을 집단으로 수용한 곳이 어찌 칭찬의 대상일 수 있는가, 시설에서 벗어나 자기 삶을 자신이 결정해야 하는데 장애인 집단거주시설이야말로 장애인 인권을 침해하는 곳이라는 이유다. 장애인의 '탈시설'이야말로 오늘날 절실한 인권의 요청이다.

시설을 벗어나 자기가 살 곳을 정할 권리

얼마 전 김씨는 이곳에 같이 사는 다른 사람과 함께 부근 도시에 나가 산 적이 있다. 자립을 위한 체험과정이다. 도시에 나가 많은 것들을 보고 경험했다. 그 때 시내에서 만난 그의 얼굴에 화색이 가득했다. 생활에 어려움도 없다고 했다. 주변에 시설에서 살다가 나와 독립한 사람들이 여럿 있어 도움도 많이 받는다고 했다. 그는 다시 시설로 돌아왔다. 자신의 경험을 다른 사람들에게 얘기하고 자립을 위한 준비를 하고 있다. 물론 이곳에 사는 사람이 모두 혼자 알아서 살 수 있는 사람들은 아니다. 그렇지만 몇은 혼자서 생활이 가능하다. 다른 몇은 두 명 정도 짝을 이뤄 서로 도우며 살아갈 수 있는 사람들이다. 이제 필요한 것은 이 사람들이 스스로 잘 살아갈 수 있도록 필요한 것을 제공하는 일이다. 보조서비스가 필요하면 그 사람에게 적절한 시간 동안 적절한 서비스를 제공하면 된다. 김씨는 2019년 겨울, 주변의 도움을 받아 자립생활을 시작하였다.

대한민국은 서울공화국이다?!

살색, 검은 머리라는 표준

'살색'이라는 표현은 차별적이다. 다양한 피부색 가운데 특정한 색만을 피부색의 기준으로 하기 때문이다. 그게 '살색'이면 내 살도 살이 아니거나 피부의 특정 부위만 살이다. 그리하여 그 '살색'은 살구색이 되었다. 잘 익은 살구를 생각하면 그게 살구의 색일 수는 없는데, 하여간 그게 살구색이다. 마찬가지 이유로 중·고등학교에서 흔히 경험하는 '머리 염색 금지'도 차별적이다. 개성의 발현이나 표현을 제약한다는 점에서도 그렇지만, 머리의 염색을 금지하는 것도 특정한 머리색을 기준으로 하기 때문이다. 방학이 되어 머리카락을 염색하는 학생들은 자기가 좋아하는 색으로 염색을 한다. 이건 교칙에 위반된다. 그러나 개학을 앞두고 검은색이나 짙은 갈색으로 염색을 하는 것은 장려된다. 새치가 많아 늙은이 소리를 듣다가 머리카락을 검게 염색하면 잘했다는 소리도 듣는다. 다문화 시대가 펼쳐진다지만 아직은 머리카락의 색깔이 검거나 짙은 갈색인 경우가 많고, 너무나도 당연하게 이 색이 머리카락의 표준이 되어 있다.

대한민국의 중심, 세상의 중심 '서울'

대한민국은 서울공화국이다. 서울은 대한민국의 수도일 뿐 아니라 정치와 경제의 중심이기도 하다. 교육의 중심이기도 하다. 국내 유수의 명문대학이 이곳에 있다. 2017년 통계청 자료로 서울시의 인구는 974만 명이다. 이는 밤의 인구이고 낮의 활동인구는 이보다 많다. 서울 인구에 비하여 정치, 경제, 사회와 문화 영역에서 집중도는 훨씬 크다. 서울에서 멀리 떨어진 지역에서 보면 수도권의 집중은 더 커 보인다. 서울, 인천과 경기까지 포함하면 그 인구는 2,551만이 넘는다. 이는 전국 인구의 49.6%이다. 수도권에서는 '이부망천(이혼하면 부천, 망하면 인천)'이라는 해괴한 말이 있을 정도로 서울이 중심이다. 서울 집중이나 수도권 집중에 관한 얘길 하기 위해서 여기에 수많은 통계를 제시할 필요는 없을 듯하다.

대한민국에는 '서울'과 '지방'만 있다

우리 생활 속에서도 서울이 중심이라는 사고는 굳건하다. 여전히 서울은 올라가고, 지방에는 내려간다. 서울에는 당연히 올라와야 하는 것이고, 지방에는 특별한 이유가 있어야 내려간다. 서울에서 회의를 하면 지방에서 올라온 사람에게 교통비를 지급하지 않는 경우가 대부분이다. 국회 공청회에서 진술하면 받는 돈의 거의 반은 오가는 비용으로 들어간다. 그러나 지방에서 회의를 하면 서울에서 내려온 사람에게는 출장이 되어 교통비를 주는 게 기대된다. 언젠가 연구과제 수행을 위한 회의를 경주에서 했는데, 그 전까지 서울에서 한 회의에 지방에서 올라온 사람들에게 주지 않던 교통비를 모두에게 지급하였다. 난데없는 비용처리가 고맙기도 했지만, 너무나도 서울 중심적인 사고에 실망하기도 했다. 뭐 으레 서울이나 어딜 가거나 교통비는 필자의 부담이라 생각하고 살아온 터라 교통비 안 주는 게 당연하고 줄 걸 기대하지도 않지만 그래도 모순은 문제이다. 그리고 서울에 많이 살던 연구진의 상당수는 지방에 있는 직장에 자리를 잡아 내려갔다. 이제 필자의 심정을 이해할 거다.

서울과 지방은 멀지 않다

과거와 달리 교통시설이 현저히 좋아진 것을 모르는 경우도 적지 않다. 지방을 머나먼 곳으로 인식하는 것도 이런 실정을 모르는 탓이다. 언젠가 인권 분야에서 꽤 저명하신 분과 얘길 나누다가 전주에 버스 타고 어렵게 왔다고 말씀하시는 것을 들은 적이 있다. 3시간 가까이 힘들게 오신 탓이다. 이제는 기차로 빠르면 1시간 23분이면 된다고 하니 ktx가 전주에도 가느냐고 반문하신다. ktx 다닌 지가 벌써 몇 년인데……. 서울에서 회의 마치고 귀가하면 필자가 수원 사는 사람보다 먼저 집에 도착한다. 교통비가 더 들긴 하지만 시간거리는 웬만한 수도권 도시보다 가깝다. 서울에서 부산도 ktx 기차로 2시간 40분이다. 제주도 한 시간 거리다. 같은 거리가 서울에서는 더 멀게 느껴지는가. 멀리서 올라오시기 어렵다는 핑계로 지방에 사는 사람보다는 서울에 있는 사람끼리 하는 회의도 많다. 때로 불편을 덜어 줘서 고맙기도 하지만, 지방 사람의 시야와 시각은 서울 중심의 사고를 교정할 수도 있다는 점에서 그런 기회를 갖지 못하는 것도 문제이다. 지방대학 및 지역균형인재 육성에 관한 법률 시행령에서 정부 위원회에 지방대학 교원이 위원의 20% 이상 참여하도록 한 규정도 잘 지켜지고 있지 않다. 서울이 대한민국은 아닌데 말이다.

전주고속버스터미널 단상

2층으로 올라가 차표 끊고 다시 1층으로 내려와 차 타는 터미널

일 때문에 여행 아닌 여행을 많이 한다. 이런 저런 사연으로 전국 여러 곳을 돌아다녀 본 결과를 종합하며 말하자면, 몇 년 전까지 있었던 전주고속버스터미널은 전국에서 가장 불편한 고속터미널이었다. 갑자기 웬 고속터미널 타령일까 하시겠지만, 공공시설물의 설계와 배치야말로 그 사회의 인권에 관한 안목이 그대로 드러나기 때문에 이 문제는 인권의 차원에서 생각해 볼 일이라 여겨지기 때문이다.

이 터미널은 승객이 터미널 앞에 도착하여 2층으로 올라가서 표를 끊고 다시 달팽이 모양의 복도를 걸어 내려와 1층에서 버스를 타도록 설계되어 있다. 건물은 원형으로 되어 차량이 방사형으로 대기하고 건물을 돌아서 터미널 밖으로 나가게 되어 있다. 좁은 부지에 적은 예산으로 많은 차량을 대고, 안전하게 소통시킬 수 있는 터미널 시설을 하려면 그런 방법이 최선이었다고 주장할지 모르겠다.

그러나 이 터미널의 가장 큰 문제는 무엇보다도 승객의 편의, 특히 사회적 약자라 할 수 있는 장애인과 노인의 불편을 전혀 고려하지 않고 있다는 점이다. 설계자가 어떤 생각을 했는지는 모르지만, 겉으로 드러난 것으로 보면 가히 횡포라 할 만하다. 공공시설은 누구나가 접근하기 쉽고 편하게 설계되어야 하는데, 이 터미널을 이용하려면 아무리 바빠도 2층까지 올라가서 표를 끊고 다시 1층으로 내려와서 차를

사진 4. 내린 눈이 얼어 붙은 경사로.

타야 한다. 신체건장한 청년이라면 모를까 대부분의 사람에게는 불편하기 그지없다. 2층으로 올라가는 경사로가 있는데 무슨 말씀이냐고? 20°나 되는 그 경사를 어떻게 휠체어 타고 쉽게 올라갈 수 있는가?

땅이 좁아서 어쩔 수 없었다는 변명도 너무나 궁색하다. 부지가 좁았다면, 몇 십 년 아니 백 년 앞을 내다보고 만들어야 할 공공시설을 좁은 땅에 만들려고 한 것부터가 잘못일 것이다. 그 부지로도 반드시 그렇게 설계할 방법밖에 없었던 것 같지도 않다.

인권친화적인 공공시설이 필요하다

많은 사람이 이용하는 공공시설을 만들 때는 비용과 효율성만 아니라 가장 약한 자도 쉽게 접근하고 이용할 수 있어야 한다는 인권의 관점이 반드시 고려되어야 한다. 인권을 고려하지 않은 시설이나 제도는 언젠가 부수고 다시 지어야 하는 일이 생기기 마련이니 비용만 생각하더라도 결코 경제적이지도 못하다.

이 터미널은 이제 사라졌고 모든 이들이 편하게 접근하고 이용할 수 있는 시설이 들어섰다. 오래 전에는 이런 생각을 할 수 없었던 것일까?

아무도 모르라고?

고뇌 속에서 성숙해 가는 인간

흔히 프라이버시privacy라는 말로 표현하는 사생활의 비밀과 자유라는 권리는 우리 헌법이 보장하는 기본적 인권이다. 인권이란 인간이 인간답게 살기 위해 필요한 권리이니 사생활의 비밀과 자유 없이 인간이 인간답게 살기 어렵다는 것이다. 사생활의 비밀과 자유는 자기가 공개되길 원하지 않는 내용이 자신의 의사에 반하여 드러나지 않고 누구나 자신만의 사적 영역을 형성하고 사적 활동을 하는 것을 방해받지 않는다는 말이다.

사람이 떳떳하다면 무엇인들 드러나는 걸 꺼릴 게 있겠는가 하는 이유로 사생활의 자유를 가볍게 여기기도 한다. 사생활의 비밀과 자유가 범죄행위까지도 숨길 권리를 뜻하는 것은 아니지만 드러나면 창피한 것들을 자신의 의사에 반하여 드러나지 않도록 하는 것이니 꼭 그런 것까지 보호할 필요가 있을까 생각할 수도 있을 것이다. 하지만 타인의 사생활이 어떤지 관심이 있다 해도 그것을 알고 떠벌려야 할 이유가 없다면 사생활은 존중되어야 할 것이다. 인간은 모두 독립된 인격체이기 때문이다. 인격을 존중한다는 것은 그 존재를 인정하고 그것이 내 권리를 침해하는 것이 아닌 한 간섭하거나 제한할 수 없다는 것이다. 드러나서 부끄러운 것도 존중되어야 한다. 사람은 누구나 부끄러운 부분을 가지고 있고 그것까지를 포함한 자신의 세계에서 스스로 대화하고 고민하면서 인격적인 성숙에 이르게 되기 때문이다. 이

점은 특히 청소년들에게 중요하다. 때로는 사회가 받아들이기 힘든 생각을 하고 말하기도 하면서 자신의 사고를 형성해 가는 것이고, 질풍과 노도의 시기의 치열한 고뇌가 한 인간의 생각의 크기와 삶의 폭을 결정하기 때문이다.

빅 브라더의 등장

오늘날 고도로 정밀한 장비가 개발되면서 과거에 비하여 인간이 다른 사람의 눈길로부터 자유로울 수 있는 자리는 점차 줄어들고 있기 때문에 이 권리의 중요성은 더욱 커지고 있다. 곳곳에 깔려 있는 CCTV는 그 부근을 지나가는 사람을 촬영하여 보관하고, 주민등록증을 만들면서 수집한 지문 정보는 국가가 보관한다. CCTV는 모든 것을 알고 있다는 프로그램처럼 그것이 가지는 쓸모도 적지 않지만 사람을 감시하는 데 악용될 여지도 많다. 지문정보도 마찬가지이다. 핸드폰 회사는 핸드폰을 가진 사람의 이동경로와 통화 상대 그리고 주고받은 문자메시지를 알고 있다. 몇 사람 사이에 주고받은 전화 목록과 위치를 파악하면 사람들의 행동 목적과 내용까지 어느 정도 파악할 수도 있다.

이처럼 정보가 중요해질수록 그것을 조작하거나 내용이 잘못되면 입을 피해도 커지게 된다. 자기가 원하지 않은 정보가 수집될 수도 있다. 생활의 편리함을 들어 각종 정보를 하나로 통합하려는 시도도 끊임 없이 이뤄진다. 전자주민증이 대표적인 예이다. 한 인간에 관한 정보가 통합되면 이제 그 정보를 장악한 자는 사람의 일거수일투족을 알 수 있을 뿐만 아니라 심지어 그 사람의 마음 속까지도 들여다 보는 지경에 이를 수도 있다. 핸드폰 정보로 이동경로를 파악하고 신용카드 사용정보로 취미와 기호를 알아낸 다음 이 사람이 지나가는 부근의 광고판에 적절한 광고를 띄울 수도 있다. 본인도 알지 못하는 사이에 이러한 서비스 이용 "계약" 체결에 동의할 수밖에 없다. 언제 약관 꼼꼼히 읽어 보고 동의 버튼을 누른 적이 있던가?

한 인간의 사생활이 그대로 드러날 수 있는 정보기기의 이용은 이처럼 사생활의 비밀과 자유를 침해하는 결과를 가져올 수 있다. 그래서 개인정보를 수집하는 데는 목적이 특정되어야 하고 그 정보주체의 동의가 필요하다. 또한 수집된 정보가 정확한 것인지를 확인하고 정정을 요구할 수 있어야 한다. 이를 위하여 개인정보보호법이나 신용정보보호법 등이 만들어져 있다. 그러나 아무리 법률로 보호한다고 해도 무엇보다 중요한 것은 정보관리를 최종적으로 담당하는 자의 직업윤리이다. 아무리 법률이 있어도 정보관리를 맡은 사람이 정보를 빼돌리면 그걸 알기도 어렵고 이미 피해가 발생한 다음에 알게 된다 해도 이미 벌어진 일을 되돌리기도 어렵기 때문이다.

국가인권위원회를 약화시키려 해서는 안 된다

바벨탑이야기—심판 혹은 축복

구약성경 창세기에 보면 바벨탑 얘기가 나온다. 사람들이 하늘 끝까지 닿는 탑을 쌓아 하느님의 권위에 도전하려다가 하느님이 진노하여 탑을 무너뜨렸고 사람들 사이에 말이 서로 통하지 않게 되어 사방으로 흩어졌다는 내용이다. 하느님이 사람들의 교만을 심판하는 설화라고들 해석한다. 옳은 말씀이다. 그런데 이 얘기는 전혀 달리 해석할 수도 있다. 사실 높은 탑을 쌓으려는 것은 오로지 권력자만이 꿈꾸는 것이다. 그 탑이 얼마나 높은지, 화려한지는, 거기에 일꾼으로 참여한 이들에게 큰 의미가 없다. 나중에 탑이 완공되면 그 탑에 올라가 볼 기회조차도 없을지 모른다. 관광용 전망대야 다르겠지만 모 재벌이 지은 최첨단건물의 공사현장에서 건설노동자로 일한 사람은 일만 끝나면 앞으로는 그 빌딩에 들어가 볼 수 없을 것이다. 바벨탑을 쌓는 데 동원된 일꾼들은 실제 자기들의 고향에서 농사짓고 살던 사람들일지 모른다. 전쟁이나 빚 때문에 노예가 되었을 수도 있다. 몸 온전히 건사해서 고향으로 무사히 돌아가기만을 손꼽아 기다리고 있을지 모른다. 이들에게 서로 말이 잘 통한다는 것은 대화를 하는 데 유용할지 모르지만, 사실 더 중요한 것은 십장이나 감독관의 명령이 일사분란하게 전달되고 지켜지는 데 더 쓸모가 있을지 모른다.

이런 상황에서 잘 쌓던 탑이 무너지고 말이 안 통하게 되고 사람들이 사방으로 흩어졌다는 것을 나쁘게만 볼 수 있을까? 공사장의 일꾼의 관점에서 보면, 권력자의 영광과 권위만을 추구하던 상징인 탑이 무너져서 전쟁과 빚으로 인한 노예들이 자유를 얻게 되고, 이제 권력자에 의해 통일된 말이 아니라 자기 말을 찾게 되고, 이제 제각기 고향으로 돌아가게 되었다면 이것이 어찌 음산한 심판에 관한 얘기라고 할 수 있을까? 심판이라기보다는 해방과 축복에 관한 이야기라고 할 수 있을 것이다. 이처럼 어떤 이야기는 바꿔서 생각하면, 또는 다른 관점에서 보면 전혀 달리 해석될 수 있다. 말이 서로 다르다는 게 나쁜 것이라고만은 할 수 없다. 다른 게 좋을 수도 있다.

정부의 국가인권위원회 정원감축 조치

2008년 이명박 정부가 들어서고 나서 국무회의는 국가인권위원회의 정원을 20% 정도 줄이는 대통령령을 의결했다. 이 명령에 따라 국가인권위원회는 일단 모든 직원을 사무처로 발령하였다. 정부에서 인권위의 정원을 감축하는 이유로 제시한 것은 인권위 조직이 방만하게 운용되고 있고, 국민권익위원회와 비교해도 조사 인력이 과다하다는 것 등이었다. 그런데 인원이 방만하게 운용되고 있다는 구체적인 근거는 전혀 제시되지 않았다. 인권위는 국민권익위원회와 달리 인권에 관한 연구 및 정책권고 기능 등을 갖고 있어서 조사 부문의 인력만으로 단순히 비교할 것은 아니다.

인권위 정원을 감축하려는 이유는 인원이 많아서도 아니고 조직이 방만해서도 아니라고 생각된다. 어떤 정치인은 이 정부에서 정부의 정책에 대해 다른 의견을 내는 인권위가 어떻게 존재할 수 있냐고 노골적으로 불평하기도 한다. 촛불집회 진압과정에서의 경찰의 인권침해 가능성을 말하고, 용산참사에 대해서 정부와 다른 목소리를 내기도 했으니 정부에서 곱게 볼 리 없다. 국가보안법 폐지권고는 대표적인 경우이다. 이처럼 인권위가 정부 정책에 반대하는 경우가 있었기 때문에 무력화를 시도하는 것이 아닌가 생각된다. 공무원시험 응시연령제한 철폐, 인권정책권고 등을 통해 정부가 항상 인권을 고려하게 된 것이나 인권교육을 통해 국민의 인권감수성을 높인 것 등 인권위가 그 동안 이룬 성과는 이루 헤아리기 어려울 정도인데 왜 조직을 축소해서 활동을 어렵게 하려 했는지 알 수 없다.

민주사회에서는 서로 다른 소리가 어우러져야 한다

오케스트라에서 여러 악기가 다른 소리를 내면서 어우러져 웅장하고 아름다운 교향곡을 연주하는 것처럼 국가에서도 서로 다른 소리가 어우러져야 한다. 같은 목소리만 내는 것이 결코 좋은 것은 아니다. 좋지 않은 게 아니라 나쁘다. 정치에 여당과 야당이 있어 다른 의견을 말하는 것처럼 국가기관의 의견이 언제나 같아야만 하는 것은 아니다. 실제 국회, 대통령과 정부, 법원을 나눠 놓은 것은 서로 다른 소리를 할 수 있다는 가능성을 인정한 것이기도 하다. 국회에서 만든 법률을 헌법재판소에서 헌법에 반한다는 이유로 무효로 선언하는 것은 국가기관 간의 의견이 다를 수 있다는 것을 제도로 만든 것이다. 여기에는 어느 한 기관의 의견만을 언제나 옳다고 할 때 잘못이 발생하고 그 잘못을 바로잡을 수도 없게 되어 결국은 국민의 인권이 침해되고 나라가 망하는 지경에 이를 수 있다는 인식이 자리잡고 있다. 서로 다른 의견을 조정하면서 잘못이 고쳐지기도 한다. 서로 다른 기관이 같은 사안을 보면서 서로를 견제하여 권력이 남용되지 않도록 한다는 것이 초등학교 때부터 배우는 권력분립주의의 내용이기도 하다. 오케스트라에서 오로지 한 소리만 나거나 튀어나는 것을 독주라고 하듯이 국가에서 어느 한 기관의 의사만이 유일하고 이와 다른 의견을 배제하는 것을 독재라고 한다.

인권은 대개 제도와 충돌할 때 드러나는 운명을 지녔다

헌법에서는 사람이 사람답게 살려면 가져야 하는 인권에 대해 명문으로 규정하고 있다. 이들 자유와 권리는 법률로 보호되지만 언제나 법률이 이들 자유와 권리를 잘 보장하는 것만은 아니기 때문에 이들 법률이 국민의 자유와 권리를 침해할 경우 이를 보장하는 헌법에 위반한다는 이유로 법률을 무효로 하게 된다. 실제로는 헌법재판소에서 주로 한다. 따라서 법률이 그것을 잘 보장하고 있는 경우는 인권보장이라는 말을 굳이 할 필요가 없고, 법률이 인권을 침해할 때 주로 인권을 이야기하게 된다. 거의 언제나 법률이나 명령과 충돌하거나 인권보장에 부족함을 느끼는 상황에서 인권을 말하는 것은 바로 이 때문이다. 어쩌면 인권이라는 개념은 지금의 제도에 비판적일 수밖에 없는 운명을 가지고 있다.

인권의 최대한을 말하는 인권위

인권위는 지금 국가가 가지는 모든 자원과 권한을 행사해서 인권을 최대한 보장하라고 말하는 기관이다. 행정부, 입법부뿐만 아니라 사법부에 대해서도 마찬가지이다. 헌법재판소가 권력분립의 원칙상 입법부에서 만든 법률이 헌법이 보장하는 최소한의 기준에도 미치지 못할 때 위헌이라고 선언하는 것과는 다르다. 인권위는 인권을 더 잘 보장하라고 채찍질하는 기관으로 태어났기 때문에 이런 쓴소리를 멈출 때 더 이상 존재할 필요가 없다. 인권위가 정부와 다른 의견을 제시하여 혼란을 초래한다는 주장은 인권이나 인권위에 대해 모르고 하는 소리일 뿐이다. 다른 의견을 말할 수 있고 다양한 의견이 활발하게 논의될 수 있어야 민주사회라고 할 수 있다.

싫은 소리가 보약이다

몇 년 전 한국경제에 대해 전망과 비판을 한 미네르바가 구속되었을 때 이 소식은 외국언론에도 보도되었다. 이 기사를 읽은 외국인이 필자에게 물었다. 정부를 비판한 사람을 구속하는 게 한국 맞느냐고, 민주화를 자랑하던 그 한국이 맞느냐고. 이 얘길 들은 교수는 다음 수업시간에 학생들과 토론을 하겠다고 하길래 제발 그러지 말라고 했다. 같은 한국사람으로서 부끄러웠기 때문이다. 그랬더니 그는 미국도 태평양전쟁 시절 일본계 미국인들을 네바다사막 수용소에 몰아넣은 사건을 얘기한다. 연방대법원이 이게 헌법에 위반되지 않는다고 판결까지 해 줬다. 자기들도 이런 부끄러운 역사가 있노라고. 수업시간에 실제 어떤 얘길했는지는 모르겠다.

제3장

사람의 생각과 믿음의 자유

무엇이 공동체의 이익에 부합하는가?

군대에 가지 않으려는 여러 이유들

양심적 병역거부, 국기에 대한 경례 거부와 같이 국가 이데올로기에 관련되는 행위를 대할 때 이를 비판하는 사람들이 주로 내세우는 근거는 국가의 이익과 공동체의 안정이다. 병역을 거부하고 국민으로서의 최소한의 의례조차 거부하는 사람들이 있으면서 어떻게 공동체의 발전이 보장되겠는가 하는 것이다. 일면 맞는 말이다. 특히 남·북한의 군사적 대립 양상을 고려하는 말 앞에서는 더 그렇겠다.

하지만 과연 무엇이 공동체의 안정과 발전을 보장하는지는 다시 생각해 보아야 한다. 모든 사람이 다 같은 행동을 하고 다 같은 생각을 해야만 공동체가 안정되고 발전될 수 있을까? 병역을 거부하지 않고 군에 입대하는 젊은이들의 생각은 제각기 다르다. 국가와 민족을 위해 젊음을 바치겠다는 이도 있고, 철들려고 가는 사람도 있으며, 안 가면 당할 불이익이 겁나서 가는 이도 있고, 그냥 가는 사람들도 있다. 그렇지만 이들은 하나의 큰 틀 안에서 군대라는 조직의 구성원이 되어 군 복무를 마치고 귀향한다.

좀 넓혀서 생각하면, 군대에 가고 안 가는 문제도 좀 유연할 수 없는가? 어떤 이는 군대에 가고, 어떤 이는 군대에 안 가고……. 국가와 민족, 동일한 취지의 국민교육을 통해 사람들 대부분은 군에 입대하는 것을 당연한 것으로 알고 있다. 이런 상황에서 군대에 가지 않겠다는 사람을 군이 부정하지 않고 생각이 다르다고 볼 수는 없는가? 특히 그 사람이 도저히 감당할 수 없는 양심상의 이유로 병역을 거부한다면 이는 단순한 이익 때문이 아니라 그 사람의 삶 때문이 아닌가?

특정 종교만의 문제가 아닌 병역거부

진지하고 성실한 양심의 요청으로 병역을 거부하는 사람에게 군이 병역을 이행하라고 요구하고, 그래도 거부하는 경우 징역형을 선고했다. 그러나 그런 제재에도 불구하고 그는 자신의 결정을 되돌리지 않았다. 병역을 이행하는 것은 사람을 죽이는 것이고, 계급적 이익을 위해 사람을 죽이는 일에 참여하는 것이기 때문이다. 비단 여호와의 증인 신도만이 아니라 불교도, 비종교인, 또 초등학교 교사도 있다. 이제 이 문제는 특정 종교만의 문제가 아니다.

생각하면 이들만큼 양심의 긴장을 하며 살아가는 이들도 많지 않다. 자신이 하는 일이 단지 밥 먹고 살기 위한 몸부림이 아니라 어떠한 사회적, 역사적 의미를 가지는가를 생각하며 살기란 쉽지 않다. 이들을 사회에서 배제하는 것은 단지 다른 생각을 가진, 또 사회에 위험이 될 수 있는 사람을 배제하는 것을 넘어선다. 진지하고 성실하지만 다른 생각을 가진 이들을 강력하게, 예외 없이 배제하는 것은 다수에게도 큰 문제를 제공한다. 다수가 다른 생각을 통제하기 위하여 가설한 메커니즘은 다수에게도 해를 미친다. 사상의 검열이 그것이다. 양심적 병역거부도 같은 구조를 가지고 있다.

다른 생각을 부정하면 거짓말이 일상화된다

다른 생각을 철저히 배제하게 되면, 사람들은 생각을 하면서도 다양하게, 반대의 입장에서도 서서 자유롭게 생각을 하고 자신의 생각을 정립한다기보다는 아예 특정한 생각은 옳고 그름을 가릴 것도 없이 당연히 배제하게 된다. 그렇게 내려진 결론은 언제나 허약할 수밖에 없다. 학문적인 엄밀성을 상실한 생각이 될 뿐이다. 나아가 그 금지된 생각을 해서는 안 된다는 자기검열을 하게 되고 그 생각을 가지게 되는 경우에도 용기가 없으면 속마음은 그 생각을 지지하면서도 겉으로는 다른 생각을 하는 것처럼 행동하게 된다. 거짓말이 시작된다. 그 거짓말은 그 사회에서 살아남기 위한 거짓말이다. 결국 사람들은 자연스럽게, 거짓말이라는 의식도 없이 거짓말을 일상화하고, 그러면 그 사회는 거짓말이 자연스럽게 통하는 기초 위에 건설되게 된다. 아무리 진실하라고 교육해도 그에 따라 떳떳하게 살 수 있는 사람이 얼마나 되겠는가? 이런 사회는 장기적으로 불안하기 마련이다. 진실하라고 교육해도 부족할 판에 국가가 법적으로 거짓말을 가르치고 있다면 그 국가의 건강함은 말할 필요가 없다.

무엇이 국익인가? 무엇이 공동체의 이익에 봉사하겠는가? 진실한 자, 양심적인 자가 존중받게 하라. 다른 생각을 존중하라. 이것이 국가의 이익에 봉사하는 길이다.

삼군이 호위하는 장수라도 그를 잡을 수 있지만, 필부라도 그 가슴 속의 지조는 빼앗지 못한다

올바르게 살고자 하는 마음, 양심

사람은 올바르게 살고자 하는 마음을 가지고 있다. 그 마음이 양심이다. 헌법 제19조는 양심의 자유를 규정하고 있다. 양심은 삶의 기둥이 된다. "삼군이 호위하는 장수라도 그를 잡을 수 있지만, 필부라도 그 가슴 속의 지조는 빼앗지 못한다(三軍可奪帥也, 匹夫不可奪志也. 논어 자한 편)."

자기가 믿는 종교, 윤리나 가치관에 따라 군 복무를 거부하는 경우를 흔히 '양심적 병역거부'라 한다. 양심적 병역거부를 하는 이들은 주로 여호와의 증인 신도이지만 불교도이거나 종교가 없는 경우도 있다. 군대가 가진 폭력성 때문에 입대를 거부하고 프랑스로 망명한 경우도 있다.

헌법재판소 결정의 문제

헌법재판소는 병역법상 입영 통지를 받고도 양심상의 이유로 입영 또는 소집에 응하지 않은 이들을 '정당한 사유'를 가진 것으로 보지 않고 처벌하는 병역법 조항이 헌법에 위반되지 않는다고 결정한 바 있다. 해당 판례는 다음과 같은 문제가 있다.

첫째, 헌법재판소는 양심의 자유가 보호하는 양심을 "그렇게 하지 아니하고는 자신의 인격적인 존재 가치가 허물어지고 말 것이라는 강력하고 진지한 마음의 소리로서 절박하고 구체적인 양심"이라고 봤다. 양심에 대한 해석을 매우 좁게 했다는 문제가 있기는 하다. 아울러 '그렇게 하지 아니하고는 인격적 존재가치가 허물어지고 말 양심'에 관한 문제라면 이를 제한하는 법률조항에 대한 심사는 그에 상응하여 매우 엄격해야 할 것이다. 그러나 헌법재판소가 택한 심사의 기준과 정도는 그 중요성에 상응하지 않는다. 양심의 자유가 국방의 의무보다 더 가치 있는 것이라고 할 수 없다는 관점은 양심을 정의한 것과 모순된다.

둘째, 대체 복무제를 허용하더라도 국가안보와 병역의무의 형평성에 '아무런 지장이 없다.'라고 할 수 없다는 것은 국가·안보 등의 가치를 극단적으로 중시하는 입장이다. 양심은 절대적으로 옳은 것을 뜻하는 것은 아니다. 사람은 모두 다르고, 옳은 것에 대한 관념도 그 사람의 경험이나 가치관, 윤리와 종교 등에 따라 달리 형성되기 때문이다. 이처럼 양심은 그 내용을 객관적으로 말하기 어렵다. 때로는 양심은 현행법과 충돌하지만 이러한 과정을 거쳐 새로운 법률이 만들어지기도 한다. 이 판례는 양심의 자유에 따라 법률을 심사하기보다는 법률체계에서 인정한 가치와 틀 안에서만 양심의 자유를 인정하고 있다.

셋째, 이미 다양한 형태의 대체 복무가 실시되고 있는데 이를 도외시한 채 대체 복무의 도입 가능성을 논의하고 구체적인 근거를 제시하지 않고 병력자원의 손실이나 안보 문제를 이야기하고 있는 것은 소설에 가깝다. 대체 복무제 도입 여부를 논의할 것이 아니라 이미 시행되고 있는 대체 복무제와 관련하여 양심상의 이유로 군 복무를 할 수 없는 자를 추가적으로 인정할 것인가를 논의해야 한다. 신체조건이 복무에 부적합한 이들에게 병역 면제 또는 대체 복무 처분을 하고,

산업기능요원 또는 사회복무요원 등으로 군 복무를 대체하는 이들도 많다. 양심적 병역거부는 정신적 사유로 인해 군 복무가 부적합한 이들의 문제로도 볼 수 있다. 양심상의 이유로 도저히 병역의무 이행을 하지 못하는 이들에게 대체 복무를 인정할지 여부는 일반적인 국방의 의무에 관한 법률형성권에 관한 논의나 입법재량의 문제로 접근할 일은 아니다.

넷째, '양심적 병역거부를 인정하면 병역거부를 위해 특정 종교로 개종하려는 이들이 나오지 않으리라는 보장이 없고 인간의 윤리나 신념을 객관적으로 판단하기 곤란하다.'라고 하지만 그것은 지나친 우려라고 본다. 이미 많은 국가가 양심상의 이유로 병역 면제 또는 대체 복무 여부를 심사하는 제도를 가지고 있다. 양심적 병역거부자로 인정되기 위하여 다양한 근거자료를 제시해야 하고 상세한 질문과 토론을 통해 양심의 진지성을 판단하는 게 그렇게 어려운 것은 아니다. 또한 군 복무의 여건을 개선한다면 굳이 어려움을 무릅쓰고 거짓된 방법을 이용해 병역을 거부하려 시도하는 일도 줄어들 것이다.

양심적 병역거부자는 인의예지가 의심스럽다니

해당 판례에서는 등장하지 않지만 2004년 헌법재판소의 판례에서 권성 재판관이 쓴 합헌의견에 대한 별개의견을 언급하지 않을 수 없다. 양심적 병역거부에 대한 항간의 사려 깊지 않은 인식과 편견 또는 적대감이 고스란히 담겨 있기 때문이다. 권성 재판관은 별개의견을 통해 '양심적 병역거부자의 인의예지仁義禮智가 의심스럽다.', '군 복무를 하는 이들이 양심이 없거나 전쟁을 즐기는 것은 아니다.'라고 밝혔다. 그러나 이들이 병역거부를 결정하기까지 겪은 고민과 이후 겪어야 할 어려움을 생각한다면 어쩌면 이를 외면하는 것이야말로 측은지심惻隱之心이 없는 것인지도 모른다. 또 양심적 병역거부라는 용어가 이들만 양심이 있고 군 복무를 하는 사람은 양심이 없다고 하는 것은 아니지 않는가.

양심은 틀 안에 가둘 수 없다

법체계 자체는 불완전한 것이다. 항구불변의 것도 아니다. 다수가 가진 이해관계나 가치관을 반영하고 있으며 그 변화에 따라 변화할 수 있는 것이다. 다수와 다른 생각과 가치관을 가진 사람들도 공존할 수 있는 것이 민주공화국이고 대한민국은 이러한 관점에 기초하고 있다. 이것이 인권의 출발점이기도 하다. 대통령이 가진 사면제도도 법체계가 근본적으로 불완전하고 법 제도가 취한 가치 체계와 다른 가치가 존재할 수 있다는 것이 전제돼 있다. 다양성과 공존을 위한 관용이 민주주의의 핵심적인 가치이고 모든 사람은 다르다는 것이 헌법이 전제하는 인간관이다. 사람마다 다른 양심을 다수가 만든 틀 안에 가둬 둘 수만은 없는 것 아니겠는가? 헌법재판소는 2019년 판례를 변경하여 양심적 병역거부에 대한 대체 복무를 인정하지 않는 병역법 관련 조항이 헌법에 합치하지 않는다고 결정하였다.

정말 위험한 건 무엇일까?
—한국전쟁은 북한에 의한 통일전쟁이라고 한 강정구 교수의 발언을 둘러싼 논란

한국전쟁은 북한에 의한 통일전쟁?

2004년경에 강정구 교수는 '6·25전쟁은 내전으로 북한지도부가 시도한 통일전쟁이었고 우리나라는 미국의 신식민지 지배 아래 있고 미국에 의해 한반도 분단과 전쟁이 강요되었다.'라는 취지의 글을 발표한 바 있다. 그는 2005년 6월 맥아더 장군의 재평가에 대한 토론회에서 만약 미국이 6·25 전쟁에 개입하지 않았다면 한 달 내에 전쟁이 끝나 피해가 최소화되었을 텐데 맥아더라는 전쟁광 때문에 수백만이 더 죽게 되었다는 주장도 하였다. 검사는 국가보안법 위반 혐의로 구속영장을 청구하였으나 천정배 법무부 장관의 검찰에 대한 수사지휘권의 행사로 강 교수에 대한 검찰의 구속수사 시도는 좌절되었다. 보수적 입장에서는 수사지휘권을 행사한 천 장관을 비난하면서 국가보안법 논란을 다시 지핌으로써 자신들의 정치적 입장을 선전하였다. 이러한 논란을 보면서 헌법을 연구하는 사람으로서 강 교수의 발언을 문제삼아 그를 구속하라는 것이 한심한 주장이라는 생각을 하지 않을 수 없었다.

주장의 타당성 여부와 상관없이 표현의 자유는 보장해야

첫째, 표현의 자유 문제이다. 헌법 제21조 제1항은 언론·출판의 자유를 규정하고 있다. 흔히 표현의 자유라고 하는 이 기본적 권리는, 우리가 살아가는 공동체의 수많은 문제에 대한 논의과정에서 어떤 주장이 옳든 그르든 사전에 검열을 받지 않고 자유롭게 주장되고 논의되어 비판과 검증 과정을 거쳐 옳고 그른 것이 판명되며, 옳은 것은 받아들여지고 그른 것은 받아들여지지 않아 스스로 소멸하게 된다는 믿음에 근거하고 있다. 경우에 따라서는 그러한 장치가 제대로 작동하지 않는 경우도 예상할 수 있어 일정한 제한이 정당화되기도 하지만 표현의 자유는 이와 같은 믿음에 자리잡고 있다. 본래 옳고 또 문제가 없는 표현만 가능하다는 게 아니라 오히려 그를 수도 있고 문제를 일으킬 수도 있는 주장도 표현될 수 있다는 것이 표현의 자유이다. 그 이유는 옳고 그름을 판단하는 기준이 지금 다수가 지지하는 가치나 다수가 믿는 사실이므로 어떤 표현을 재단하는 절대적인 기준이 될 수 없다는 점, 지식의 범위는 부단히 확장되고 있으며 세계를 보는 안목도 달라지고 넓어진다는 점, 인간은 옳고 그름을 분별할 수 있는 이성적 능력을 가지고 있다는 점, 일정한 기준에 의하여 표현을 하지 못하게 하는 이른바 검열제도가 존재할 경우 사람들이 검열을 통과하기 위하여 자신의 진정한 의사와는 달리 거짓을 표현하게 되어 사회의 진정한 발전과 통합의 기초가 되는 인간의 정직성을 가로막게 된다는 점을 그 근거로 한다.

다만 상황에 따라서는 언어표현만으로도 위험이 초래되는 경우가 있는데, 예를 들어 비탈진 곳에서 수많은 사람이 공연을 관람하고 있는데 불이 났다고 소리치는 경우이다. 급박한 전쟁상황도 비슷한 경우가 있을 수 있다. 그래서 표현의 자유에 대한 제한의 정당화 기준으로 자주 인용되는 것이 '명백하고 현존하는 위험의 원칙'이다. 언론표현으로 '명백하고 현존하는 위험'을 초래할 때만 그에 대한 제한이 정당화된다는 것이다. 과연 강 교수의 발언이 그렇게 명백한 위험이며, 지금 당장 위험을 닥치게 하는가? 강 교수의 발언 정도로는 대한민국의 민주적 기본질서에는 어떤 위험도 초래하지 않으며, 다만 일부 국민들이 마음의 불안을 느낄 뿐이라 생각한다. 강 교수의 발언에 대해서는 열띤 논의를 통해서 옳고 그름을 따지면 족한 문제이다. 강 교수와 다른 생각을 가졌다면 그런 사람의 생각까지도 표현되고 공론의 장에서 열띤 토론을 할 수 있도록 보장하는 것이 표현의 자유이고 또한 자유민주적 기본질서임을 명심할 필요가 있다.

검열은 학문의 발전을 가로막는다

둘째, 학문의 자유 문제이다. 특히 대학을 중심으로 연구자들이 자유롭게 자신의 학문적 견해를 형성하고 발표하고 또한 학생들에게 강의하는 것은 학문의 발전을 위한 기본적 전제이다. 기존의 통설적인 견해만이 가능하고 또 지금의 질서를 지지하는 학문적 견해만이 가능하다면 새로운 사회로 발전하고 이행할 가능성은 없을 것이다. 아무리 정설로 자리잡은 견해라도 의심하고 새로운 시각으로 조명하여 오류를 찾고, 더 넓고 전혀 다른 안목으로 문제를 고찰함으로써 진리를 찾아야만 학문적 진리는 더욱 치밀하게 검증될 수 있을 것이다. 다만 기존의 학설과 다르다 또는 자신의 정서에 맞지 않는다 하여 그런 견해가 존재할 수조차 없게 한다면 이는 학문의 검열 장치를 만들게 됨으로써 결국은 모든 학문 발전을 가로막기 마련이다. 대학교수가 특권을 누려야 하는 것은 아니지만 적어도 대학이 학문의 전당이라는 믿음에 기초한다면 적어도 대학교수의 학문적 견해에 대해서는 학자들

스스로 옳고 그름을 검증하게 할 것이지 법적 잣대를 들이대서 함부로 평가할 일은 아니다. 더 나은 사회를 만들기 위해서는 적어도 학문적 견해에 대해서는 자신의 견해와 다르다 하여 법적 제재를 가해서는 안 된다.

구속수사가 원칙이 아니다

셋째, 불구속수사의 원칙이다. 강 교수의 발언을 두고 설사 그것이 국가보안법에 위반되어 수사를 하고 기소를 한다 하자. 본래 구속은 범죄 혐의자가 도망갈 염려가 있거나 증거를 없앨 가능성이 있을 때 하는 것이니 강 교수가 사는 곳이 일정하지 않은 것도 아니고, 다 드러난 일이니 혐의사실을 부정하는 것도 아니고 버젓이 학교에서 매일 학생과 만나고 강의를 하고 있으니 도망갈 염려가 있는 것도 아니니 구속의 대상은 아니라고 보아야 할 것이다. 이와 같이 구속은 일정한 사유가 있는 경우에만 가능한 것이고 이러한 사유가 없으면 불구속 수사를 하는 것이 신체의 자유에 관하여 헌법이 말하고 있는 불구속수사의 원칙이다. 더구나 검찰이 구속 여부를 결정하는 것인 양 불구속 수사를 하라는 법무부 장관의 지휘권에 대해 검찰이 극도로 반발하는 모습을 보이는데, 실은 구속 여부를 결정하는 것은 법원이 아니던가?

넷째, 검찰의 독립성은 물론 보장되어야 한다. 그러나 또한 검찰권에 대한 민주적 통제는 확보되어야 한다. 검찰권이 독립된다는 것은 어떠한 통제로부터도 자유롭다는 것은 아니다. 주권은 국민에게 있고 모든 권력은 국민으로부터 나온다는 것이 헌법이 말하는 국민주권의 원리 아니던가? 결국 어떠한 국가기관도 국민주권의 원리에 입각한 민주적 통제로부터 자유롭지 않다. 그동안 검찰을 비롯한 국가기관이 정치적 압력을 많이 받아 기관의 독립성이 절실한 과제였으나 이제는 오히려 국가기관의 권한 남용의 가능성도 커지고 있는 실정이다. 권한남용에 대하여 적절한 통제의 방법이 확보되지 않은 경우 검찰은 무소불위의 권력이 되고 말 것이다. 그러기에 검찰의 독립성을 침해하지 않는 한도에서 검찰권의 남용을 통제할 수 있어야 한다는 것은 당연하다. 검찰총장을 비롯한 모든 검사가 국회의 탄핵소추의 대상이 되는 것도 그러한 민주적 통제의 차원에서 인정되는 것이다. 국민의 정부가 국가보안법에 대한 개정 공약을 내세워 다수의 국민이 지지했고, 앞에서처럼 검찰의 강 교수 수사가 표현의 자유나 학문의 자유를 무시하고 있고 불구속수사의 원칙을 위반하고 있다면, 수사 자체에는 관여하지 않고 다만 불구속만을 요구한 것이 어찌 검찰권의 독립성을 침해한 것이라 할 수 있겠는가?

그동안 법무부 장관의 지휘권이 행사된 적이 없었는데, 국민의 정부 들어서 대한민국 사상 처음으로 법무부 장관이 검찰에 대한 수사지휘권을 행사한 것으로 오해하지만 사실은 전혀 그렇지 않다. 그동안 독재정권에서는 알아서 정권의 비위에 맞는 수사와 기소를 하거나 장관이 문서가 아니라 구두로 지휘권을 행사했을 뿐이다. 그동안 검찰이 장관의 지휘권에 꼼짝 못하고 권한을 행사해 온 것은 생각지 않고 정당한 지휘권에 대해서만 화를 내는 것은 마땅치 않은 노릇이다.

다른 생각이 존중되는 것이 자유민주적 기본질서의 원천

필자는 강 교수의 발언에 전적으로 동의하지는 않는다. 그러나 다른 생각이 존중되고, 자유롭게 논의될 수 있는 것이 자유민주적 기본질서의 핵심이며 우리 사회의 가능성의 원천이라 믿기에 강 교수의 발언은 존중되어야 한다고 생각한다. 진정 이 사회가 발전하려면 모든 구성원이 다 다르고, 다른 생각을 하며, 다 나름의 이성적 능력을 가졌음을 신뢰하는 데서 출발해야 한다고 생각한다.

누구나 싫은 사람을 보지 않고, 싫은 주장을 듣지 않으면 좋을 것이다. 감히 이 나라의 근본을 흔드는 주장을 하다니, 감옥에 처넣고 싶을 것이다. 그러나 이 사회에 사는 사람들의 이성적 능력을 신뢰한다면, 아니 자신의 이성적 능력에 대한 믿음을 가지고 있다면 왜 문제가 스스로의 논의과정을 통하여 해결되고 옳고 그름이 드러날 것이라 여기지 못하는가?

자기가 싫은 것을 배제한다는 것은 그만큼 자신의 기반에 대한 불안에 근거한다. 이미 우리나라는 상당한 안정을 이루었고 특히 북한과의 관계에서도 이제는 웬만한 이념적 공격이나 불안은 스스로 해결할 수 있는 단계에 이르렀다고 생각된다. 전시나 그 직후와는 다른 상황이다.

강 교수 구속을 둘러싼 논란 과정에서 드러난 위험은 강 교수의 발언이 아니라 오히려 강 교수의 발언을 자유민주적 기본질서를 위협하고 있다 하고, 이런 발언을 두둔하고 방관하는 현 정권의 정체성을 묻는 색깔론이 아닐까? 의견의 다양성을 부정하는 것이야말로 자유민주주의에 매우 위험한 것이다.

검열 그리고 거짓말

검열의 기억

자기가 싫어하는 생각을 말하거나 자기를 비판하는 걸 좋아할 사람은 별로 없다. 간혹 자신에 대한 비판을 다른 형태의 관심이나 애정으로 받아들이는 경우가 있긴 하지만 대개는 달가워하지 않는다. 특히 권력을 가진 이들은 더 그렇다. 반대편의 의견과 비판이 사실은 권력을 부패하지 않게 하는 것인데도 권력자는 자기 마음대로 하고 싶어하는가 보다. 하긴 잠깐이라도 하고 싶은 대로 하려고 권력을 추구하는 것이 사람인지도 모르겠다. 그래서 자기 구미에 맞게 신문과 방송을 조종하고 반대나 비판을 싫어한다. 요즘은 인터넷통신이 영향력을 높여가고 있으니 온라인에서도 그렇게 하고 싶어 한다. 가장 심한 것은 사전검열이다. 계엄령 시기에 군데군데 내용이 지워진 신문을 받아 본 경험을 가지신 분들도 있을 것이다. 지금은 그렇게 하는 때는 아니지만 여러 방법을 사용하여 보도가 되지 않도록 하기도 한다. 국가가 가진 권한을 행사하고 기업은 돈으로 압력을 가한다. 언론사야 광고가 주된 수입원이니 광고 떨어지면 망하는 것이니까. 대개 알아서 스스로 보도도 안 하고 논조도 바꾼다. 앞으로 돈의 힘이 더 세질 것 같다.

필자가 대학에 다니던 시절 계엄령이 선포되고 언론에 대한 검열이 실시된 적이 있다. 신문은 가끔 어느 기사가 통째로, 또는 단어나 구절이 지워지기도 했다. 심지어 외국에서 발행되는 잡지도 검은 잉크로 지운 곳이 있었다. 당시 어느 주간지의 한국 관련 기사 가운데 당시 실권자인 전두환을 'strongman'으로 표현한 기사가 있었는데 이건 지우지 않아 "외국에서는 전두환을 '독재자'라 표현하는구나." 하고 잠시 위로(?)를 받은 적이 있다. 검열을 담당하던 곳에서 이 기사를 못 볼 리 없지만 아마도 이 단어를 strong과 man에서 나오는 '강력한 지도자'나 실권자 정도의 의미로 해석한 결과라고 짐작된다. 영어 사전에 보면 이 단어는 '원하는 걸 얻기 위해 폭력을 사용하거나 위협을 하는 정치인'을 말한다고 하니 단지 유력한 정치인이나 실권자 정도의 의미를 넘어서는 의미를 가지고 있다. 이러한 오해는 박근혜를 'The Strongman's Daughter'로 표현한 2012년 기사를 둘러싸고도 벌어진 바 있다. 당시 새누리당은 이 기사를 '강력한 지도자의 딸'로 번역하여 홍보에 활용한 바 있다.

사상의 자유시장에 대한 믿음

검열을 하는 것은 '나쁜' 의견이 해악을 끼치므로 의견을 발표하기 전에 이를 여과하여 이로 인한 악영향을 사전에 차단한다는 데 그 취지가 있다. 물론 사람들을 현혹시키고 혼란에 빠뜨리는 허무맹랑한 언설을 금지하는 게 마땅하다는 생각을 하게 하는 경우도 있다. 자식을 가진 부모의 입장에서는 아이들에게 해가 될 만한 것은 아예 주변에서 없애버리고 싶을 때도 있다. 이러한 욕구는 사실 검열을 일정하게 정당화하는 생각으로 이어지기도 한다. 그럼에도 불구하고 우리 헌법 제21조 제2항에서는 언론·출판에 대한 검열을 금지하고 있다. 왜 그런가?

그건 표현의 자유를 보장하기 위한 것이다. 흔히 사상의 자유시장론에 기초해서 얘기한다. 자기가 가진 생각을 자유롭게 표현하고 비판과 토론과정을 거쳐 무엇이 옳고 그른지를 분별하게 된다는 것이다. 사람이란 이성을 가지고 있어 합리적으로 판단할 수 있는 존재라는 것이다. 아무리 위험하거나 어리석은 생각도 그것만으로는 위험하지 않다는 것이다. 생각은 생각이고 말은 말일 뿐이니까. 그것이 다른 사람에 의해 받아들여지지 않으면 말한다고 힘만 빼고 말 것이니. 이와 같이 생각은 자유롭게 논의되어 진리가 드러나게 되므로 생각을 표현하는 데 사전에 막아서도 안 되고 이런 표현이 위험하다고 해도 그 위험이 명백하게 당장 또는 곧 닥칠 정도의 것일 때만 규제할 수 있다는 게 헌법에서 말하는 언론의 자유이다. 자기가 싫어하는 생각을 발표하지 못하게 하면 당장은 편하다. 집안에서도 그렇지 않겠는가? 그러나 장차 화가 닥친다. 아이들 그렇게 키워 좋을 일 없다는 건 다 동의할 것이다. 그게 국가나 사회라고 다르지 않다.

거짓말의 탄생

어떤 생각을 글로 썼는데 언론기관에서 그 글을 거부하거나 그 글로 인해 나중에 처벌을 받게 된다면 여러분들은 어떻게 하겠는가? 입을 닫거나 자기 생각과는 '조금' 다르게 '잘 다듬어서' 표현을 할 것이다. 상징과 은유라는 기법을 이용해도 좋겠다. 성경 요한계시록에 상징이 많이 등장하는 건 탄압을 받던 시대와 관계가 있다고 한다. 하여간 사람들은 대개 표현을 하지 않거나 자기 생각과 다르게 표현을 하게 된다. 자기가 하고 싶은 얘기는 다른 건데, 말하자면 정도가 약하고 이해도 되는 거짓말을 하게 되는 것이다. 학교에서 선생님이 너무 엄하면 학생들도 머리를 써서 선생님의 눈밖에 안 나려고 하고 싫어할 소리는 안 하게 된다. '짱구' 굴린다고 하나? 적자생존의 법칙을 깨닫게 되는 것이다. 그래도 성깔 있는 학생들은 선생님과 자꾸 부딪치게 되고 학교에서는 문제아로 찍히게 된다. 그래도 잘 견뎌 내면 장래성은 오히려 있다고 할 수 있다.

검열 금지의 이유들

이 밖에도 몇 가지 이유를 생각할 수 있다. 첫째, 검열이 표현을 하는 사람과 이를 수용하는 사람에 대한 근본적인 불신에 기초하기 때문이다. 표현을 하는 사람을 생각이 위험하고 부실할 수 있어 제대로 검증하지 않으면 나쁜 영향을 미칠 가능성이 있다고 보는 것이나, 이를 받아들이는 사람을 무지몽매하여 자칫 잘못된 의견에 현혹될 존재로 보는 것은 우리 법제의 인간에 대한 관점과 어울리지 않는다. 인간에 대한 모욕적인 관점과 태도라 할 수 있다. 다른 의견이든 나쁜 의견이든 이를 충분히 여과할 수 있는 능력이 사람에게 있다면 이를 미리 금지할 필요는 없는 것이니까.

둘째, 자유로운 사고를 제한하기 때문이다. 검열을 하는 자와 다른 의견은 나쁜 것으로 취급된다. 표현을 하는 사람은 검열에 걸리지 않기 위해 자신의 자유로운 생각을 스스로 검열하게 된다. 이는 생각의 범위를 차단하고 치밀함을 가로막는 결과가 될 수 있다. 나아가 그러한 결과는 검열을 하는 사람에게도 마찬가지이다. 사회적으로 사람들이 자기의 본마음이나 생각을 얘기하지 않고 거짓말을 자연스럽게 하기 시작하면 사람들 사이에는 믿음이 생길 리 없다. 일단 의심하고 보는 것이다. 사회가 조화롭게 유지될 리 없다.

셋째, 검열의 기준 자체가 가변적이고 때로는 불명확한 경우도 있기 때문이다. 과거 천동설과 지동설의 다툼도 그러하지만 지금 여기에서 다수가 옳다, 항구불변의 진리라 해도 시간이 흐르면서 억압을 받던 것이 진리로 밝혀지는 경우도 허다하다. 검열은 자칫 진리와 진실의 발견을 가로막을 수 있기 때문이다. 권력으로 진리와 진실을 만들 수는 없는 법이다.

넷째, 사회적 불신을 초래하기 때문이다. 검열의 결과 사회에서 유통되는 의견은 표현을 하는 사람의 뜻과 다른 경우가 대부분이므로 이 의견을 접하는 사람도 그 본뜻이 무엇인지를 짐작하려고 하고 의견을 있는 그대로 받아들이지 않게 된다. 겉으로 드러난 뜻과 본심이 다른 것이 일반적이면 사람들은 항상 의심하고 말을 있는 그대로 믿지 않게 된다. 사회적으로 불신이 만연하게 된다.

다섯째, 다른 의견도, 심지어 해악을 끼친다고 평가받는 의견도 건강한 토론과 논의과정을 통하여 시비가 가려지고 진리와 진실을 발견하는 데 기여할 수 있기 때문이다. 다름 또는 다양성의 존중이 중요하다. 그것이 민주주의이며 자유로운 의견의 교환이야말로 민주주의를 지탱하는 기둥이다.

중요한 것은 검열하는 사람들도 생각을 통제하는 사람들도 결국은 그러한 통제에 구속되어 자신 또한 거짓말에 익숙해진다는 것이다. 사회가 불신 속에 유지되는 결과에 결국 우리 모두는 함께 구속될 수밖에 없다.

사상 · 양심의 자유와 국가보안법 폐지

아직도 국가보안법이……

국가보안법은 형법의 내란죄 규정이 중심이 된 국가보안법과 반국가단체의 활동을 규율하기 위한 반공법이 묶여 형성된 법률이다. 국가보안법의 개폐를 둘러싼 주장은 크게 존치론, 부분개정론, 대체입법론과 폐지론으로 나눌 수 있다.

존치론은 북한에 대한 냉전적 인식에 기초하여 여전히 남침의 야욕을 가진 북한과 대치상태에 있는 한 국가보안법은 필수적이며, 지금도 여전히 국가보안법으로 처벌받는 사람들이 있음은 이를 증명한다고 한다. 부분개정론 역시 존치론과 북한에 대한 인식에서 크게 다르지 않지만 이 법이 가지고 있는 인권침해조항과 남용의 위험성을 고려하여 반국가단체의 개념 축소, 찬양·고무죄, 불고지죄 등을 개정하고 나머지는 존치시키자는 주장이다. 대체입법론은 국가보안법상의 찬양·고무죄, 이적단체가입죄, 이적표현물소지죄, 불고지죄 등 독소조항을 삭제하는 한편 존속 가능한 부분은 별도의 법률(예, 민주질서수호법)의 제정이나 형법의 개정을 통하여 해결하자는 주장이다. 폐지론은 국가보안법상의 문제 조항을 삭제하면 국가보안법의 내용은 형법에 모두 포함되는 것이므로 형법을 개정할 필요없이 국가보안법만 폐지하면 족하다는 입장이다.

지금까지 국가보안법은 반국가단체로서 북한을 주로 상정하면서 남파간첩을 처벌하는 등 반국가단체의 국내활동을 규제하는 한편으로 반국가단체라고 규정하는 북한에 대한 의례적이고 상징적인 호감의 표시로 북한 국기를 내거는 행위나 한국사회에 대한 분석과 비판의 방법으로서 마르크스주의적인 접근방법을 취하기만 하여도 반국가단체 고무·찬양죄, 이적표현물 제작 등 혐의로 처벌하는 등 내부통제목적을 가지고 정권유지를 위한 도구로 악용하여 왔다는 비판을 면치 못한다. 설사 이 법이 악용되지 않는다 하여도 법에서 규율하고 있는 내용은 근본적으로 사상과 양심 그리고 학문의 자유를 억압하는 것이며 기본권 제한의 헌법적 원리에도 반하는 것으로 더 이상 존속할 수 없는 법이다.

사상의 자유는 우리 헌법에 명문 규정은 없지만 양심의 자유와 함께 중요한 기본적 권리라고 보는 것이 일반적인 헌법해석이다. 사상과 양심의 자유는 인간 내심의 자유로운 정신작용을 보장하여 모든 사람이 저마다 다양한 세계관과 가치관을 가지고 살아갈 수 있는 기초를 이루는 기본권이다. 다양한 사상과 견해는 자유로운 의사의 표현을 통하여 이성적인 판단능력이 있는 인간에 의해 참과 거짓이 분별되고 그 결과 진리를 발견할 수 있다는 것이다.

사상과 양심의 자유를 침해하는 국가보안법

국가보안법은 이 사상과 양심의 자유를 침해하는 법률이다. 반국가단체를 상정하고 이 단체에 의한 국헌문란이나 내란을 방지하는 것은 마땅히 필요한 것이지만, 반국가단체와 회합·통신하고, 그 지배하에 있는 지역에 잠입·탈출하는 행위, 이들의 주장에 동조하는 행위와 더 나아가 이적표현물을 소지하는 행위까지도 처벌의 대상으로 하는 것은 그 처벌 범위가 지나치게 광범위하고 그 요건마저 명확하지 않아 양심과 사상의 형성과정에 중요한 영향을 미치게 된다.

첫째, 이 법은 정신적 활동에 근본적인 한계를 설정함으로써 결국 자기검열을 강요하게 되는 것이다. 물론 혼자 어떤 생각을 하든 법이 관여하지는 않지만 적어도 자신의 정신활동의 결과를 밖으로 나타내고자 하는 사람이라면 자신의 사상에 가해질 제재를 예상하지 않을 수 없다. 처벌을 각오하지 않는 한 스스로 법적 한계를 고려하여 사상을 가다듬지 않으면 안된다. 다수의 생각과 다른 생각을 철저히 배제하면, 사람들은 생각을 하면서도 다양하게, 반대의 입장에서도 서서 자유롭게 생각을 하고 자신의 생각을 정립한다기보다는 아예 특정한 생각은 그 옳고 그름을 가릴 것도 없이 당연히 배제하게 되고 따라서 그런 과정을 거쳐 내려진 결론은 언제나 허약할 수밖에 없다. 결국 진리발견의 기초를 허약하게 만드는 것이다. 물론 그 사상이 절대적으로 잘못된 것이어서 그러한 사상에 빠지지 않도록 하기 위한 것이라는 변명도 가능하지만 인간의 이성적 능력을 어느 정도 신뢰하고 또 인간은 잘못도 범하고 이를 시정하면서 성장하고 성숙해 간다는 믿음을 가진다면 그러한 변명이 타당한 것은 아니다. 더구나 절대적으로 잘못된 것이라고 말할 수 있는 경우가 얼마나 될까?

둘째, 금지된 생각을 하는 것도, 말하는 것도 안 된다는 자기검열을 함과 동시에 사람들은 거짓말을 하게 된다는 것이다. 금지되는 생각을 가지게 되는 경우에 용기가 없으면 속마음은 그 생각을 지지하면서도 겉으로는 다른 생각을 하는 것처럼 거짓 행동하게 된다. 그 거짓말은 그 사회에서 살아남기 위한 거짓말이다. 결국 사람들은 자연스럽게, 거짓말이라는 의식도 없이 거짓말을 일상화하게 된다.

애매모호한 표현과 법원의 냉전적 시각

'자유민주적 기본질서를 위태롭게 한다는 점을 알면서'라는 요건이 있기 때문에 지금까지 있었던 남용의 위험이 없어졌다고 주장하는 이도 있다. 그렇지만 판례에서 이 구절은 미필적 고의未必的故意로도 족하다고 보기 때문에 매우 광범위하게 규정된 조문은 언제나 남용의 위험성이 있다. 이적표현물제작 등의 죄에서 주관적 요건인 '이적 목적'에 관하여는 적극적 의욕이나 확정적 인식까지는 필요 없고 이적행위가 될지도 모른다는 미필적 인식으로도 족하다는 전제 하에 이적표현물을 제작·복사·소지·운반·취득 또는 반포하는 행위가 있으면 이 죄가 성립하는 것으로 본다. 그리고 그 행위자가 위와 같은 표현물을 소지하면 이적 목적에 대한 미필적 인식이 있는 것으로 추정하기까지 한다. 대법원에서 국가보안법을 폐지하는 것은 무장해제라고까지 판결(대법원 2004. 8. 30. 판결)에 언급함으로써 법원의 냉전적 시각의 단면을 잘 보여 주고 있다.

따라서 국가보안법 해석·적용의 원칙으로 규정된 제1조 제2항 "목적 달성을 위하여 필요한 최소한도에 그쳐야 하며" "확대해석하거나 헌법상 보장된 국민의 기본적 인권을 부당하게 제한해서는 안" 된다고 규정해도, 헌법재판소의 결정에 따라 자유민주적 기본질서를 위태롭게 할 목적을 필요로 한다고 개정했어도 법원이 아직까지 냉전적 사고를 가지고 앞에서 언급한 바와 같은 판결을 계속해 나간다면 국가보안법의 폐해는 결코 그치지 않을 것이다.

다른 생각이 공존할 수 있어야 자유민주주의

양심과 사상의 자유는 그것이 명백하고 현존하는 위험이 없는 한 자유롭게 보장되어야 한다. 헌법 제37조 제2항의 규정처럼 제한이 필요한 경우로 한정되어야 하는 것이다. 그러나 국가보안법은 이러한 구체적인 위험이 없어도 처벌이 가능하게 되어 있다. 즉 공동체의 안전보장보다는 다른 사상에 대한 규제에 초점이 맞춰져 있다. 만약 명백하고 현존하는 위험이 있을 경우에만 적용된다면 이 법은 형법과 차별성을 전혀 갖지 못한다. 극단적으로 적국과 대치하고 있는 상황이라면 혹시 이러한 강력한 규제가 정당화될 가능성이 있다 하여도 휴전한 지 오래고, 남북한 사이에 교류가 활발하게 이뤄지고 있고, 남북한이 동시에 국제연합에 가입하고 군사력에서도 북한보다 우위에 있는 현실에서는 다른 사상에 대한 포용이 좀 더 필요하고 또 가능하다고 생각된다. 극단적으로 다른 생각도 존중되고 공존할 수 있다는 것이야말로 자유민주주의의 지표이며, 이 점에서 국가보안법은 그 규제대상이나 방법이 자유민주주의와 어울리지 않는다. 폐지를 반대하는 쪽에서 자주 언급하는 것이 광화문네거리에서 북한을 지지하는 집회를 하는 것까지도 그냥 두고 봐야 하느냐이다. 그러나 지금 상황에서 이들의 주장에 동조하는 이들이 얼마나 될 것이며, 이들의 주장을 그냥 두고 본다 하여 우리 사회에 어떤 위험이 있겠는가? 경범죄처벌법, 집회및시위에관한법률 등에 위반되면 이 법률 위반의 문제로 다루면 될 것이다. 이들을 단속하는 데 들이는 시간, 비용 그리고 인력은 좀 더 중요한 국가 작용에 써야 할 것이다.

정상적 국가로 가기 위해서는 국가보안법이 폐지되어야 한다

지나치게 강한 규제는 자기검열과 거짓말을 낳는다. 그 사회에서 살아가는 사람들은 제재를 피하기 위해 검증되지 않은 진리를 진리로 믿고 살아간다. 가장 진실한 사람은 극단적으로 사회에서 배제될 위험을 감수한다. 국가보안법은 반공주의에 터잡아 지금까지 한국사회에서 강력한 금기로 존재한다. 이 국가보안법을 헌법상 기본권이 보장되고 기본권 제한의 법리에 충실하도록 개정한다면 이 법은 형법에서 규율하는 내용 이상 독자성을 가지지 못한다. 국가보안법은 폐지되어야 할 뿐만 아니라 다른 대체입법도 굳이 필요가 없는 것이다.

지금까지 우리는 냉전적 사고에 익숙하여 새로운 사상의 분출이 매우 위험하고 국가의 정체성마저 흔든다고 생각하지만, 지금까지 억압적인 법제도가 잘못이었고 이 법의 폐지는 오히려 더 정상적인 사회로 가는 것임을 인식할 필요가 있다. 사람은 억압을 못 이길 뿐만 아니라 완전한 자유도 두려워한다. 그러나 자유가 더 잘 보장되는 사회를 만드는 것을 기피할 일이 아니다. 국가보안법을 폐지하는 것은 오히려 자유민주적 기본질서를 바탕으로 한 국가정체성을 확립하는 길이다.

양심적 병역거부와 교도소 대체 복무

편치 않은 군대의 기억

군에 입대하고 첫 외박을 나온 날, 집에 도착해서 20시간을 내리 잤다. 군에서 구타와 부당한 얼차려가 횡행하던 시절의 이야기다. 잠 잘 때도 긴장을 풀 수 없는 처지였으니 집에 도착한 순간부터 잠을 자기 시작한 것이다. 시간이 흐를수록 군 생활은 할 만해졌지만, 쉽지는 않았다. 30여 년 전의 일이다. 그 뒤 짧지 않은 세월이 흐르는 동안 군대도 많이 좋아졌다. 복무기간도 짧아졌다. 그만큼 사회와 단절될 시간이 줄어들기도 했고 군대 안에서 자신을 위해 쓸 수 있는 시간과 공간도, 할 수 있는 일들도 많아졌다. '최고의 명문대학 군대'라는 표어를 내건 부대도 있다. 요즘 제일 들어가기 어려운 대학이 군대라고 하는 이들도 있다.

그래도 여전히 군 복무는 힘든 게 분명하다. 때로는 목숨을 걸어야 한다. 군 복무를 마치고 사회에 적응하는 것도 쉬운 일은 아니다. 게다가 급여라는 것도 저축하기가 쉽지 않으니 제대하자마자 돈 걱정을 해야 한다. 군 제대자 가산점제도도 없어졌으니 군 복무하였다는 것이 먹고 사는 일인 취업에 도움이 되는 것도 아니다. 시험 성적으로 선발을 하는 곳에서는 여성에게 치인다는 인식도 강하다. 여성도 군대에 가야 한다는 주장도 제기된다. 실제로 여성에게 병역의무를 부과하지 않는 것에 대해 헌법소원심판이 청구된 적도 있다. 게다가 '잘났다'는 사람들 가운데 군 면제자가 유난히 많다. 군에 갔다 온 걸, 내 자식 군대 보낸 걸 억울하게 생각하는 사람들도 적지 않다.

징벌적인 복무?

얼마 전 대법원은 양심의 결정에 따라 군 징집명령을 따르지 않은 것이 병역법 위반이 아니라고 판결하였다. 헌법재판소의 결정(헌재 2018년 결정)과 함께 한 시대를 마감하는 판결이다. 이 판결의 후속 조치로 정부도 양심적 병역거부로 수감 중인 이들을 가석방하고 2019년 말 사면하였다. 하지만 너희들이 양심적이면 군대 갔다 온 사람들은 양심이 없다는 말이냐는 힐난이나 병역거부자들에 대한 허가·인가·

면허·등록 등 취소 때문에 생업에 지장을 받는 경우도 여전하다. 정당한 사유에 의한 병역거부라고 하면서도 이들의 대체 복무 기간을 36개월로 하고 교도소에서 합숙하는 방식으로 하려고 한다. 이런 내용의 관련 법률이 2019년 말 국회를 통과하였다. 수감 18개월이 교도소 근무 36개월로 바뀌는 것이다. 대체 복무라기보다는 징벌적이다. 정당한 사유인 양심의 결정에 따라 병역을 거부하는 것은 신체의 상태가 군 복무를 하는 데 어려움이 있는 것과 근본적으로 다르지 않기 때문이다.

군대와 총에 관한 생각과 감정이 다 다르다

사람은 다 다르다. 같은 것을 보면서도 느끼는 바가 다르고 생각하는 바도 다르다. 감수성도 차이가 있다. 당구 치다가 틈나면 큐대로 총검술 동작을 연습하는 이들도 있는가 하면 총이나 칼을 보기만 해도 기겁을 하는 이들도 있다. 전쟁도 불사한다고 떠벌리는 이들이 있는가 하면 어떤 경우에도 전쟁은 안 된다고 말하는 이들도 있다. 총을 쏘는 것이, 대검을 꽂고 총검술을 하는 것이 사람을 잡기 위한 것이라는 점을 생생하게 느끼는 이들은 차라리 내가 죽을지언정 나 살자고 상대를 죽일 수는 없다고 생각하기도 한다. 벌레 하나도 죽일 수 없다고 생각하는 사람에게 총을 쥐어 주고 사람 잡는 연습을 시키는 것이 마땅한 일인가. 어쩌면 예민한 감수성을 가진 이들을 존중해 주고 이들을 우리를 위해 남겨 두는 것도 옳은 일이다. 우리 헌법은 양심의 자유를 규정하고 있다. 양심이 어떠한 것으로부터 나온 것이든 올바른 삶에 관한 마음을 존중하는 것은 인간다운 삶의 핵심이다. 이것이 우리의 공동체를 건강하게 만든다.

편한 군대는 없다?

36개월 동안 교도소에서 합숙하며 대체 복무를 하도록 하는 바탕에는 양심적 병역거부자에 대한 혐오의 감정이 깔려 있다고 생각된다. 그 마음이 이해되지 않는 것도 아니다. 그러나 문제 해결을 위해 중요한 것은 군대 안 가는 사람도 군대에서 겪는 어려움을 겪도록 하는 것이 아니라 군대를 갔다 온 것이 더 이상 억울한 일이 아니도록 만드는 것이다. 군대의 환경을 바꾸고 근본적으로 군대에서도 더 많은 사적 생활이 가능하도록 하여야 한다. 급여도 충분히 지급되어야 한다. 이 기회에 군대를 정말 가고 싶은 곳으로 만들 노력을 해야 한다. 군의 사무도 상당 부분 외주화할 수 있는 것이므로 사격과 총검술을 하지 않는 군 복무 방식도 도입할 필요가 있다. 양심적 병역거부자들의 대체 복무 논의가 군대의 복무 환경을 획기적으로 개선하는 계기가 되어야 한다.

왜 서약서인가?

서약과 맹세에 익숙한 사회

'부정청탁 및 금품 등 수수 금지 서약서'의 제출을 요구받았다. 2016년 9월 말부터 시행된 부정청탁금지법 제19조 제1항에 의한 것이다. 서약서의 내용은 부정청탁을 받거나 하지 않고, 직무수행의 공정성과 청렴성을 의심받을 수 있는 금품 등을 받지 않겠으며, 직무를 공정하고 청렴하게 수행하여 공직에 대한 국민의 신뢰를 받을 수 있도록 하겠다는 것이다. 또한 이 법률의 내용을 철저히 숙지하고 준수할 것을 서약한다는 것도 포함하고 있다. 서약서는 당연히 제출해야 할 것처럼 여겨진다. 그러나 과연 이 법률의 시행에 즈음하여 '맹세하여 약속한다.'라는 뜻을 가지는 서약이 필요하고 요구될 수 있는 것인가?

단어가 가지는 본래의 뜻과 달리 우리들에게 맹세는 매우 가까이에 있다. 어릴 적부터 국기에 대한 맹세를 낭송하고 각종 공적 임무를 수행할 때는 서약서를 쓰는 게 일상화되어 있다. 몇 년 전에는 가석방의 조건으로 준법서약을 요구한 적이 있었는데 이에 대해 헌법재판소는 그것이 양심의 자유를 침해하는 것이 아니라고 결정한 바 있다. 서약서 양식에 이름이나 적고 마는 정도라면 서약을 하는 것은 그리 어려운 일이 아니다. 그러나 필자가 그랬듯이 적지 않은 사람들이 이 서약서를 요구받고 상당한 불편함을 느꼈을 것이다. 왜일까?

법률을 준수할 의무가 있는가?

공동체의 구성원이 법률을 준수해야 할 의무를 지는가는 견해가 대립할 수 있는 주제이다. 아무리 법률이 국민의 대표로 구성된 국회에서 제정한 것이라고 해도 지금 여기의 다수의 의사와 이해관계를 대변하는 것이라는 본질을 가지는 것인 이상, 전체 국민의 동의에 바탕을 둔 법률이라고 해도 모든 국민이 그 법률을 준수해야 할 의무를 당연히 진다고 말하기는 어렵기 때문이다. 다만, 그 의무가 있든 없든 법률을 위반한 데 대해 법적 제재를 가함으로써 법률의 실효성을 확보해 가는 것이다. 공무원은 법집행의 직무를 수행한다는 점에서 특별히 법령준수의무(국가공무원법 제56조)를 규정해 두고 있다.

그런데 국민이 준법의무를 진다고 해도 그것이 법률을 준수하겠다는 서약을 당연히 요구할 수 있는 결론으로 이어지지는 않는다. 법률 위반 행위를 처벌하고 법률의 실효성을 확보하는 데에는 국민이 그 법률의 존재와 내용을 아는 것으로 족하기 때문이다. 설사 그 내용을 알지 못한다고 해도 처벌이 정당성을 가지지 않은 것도 아니다. 즉, 법률의 집행력을 높이려면 법률의 내용을 잘 알도록 하는 것으로 족하다. 그러나 법률준수의 서약을 하는 문제는 단순히 법률의 내용에 대한 인지 정도를 넘어 법률준수의 의지를 표명하라는 것이 된다. 이는 인간의 의지의 문제이며, 옳고 그름에 관한 판단과 결정의 문제로서 양심에 속하는 사항이다. 그리고 양심의 문제는 그것이 인간의 마음에서 근본에 있는 문제이므로 보다 섬세하게 다뤄야 한다.

서약은 강제될 것이 아니다

서약이라는 용어가 워낙 일상적으로 사용되어 그 본래의 뜻에서 벗어나는 경우가 많아 그렇지 서약이라는 말은 함부로 쓸 수 있는 단어는 아니다. 매우 엄숙하게 가슴에 손을 얹고 해야 하는 말이기 때문이다. 단어의 뜻 그대로 서약하는 서면을 요구하기 위해서는 그런 필요성이 있고 그것을 요구할 만큼 중요한 사항에 관해서여야 할 것이다. 따라서 서약서는 모든 공직자에 대해서가 아니라 직무의 중요성과 필요성에 상응하여 제한적으로만 요구하여야 할 것이다. 그리고 그러한 서약은 한편으로는 그 동안의 직무수행에 대한 부정적 평가를 전제하고 이를 시인하는 것으로 보일 수 있다는 점에서 그러한 평가에 동의하지 못하는 사람들로서는 분명 내키지 않을 것임에 틀림없다.

자발적으로 청렴서약을 하는 것은 좋은 일이다. 이로써 공직의 신뢰를 얻을 수 있기 때문이다. 그러나 그러한 서약을 하지 않는다고 하여 청렴에 대한 가치평가나 태도가 다른 것도 아니고 직무수행의 공정성이나 청렴성을 상실하는 것도 아니다. 또한 청렴서약을 한다고 하여 부패행위를 하지 않는다고 보장하지도 못한다. 청렴서약은 이 법률의 시행을 보다 철저하게 하고자 하는 의도에서 하는 것으로 보이지만, 그것이 서약하는 사람에게 주는 양심의 부담을 고려한다면 결코 강제되어서는 안 될 것이다.

대통령의 기도

뒤러의 〈기도하는 손〉

뒤러라는 화가가 그린 〈기도하는 손〉이라는 제목의 그림을 본 적이 있는가? 고난과 간절함이 묻어나는 손과 이 그림에 얽힌 사연은 참으로 감동적이다. 그림 공부를 하다 만난 친구가 뒤러를 뒷바라지하고 뒤러가 성공한 후 이 친구를 뒷바라지하기로 약속을 하였는데, 뒤러가 화가가 된 뒤 이 친구를 찾으니 이 친구는 이미 손이 굳어 그림을 그릴 수 없는 형편이었으나

그림 1. 기도하는 손. 알브레히트 뒤러(Albrecht Dürer, 1471~1528)

뒤러를 위해 간절하게 기도하고 있었다고 한다. 자기의 종교를 떠나서 이 그림에 감동할 수 있는 것은 그 모습이 진실하고 간절하기 때문이 아닐까 생각한다.

대통령의 기도가 왜 문제가 되는가?

몇 년 전 이명박 대통령의 기도가 문제가 되었다. 그는 이른바 '국가조찬기도회'에 참석하여 사회자인 길자연 목사의 주도로 모든 참석자들과 함께 무릎을 꿇고 기도하였고 이 모습이 언론에 크게 보도되었다. 정치와 종교의 분리를 규정한 헌법 위반이다, 헌법을 위반했으니 탄핵해야 한다, 종교적 갈등을 부채질한다 등등의 비판이 가해졌다. 특히 이 기도회 관련 인사들이 이슬람 자금에 대한 특별법인 소위 수쿠크법의 입법화를 저지한 뒤라 더 관심을 끌기도 했다.

헌법은 정치와 종교의 분리를 규정하고 있으나 대통령이라는 가장 중요한 공직자가 특정 종교행사에 참석하여 종교의례를 하는 것이 어디까지 가능한 것인지에 대해서 명확하게 답하고 있지는 않다. 사실 공직자가 종교집회에 참석하는 것이 문제가 되지 않는 경우도 있을 것이다. 근무시간 이외에, 근무와 무관한 장소에서 이뤄지는 종교집회에 참석하고 그것이 개인적인 종교활동이라면 굳이 문제될 것은 아니다. 공직자의 개인적인 종교활동이 다른 비종교적 활동에 비하여 더 제약받아야 할 이유는 없기 때문이다. 그러나 공직자의 종교적 활동이 근무시간 중이거나, 그 직위와 관련되어 있거나, 근무하는 장소에서 이뤄지는 경우는 헌법 위반이 아닌가 하는 의심을 하기에 족한 상황이 될 수 있다.

종교는 그것을 믿는 사람들에게는 삶의 모든 것이기 때문에 자칫 다른 종교를 믿는 사람에게 공격적이기도 하고 독선과 결합하여 불화를 일으키기도 한다. 특히 서양에서는 종교로 인한 살육의 역사를 경험하기도 했다. 우리도 예외는 아니다. 권력과 종교의 결합은 다른 종교를 믿는 이들에게 무시무시한 탄압과 죽음을 뜻하였다. 그런 경험의 결과가 헌법에 규정되어 있는 정교분리의 원칙이다. 헌법의 정교분리의 원칙은 국교를 정해서는 안 되고, 특정 종교를 우대해서도 안 되며, 국가가 종교에 개입하거나 종교가 정치에 개입해서는 안 된다는 것을 그 내용으로 하고 있다. 특히 국가와 종교의 결합은, 국가가 종교를 이용하여 자신의 권력기반을 강화하고 종교가 국가의 잘못을 정당화하는 데 기여함으로써 권력의 부패와 국민의 권리 침해를 초래하였기 때문이다.

국가조찬기도회라는 모임

그렇게 때문에 이 대통령의 기도가 문제가 되는 것은 한 나라의 최고 지도자가 무릎을 꿇었다, 특정 종교의례를 하였다는 데 그 본질이 있는 것은 아니다. 만약 그가 이 땅의 가난하고 고통받는 사람들, 억눌린 사람들과 함께 하는 기도회에 참석하여 아픔을 함께 나누는 기도를 하였다면 이처럼 큰 문제가 되지 않았을 것이다. 이 대통령의 기도가 문제가 되는 것은 그것이 권력과 종교의 결합이기 때문이다. 이승만 정권 이래 계속되어 온 정치적 권력을 지향하는 한국 기독교의 성격과 선거나 정치과정에서 큰 도움을 받고자 하는 정치인들의 이해관계가 교묘하게 맞아떨어지고, 이 점을 알 만한 사람들은 다 알고 있다. 엄청난 뇌물을 쓰면서 당선되었다는 한국기독교단체(한기총)의 대표가 이 모임의 중심에 있다는 것도 그러한 '기도회'의 정치적 성격을 보여 주고 있기도 한다.

'국가조찬기도회'라는 이름도 마땅찮다. 본래 박정희, 전두환 등의 독재권력을 옹호하는 데 기여하던 이 모임은 그래도 당시에는 '국가를 위한 조찬기도회'였는데 언제부턴가 그것이 국가의 행사도 아닌데 '국가조찬기도회'가 되었다. 명칭의 변화 자체도 기독교가 국가를 대하는 태도에 변화가 있었음을 반영하는 게 아닌가 생각된다.

종교인들이, 특히 기독교인들이 국가를 위하여 진정 기도하고 싶다면 다음 선거에서 표 잃을까 봐 걱정하는 정치인들이나 고위직 공무원들을 오라 하여 떠들썩하게 집회하지 말고 조용히 골방에서 진심으로 기도할 일이다. 천국을 차지한 종교가 세속의 권력까지 가지려 하면 세상을 어지럽힐 뿐이다. 그것이 정교분리의 원칙을 규정한 헌법이 말하는 바이다.

중 · 고등학생의 종교의 자유를 생각한다

중·고등학교의 채플 수업

중·고등학생은 머리에 염색을 하면 안 되는가? 귀고리는 하면 안 되나? 목걸이는? 빨간 양말이나 빨간 구두는 어떨까? 중학교에 입학한 여학생들에게 머리는 단발을 하고 양말은 무채색으로만 신으라고 한다면 문제는 없는가? 종교계 학교에 다니면 싫어도 매주 실시하는 예배나 법회에 참석해야 하고 신앙고백을 읊어야 하는가?

이러한 문제는 지금도 중·고등학교 학생이나 그 학부모라면 겪어야 하고 또 의문을 가지는 것들이다. 이런 것들은 으레 학생이 그러면 안 된다, 교육목적상 필요하다, 수많은 학생을 통제하려면 불가피하다는 등의 이유로 큰 문제가 발생하지 않은 채 존재해 오고 있다. 그러나 달리 생각하면 내 머리에 염색을 하는 것이 도대체 다른 친구들에게 해를 준 게 뭔가, 양말이나 신발의 색상이나 형태가 왜 교육적으로 규제되어야 하는지 충분히 납득하기 어려운 부분이 한둘이 아니다. 필자가 중학교에 다니던 시절(70년대 중반)에는 당시 출현한 지 얼마 안 되는 '샤프펜슬'까지도 사용하지 못하게 한 적이 있었다. 그런 복장과 머리 모양 또는 새로운 문구에 혼란을 느끼고 교육에 방해를 받는 건 학생들이 아니라 문화적 충격을 받은 선생님들이 아닌지 곰곰이 생각해 보게 된다. 교육에서 다양성을 말한다면 다른 학생들이나 학교의 교육적 환경에 해를 끼치지 않는 것이라면 개성의 발현이 허용되어야 그 취지에 부합할 테니까…….

헌법 제10조는 다음과 같이 선언하고 있다. "모든 국민은 인간으로서의 존엄과 가치를 가지며 행복을 추구할 권리를 가진다. 국가는 개인이 가지는 불가침의 기본적 인권을 확인하고 이를 보장할 의무를 진다." 민주화에 따라 국민의 인권의식이 성장하고 헌법재판소나 법원 그리고 인권위원회 등 국가기관이 인권을 중시하는 경향을 뚜렷이 드러내면서 청소년들의 인권에 대해서도 관심이 높아지고 있음은 다행스러운 일이다. 지금까지 존속해 온 이러한 관행은 인권이라는 관점에서 재편되어야 한다.

종교교육의 강제와 종교의 자유

청소년의 인권문제로 제기되는 의제 가운데 하나가 종교학교에 다니는 학생의 종교문제이다. 다시 말하면 종교계 중·고등학교에서 학생의 의사에 반해서도 종교교육과 종교행사 참여를 요구할 수 있는가?

2004년 말 주간지 『한겨레21』은 올해의 인물로 고등학교 3학년인 강의석 군을 선정하였다. 그는 그가 다니던 고등학교에서 실시하는 예배참석을 거부하고 서울시 교육청 앞에서 청소년의 종교의 자유 보장을 요구하는 일인시위를 벌이면서 세인의 관심을 받게 되었다. 나는 이 주장은 정당한 것이며 종교계 학교에서도 학생의 의사에 반하여 종교교육을 강제하는 것은 학생의 종교의 자유를 침해한 것이며, 거부에 대해 학칙에 의한 제적 등 어떠한 제재도 가해서는 안 된다고 생각한다. 지금까지 으레 미션스쿨에서는 학생들이 싫어도 종교교육을 받고 마땅히 거부해서는 안 되는 것이 상식처럼 통하였으나 더 이상 이러한 관행은 지금까지 그래 왔다는 이유만으로 더 이상 시행되어서는 안 된다고 생각한다. 종교교육도 헌법에서 보장하는 종교의 자유의 관점에서 재편되어야 한다.

종교학교에서는 "국가 및 지방자치단체가 설립한 학교에서는 특정한 종교를 위한 종교교육을 실시해서는 안 된다."라는 교육기본법 제6조 제2항의 반대해석을 통하여 학생에 대한 종교교육이 허용된다고 해석해 오고 있다. 학생이 학교에 입학한 것은 특정 종교이념에 기초한 그 학교 학칙에 동의한 것이라고 한다. 입학 시 학칙을 준수하겠다고 서약하였기 때문에 종교교육을 거부할 경우 학칙에 따른 제재를 가하는 것은 정당하다고 한다. 나아가 종교학교가 종교교육을 할 수 없다면 학교의 존립근거가 없는 것이라고 한다.

종교교육이 강제되어서는 안 되는 이유

그러나 종교학교라 해도 학생에 대한 종교교육은 학생의 의사에 반하여 이뤄져서는 안 되며 진지한 성찰의 결과 종교교육을 거부하는 학생에 대해서 어떠한 제재도 가해져서는 안 된다고 생각한다. 우선 평준화를 실시하는 지역의 종교학교에 관하여 그 이유를 들어 보자.

평준화

첫째, 학생과 학부모의 학교선택권이 제한되고 있기 때문이다. 중등학교 평준화에 참여한 학교에 입학하는 학생과 학부모의 학교선택권이 거의 보장되고 있지 못하다. 학생과 학부모는 종교를 고려할 여지 없이 교육당국이 배정하는 학교에 입학할 수밖에 없으며, 자신이 원하지 않는다 하여 전학을 요구하고 또 이것이 받아들여질 가능성은 거의 없다. 최근에 일부 선先지원 후後배정제도가 실시되어 일정하게 학교선택권이 인정될 가능성도 있으나 그렇다 하여 종교학교에 배정받은 학생들이 자발적인 동의로 입학하였다고 보기에 어려움이 있다는 것이다. 선지원의 경우 학생은 자신들이 선택하는 기준, 즉 교육환경, 대학입시결과가 좋은 학교, 통학거리 등을 주로 고려하며 종교교육에 관한 부분은 크게 작용하지 않는 것이 현실의 모습이다.

학생의 동의?

둘째, 학생이나 학부모가 진정으로 종교교육에 동의하였다고 보기 어렵기 때문이다. 입학하기 전에 학생이 입학하고자 하는 학교에서 어떤 방식과 내용의 교육을 실시하는지는 잘 알지 못한다. 기독교, 천주교, 불교, 원불교 등 종교단체에서 설립한 학교에서 비록 그 종교이념에 충실하게 교육한다는 것을 밝혔다 해도 그 내용이 실제 종교행사에 참여하여 그 절차에 따라야 하고 그게 점수가 되고 졸업에 영향을 미치는지까지 알고 입학하는 경우는 많지 않다. 설사 대다수가 그걸 잘 알고 있다 하여도 잘 알지 못하는 학생이 그런 교육에 대한 동의를 한 것으로 보는 근거로 삼아서는 안 된다. 또한 한창 정신적으로 성장하는 학생들이 신앙을 가지고 입학하였다 해도 신앙에 회의를 갖기도 하며 종교에 부정적인 생각을 가지게 될 수도 있는 것이기 때문에 입학 당시의 동의만 가지고 종교교육을 지속적으로 강요할 근거로 삼기는 어렵다고 생각된다.

교회보다 더한 강제

셋째, 종교단체 내부에서의 강제보다 더 강한 강제가 인정될 수 없기 때문이다. 종교학교는 종교단체가 아니다. 종교단체가 스스로 선교를 제일의 목적으로 삼는다 하여도 학교에서의 교육은 선교보다는 시민으로서의 교육이 일차적 목적이라는 점이다. 헌법재판소의 판례는 "학교라는 교육기관의 형태를 취할 때에는 헌법 제31조 제1항(교육을 받을 권리), 제6항(교육제도법정주의) 및 이에 기한 교육법상 각 규정 등에 의한 규제를 받게 된다."라고 말하고 있다. 종교학교의 입장에서 종교교육이 가장 중요한 교육과정이라 인정해도 종교학교에서의 종교교육의 강도가 종교단체 안에서보다 더 강하게 인정될 수는 없다는 것이다. 교회의 예배에 참석하여도 하기 싫은 의례는 하지 않을 수 있고, 교회의 성경공부에는 참석하되 예배에 참석하지 않는 사람이라 하여도 그 사람이 종교에 적대적이거나 종교단체 내부에 혼란을 초래하지 않는 한 그 사람을 배척하거나 축출하지는 않는다. 하물며 교육기관에서 실시하는 종교교육이 그 이상의 강도로 실시될 수 있을까? 종교단체 내부에서도 하지 않는 종교교육을 학교에서 실시하는 것은 선교나 교육이라는 목적을 넘어 학교라는 권력을 이용하여 졸업과 결부시킴으로써 가능한 것이라고 생각된다.

고백의 강요

넷째, 종교고백을 강요하기 때문이다. 종교학교라도 모든 학생은 신앙의 자유를 가진다. 자신이 하고 싶지 않은 고백을 강요하거나 의례에 참석하도록 강제하는 것은 신앙의 자유에 대한 침해이다. 아무리 같은 신앙을 가지고 있다 해도 강제적으로 신앙을 고백하고 요구할 수도 없다고 생각된다. 졸업 여부를 결정하는 기준으로 하거나 중요한 평가의 기준으로 삼는 것은 종교적 고백을 강요하는 것이다. 본래 종교적 의례에 참석하는 것은 신자의 권리이다. 오히려 비신자의 참석은 종교단체에서 허락해야만 가능한 것이거늘 어찌 다른 신앙을 가지거나 고백하고 싶지 않은 학생들에게 그런 고백을 요구하는지 알 수 없다. 아무리 어린 학생도 신앙의 자유를 가지며, 특히 사물을 변별할 능력이 있는 중등학교 학생은 신앙의 자유가 부인될 근거가 전혀 없다.

물론 생각하기에 따라서는 형식적으로라도 의례에 참석하면 된다고 생각할 수 있지만, 형식적으로라도 의례에 참석하라고 요구하는 것은 속으로는 어떻게 생각하더라도 겉으로만 학생의 속생각과 다른 행위를 하라고 요구한다는 점에서 교육기관으로서 할 수 없는 거짓말을 공공연히 가르치는 비교육적 행위이며, 나아가 종교적 행위를 강제당하지 않을 자유를 침해하는 것이라고 생각된다. 아무리 학생이 잘못 생각하고 있고 학교가 이를 용납하기 어렵다고 하여도 신념이나 신앙의 문제를 학교가 졸업이나 평가와 관련시켜 종교의례에 참석하도록 하거나 종교고백을 강요할 수는 없는 것이다. 강제되는 진리는 진리가 아니다.

종교적 불관용의 교육

다섯째, 종교다원사회에서 종교적 불관용을 가르치는 것이기 때문이다. 국가의 교육에서도 국가적인 합의를 이루었다고 하여도 이를 일률적으로 학생에게 강요할 수만은 없는 일이고 이 점에서 과거 국기경례를 거부한 학생들을 제적처분한 것이 정당하다고 한 대법원의 판결(대법원 1976. 4. 27. 선고, 75누249 판결)을 비판하고 있는 것이다. 국가나 지방자치단체에서 설립한 학교가 아니라 종교학교 또는 다른 설립목적을 가진 학교에서도 오로지 그 설립이념에 따르는 이념이나 종교만이 유일한 학교 안에서의 행동의 지침이라고 말할 수는 없는 것이다. 또한 종교학교에서 제시하는 방법이 그 종교의 유일한 신앙의 방식도 아니다. 국가보안법의 개폐를 둘러싸고 기독교 안에서도 극단적인 견해의 대립이 신학적 근거를 가지고 대립되는 것을 보면 이 점은 분명하게 드러난다. 종교학교라고 하여 학생들의 자유로운 사고를 제약할 권한은 없다. 특히 학교에서 종교적 관용을 가르치는 것이야말로 교육기본법에서 말하는 교육이념[제2조 (교육이념) 교육은 홍익인간의 이념 아래 모든 국민으로 하여금 인격을 도야하고 자주적 생활능력과 민주시민으로서 필요한 자질을 갖추게 하여 인간다운 삶을 영위하게 하고 민주국가의 발전과 인류공영의 이상을 실현하는 데 이바지하게 함을 목적으로 한다.]에 부응하는 것이다.

우리나라에서 사립학교 특히 종교단체에서 설립한 학교가 근대적 교육을 실시하고 국가와 사회의 발전에 지대한 공헌을 하였다는 사실은 부인할 수 없다. 하지만 우리나라는 다른 어떤 나라와도 달리 종교적 다원사회이며, 종교교육과정에서 가장 중요한 것은 종교적 관용을 인정하고 배우는 일이다. 이것이야말로 헌법적 가치에 따른 교육이며, 진정으로 종교의 자유를 실현하는 바탕을 이루는 것이다. 종교학교에서 예배와 기도, 교리교육을 통하여 선교를 하는 것은 오래된 관행이지만 그렇다고 그것이 언제나 합헌적이라고는 할 수 없다고 생각된다.

이른바 정통은, 이단이라고 생각하는 종파에서 학교를 설립할 때도 같은 입장일까?

여섯째, 문제 종교단체에서도 종교학교를 설립하여 그 종교교리를 가르칠 수도 있기 때문이다. 현재 학교법인 관할청은 종교단체의 교리까지 심사하면서 학교법인 허가를 하지는 않는다. 어떤 종교단체인지를 심사하는 것은 인정되지 않으며 다만 그 종교단체의 사회적 활동과 건강함만을 판단할 수 있다. 그 교리가 어떤지를 심사하는 것은 국가권력의 권한 밖에 있다. 즉, 예를 들어 기독교이념에 따른 교육을 한다고 표방을 하더라도 그 내용은 다를 수 있으며, 특히 종교교육의 자유를 들어 어린 학생들에게 매우 편협한 종교적 견해에 입각하여 교육적 강제를 가할 수도 있는 것이다. 아직 그런 문제는 심각하게 드러나지는 않았지만 종교학교의 종교교육의 자유를 지나치게 강하게 인정하는 것은 다른 측면에서의 문제 발생 가능성도 아울러 존재한다는 점을 염두에 둘 필요도 있다.

현재 사립학교의 비중이 매우 높고, 종교학교도 상당히 많다. 게다가 종교단체의 선교 방법에 따라서는 사립학교를 인수해서 종교학교로 전환할 수도 있다. 이 경우 국가의 공교육이 절대적으로 의존하고 있는 사립학교에서 국가의 충분한 예산지원과 함께 종교교육을 강제적으로 실시할 수 있다면 이는 정교분리의 원칙에도 반하는 것이 된다.

이러한 이유로 현재 대부분의 평준화지역에서 학생의 학교선택권이 부인되거나 극히 미미하게 인정되는 현실에서 종교예배, 기도회 참석 등을 강제하는 것은 학생의 종교의 자유를 침해한다고 생각된다.

설사 평준화가 폐지된다고 해도

나아가 평준화가 폐지되어 학생이 학교를 선택하여 진학한다고 해도 학교에서 실시하는 종교교육에 전적으로 따라야 하는 것은 아니라고 생각된다. 다음과 같은 이유 때문이다.

첫째, 입학 시 모든 걸 제대로 알고 종교교육에 동의한 것은 아니라는 점이다. 앞에서 말했듯이 입학식장에서 비로소 기독교계 학교라는 사실을 알고 선서하는 실정에서는 결코 학생이 학교의 종교교육의 방향과 내용을 잘 알고 동의하였다고 볼 수는 없을 것이다.

둘째, 학생의 신앙은 변한다는 것이다. 본래 선교(전도 또는 포교)는 사람이 가진 신앙이 바뀔 수 있다는 전제에 서 있는 것이며 이러한 견지에서 보면 신앙은 바뀔 수 있고 또 성장하면서 다른 견해를 가질 수도 있음을 전제하는 것이다. 다른 종교적, 신학적 견해를 가질 수 있는 것이며, 종교학교의 종교교육의 자유가 다른 신앙 또는 종교적 견해를 가지지 못하게 하거나 하나의 종교적 행동만을 하도록 요구할 수 없다는 것이다.

셋째, 특정 종교가 유일한 신학과 종교적 태도를 가지는 것은 아니다. 예를 들어, 불교나 기독교라는 종교이념을 바탕으로 설립한 학교에서 그 종교를 교육할 때 그 교리적 또는 신학적 해석이나 태도가 다를 수 있다는 점이다. 특정 종교에 호감을 가지고 있어 그 종교적 이념에 따라 교육하는 학교에 입학하였어도 자신이 받아들이기 어려운 신학 또는 교리를 강제적으로 고백하고 받아들일 것을 암기할 것을 요구하는 경우, 입학 시 종교교육을 성실하게 받는 것에 동의하였다고 하여도 그것만으로 종교교육을 강제할 근거는 되지 않는다고 생각된다.

넷째, 교육기관은 법적 제약을 받는다는 것이다. 종교단체에서는 종교의 선교를 가장 우선시하였을지 모르지만 중등 종교학교는 교육부 장관의 허가를 받고 설립된 교육기관이므로 헌법상 종교의 자유, 교육제도 법정주의, 교육기본법상의 교육이념 등을 존중하여야 하고 특히 정교분리의 원칙과 종교의 자유와 관련하여 종교적 관용을 교육하여야 함은 당연한 헌법적 요청이라 할 수 있으므로, 중등 종교학교라도 종교단체 내부에서와 같은 정도의 규율로써 종교교육을 실시할 수는 없으며, 다른 신앙과 생각을 존중하여 대체적 교과목을 두지 않으면 안 될 것이다. 종교와 철학을 선택할 수 있도록 하는 것은 비종교학교뿐만 아니라 종교학교에도 당연히 해당되는 요청이다. 학교제도를 통하여 종교교육을 실시하는 경우는 종교의 자유와 함께 교육에 관한 헌법상의 원칙 즉 중립성, 교육제도법정주의와 교육의 정치적 중립성, 교육이념 등에 의한 제약을 받는다.

다섯째, 실제 학교선택권이 충실히 보장되고 있지 못하다는 점이다. 더구나 지금과 같이 사립학교의 비중이 높고 사립학교 가운데도 종교학교의 비중이 상당히 높은 경우 상급학교 진학을 앞둔 학생들이 종교를 가장 우선시하여 학교를 선택하기 어렵다. 따라서 학생들의 선택권이 충분히 보장되고 있다고 보는 것도 어려움이 있다. 제도적으로는 선택권이 보장된다 하여도 학생이나 학부모는 학교교육의 내용, 명망, 인지도, 통학거리 등등을 고려하여 결정하지 종교만을 유일한 요소로 하여 결정하지는 않는 것이 일반적이라는 것이다.

이런 근거에서 학생의 학교선택권, 학교의 학생선발권이 형식적으로 보장된 경우라도 학생에게 학생이 원하지 않는 종교의례를 강요하는 것은 인정되지 않는다고 보아야 할 것이다. 물론 종교의례거부를 선동하거나 질서를 어지럽히는 경우는 학칙에 의한 징계가 가능하겠지만, 이 경우 징계는 종교교육 거부가 아니라 다른 사유(질서 위반)에 의한 것이다.

교육적인 종교교육이 필요하다

어쩌면 젊은 날 종교학교에서 사람과 세계의 문제를 진지하게 고민할 수 있는 종교교육을 받을 수 있는 것은 크나큰 축복일 수 있다고 생각한다. 하지만 그것이 학생의 신념에 반하여 신앙을 강요하는 구실로 여겨져서는 안 된다. 어떠한 진리도 강요될 수 없는 것이다. 받아들일 수 없는 진리를 강요하는 것은 거짓말을 강요하거나 가르치는 것밖에는 안 되고, 진리적 신앙에 반하며 결코 교육적이지도 않다.

이런 이유에서 학교의 지나친 종교 행위 강제에 대해 항의한 강의석 군의 행동은 옳은 것이다. 설사 그 행동이 눈에 거슬리고 적절한 행동이 아니라고 해도 대광고가 강군을 제적하고 강군을 변호한 교목까지 직위해제한 것은 종교의 자유에 대한 침해라고 볼 수밖에 없다. 종교학교의 종교교육의 자유와 학생의 종교의 자유를 조화시키는 최선의 방법은 종교학교에서 종교교육을 실시하되 진지한 명시적 의사에 반하여 종교교육을 거부할 경우 그 의사에 반하여 종교교육을 실시하지 않고, 종교교과에 대체되는 교과목을 개설하여 학생이 종교교과 대신 선택할 수 있도록 하는 것이라 생각한다. 학생의 의사에 반하여 강제적 종교교육을 실시하지 말고 학생에게 종교교육을 받을 선택권을 인정하여야 한다. 그것이 진정한 종교교육을 위한 길이기도 하다.

종교적 고백…… 국기에 대한 맹세

'내가 믿사오며……', 공포와 전율

한 때 열렬한 종교적 신앙 속에서 '내가 믿사오며'라는 고백을 할 때의 공포와 전율을 기억한다. 믿는다는 것을 입으로 고백하는 일이 무엇을 의미하는지를 안다면, 힘들게 입을 열어 고백하고 그 말을 따라 살 때 닥쳐올지 모르는 고난을 의식하지 않을 수 없기 때문이다. 말 따로 행동 따로 살아가는 데 어떠한 문제도 느끼지 못한다면 별문제겠지만, 적어도 자신이 하는 말과 고백에 걸맞게 살아가고자 하는 사람이라면 한 마디 말을 뱉어 내는 일이 쉽지 않다는 것을 아는 것은 그리 어렵지 않을 것이다. 고백을 따르고 지키는 건 별도로 하고 입술만 딸싹거려 하는 일이 뭐 그리 어렵느냐고 한다면 종교적 고백의 진지함을 모르는 소치라 할 수밖에 없을 것이다.

'국기에 대한 맹세'가 아직도 계속되어야 하나

장중한 애국가 연주 속에 국기에 대한 맹세는 중후한 아나운서의 목소리로 이렇게 낭송된다. "나는 자랑스러운 태극기 앞에 조국과 민족의 무궁한 영광을 위하여 몸과 마음을 바쳐 충성을 다할 것을 굳게 다짐한다." 참으로 엄숙한 다짐이다. 맹세문을 있는 그대로 인정한다면 이 다짐은 너무나 숭고하여 극히 소수의 사람만이 할 수 있다. 모든 다른 가치 있는 것들 위에 "조국과 민족의 무궁한 영광"을 두고 내 몸과 마음을 다 바칠 것을 맹세하기 때문이다. 가족이나 사회적 지위, 이 모든 것을 뒤로 하고 오로지 조국과 민족의 무궁한 영광을 추구하는 것은 실로 종교적인 차원이라고까지 할 수 있을 것이다. 이에 대해서는 박정희 시대의 충성 맹세문이라느니, 국가주의를 강요하는 것이라느니, 일제의 황국신민의 서사를 연상시키느니 등등이 비판이 있어 왔다. 필자도 몇 차례 이 국기에 대한 맹세가 가지는 문제에 대해서는 지적한 바 있었고, 지금은 조금 완화된 국기에 대한 맹세를 하고 있다. 우선 이전의 맹세문을 보자.

'조국과 민족의 무궁한 영광'이 국민 모두가 추구하는 바인가

우선 이 맹세문의 문제는 몸과 마음을 바쳐 충성을 다하는 궁극의 목표가 '조국과 민족의 무궁한 영광'이라는 데 있다. 조국과 민족의 명확한 개념에 대해서는 합의가 없지만, 이 막연한 목표를 위하여 과연 어느 누가 몸과 마음을 바쳐 충성을 맹세할 수 있을까 의문이다. 과연 이러한 다짐을 말뜻 그대로 하고 또 그 다짐 속에서 살고 있는 사람은 몇이나 될까? 직업 자체가 몸과 마음을 바쳐 조국과 민족의 영광을 추구하는 데 상당히 관련이 있는 군인이나 공무원의 경우에 해당되는 경우가 있을 법도 하다. 우리들 대부분은 조국과 민족의 무궁한 영광이 모든 것에 앞선다고 생각하지 않고 제각기 다른 가치를 추구하고 있으며 그러한 다양성 속에서 국가라는 공동체를 구성한다고 생각하고 있지 않는가? 또한 이 맹세가 숭고한 것이라 해도 조국과 민족의 무궁한 영광이 무엇인지는 매우 애매하다. 오히려 전체주의적인 또는 맹목적으로 국가를 최고의 가치로 두는 국가주의적인 냄새까지도 난다. 그렇다면 이러한 종교적인 다짐은 위험한 방향으로 흐를 수 있다. 국가는 그 자체가 목적이 아니라 국민의 인권의 보장을 목적으로 하는 게 아니던가?

많은 이들은 이러한 다짐을 무덤덤하게 한다. 절에 가서 불상에 경배하는 것도 우상숭배라 하여 비판하는 이들 중 많은 사람들도 조국과 민족의 무궁한 영광이 자신이 믿는 신의 뜻과 같다는 보장도 없으면서 어떠한 양심의 모순도 느끼지 못하는 듯하다. 종교적 태도나 신앙이 국가에 매우 유화적으로 또는 무비판적으로 형성되어 온 것은 아닐까? 어릴 적부터 입에 달고 살았던 국기에 대한 맹세는 다들 문제를 느끼지 못할 정도로 일상화되어 버린 느낌이 든다. 우리는 이러한 다짐을 요구받고 이를 결코 진심으로는 하지 않음으로써 개인의 양심과 맹세 거부에 따를 사회적 압력과 제재를 지혜롭게(?) 피해 왔던 것은 아닐까? 하지만 그러한 지혜의 대가로 자신의 속마음을 감추고 겉으로 요구되는 행동이나 말을 하는 게 자연스러운 생존의 논리라는 교훈을 공식적으로 터득하게 됨으로써 우리 모두가 정도의 차이는 있지만 거짓말을 하는 데 익숙해진 것은 아닐지 생각해 본다.

그러나 모든 국민에게 요구되는 이 맹세는 국민 모두의 삶의 궁극적 가치이길 요구하고 있다. 수많은 가치 가운데 특정한, 아니 그 내용조차 불명확한 가치를 위하여 모든 국민에게 몸과 마음을 바치겠다는 맹세를 요구할 수 있는가? 진심으로 그렇게 맹세하고 그러한 방식으로 살아가는 삶도 나름대로 보람과 의미를 가질 수 있다고 생각한다. 그러나 제 각기 다른 생각과 가치관을 가지고 살아가고 있고 그렇게 살아갈 수 있는 게 권리인 대한민국에서 이러한 특정한 가치가 나의 궁극의 가치이길 요구하는 것은 어느 모로 보아도 헌법에 어긋난다. 국민 대다수가 동의하는 무궁한 영광도 이와 조화될 수 없는 소수자에게는 결코 영광이 될 수 없는 것이다.

어마어마한 종교적 고백을 요구하는데……

둘째, 몸과 마음을 바친다는 것은 결코 가볍게 할 수 있는 말은 아니다. 기독교의 경우 몸과 마음과 뜻과 정성을 다하여 하느님을 섬긴다는 것이 무엇을 의미하는지는 잘 알 것이다. 말 그대로 헌신을 요구하는 것이고, 그럴 각오 없이는 할 수 없는 고백이어야 마땅하다.

그러나 이러한 맹세는 우리에게 진심으로 그럴 의사도 없으면서 입술만 움직여 어마어마한 고백을 하는 데 주저함이 없다. 거의 종교적 차원의 고백이라고 봐도 무방할 내용인데……. 더구나 하느님을 믿으면서 조국과 민족의 무궁한 영광을 위하여 몸과 마음을 바칠 것을 맹세한다면 조국과 민족의 영광이 하느님의 뜻 자체란 말인가?

거짓말을 '짜연스럽게'……

셋째, 이렇게 입술로 하는 말 따로, 마음 속의 본 뜻 따로일 경우, 이러한 맹세나 고백을 요구하고 또 자연스럽게 이러한 고백이 이뤄질 수 있다면 이것은 너무나 자연스럽게 거짓말을 일상화한다는 점이다. 어느 누구인들 자기 자식에게, 또 학생에게, 친구에게 거짓말을 잘했다고 할 사람은 없을 것이다. 강력한 요구에 저항할 수 없어 입술로만 하는 고백일수록 더욱 자연스러운 거짓말을 요구하는 결과가 되는 것은 아닐까? 스스로 몸과 마음을 바쳐 추구하는 대상이 분명 조국과 민족의 무궁한 영광이 아니고 또 이것과 어울릴 수 없다는 것을 알면서도 이 맹세문에 아무런 저항감을 느끼지 못한다면 더욱 문제라고 생각된다. 거짓말에 둔감해졌음을 뜻하는 것이기에…….

맹세문 수정안의 등장

국기에 대한 맹세문이 논란을 빚자 행정자치부가 맹세문의 수정안을 제시하였다고 한다. 세 가지 안이 제시되었다.

> 제1안 "나는 자랑스러운 태극기 앞에서 대한민국의 무궁한 발전과 영광을 위하여 국민으로서 책임과 의무를 다할 것을 굳게 다짐한다."
>
> 제2안 "나는 자랑스러운 태극기 앞에 조국과 민족의 무궁한 영광을 위하여 사랑과 자유와 평등의 이름으로 국민의 의무를 다할 것을 다짐한다."
>
> 제3안 "나는 자랑스러운 태극기 앞에 조국의 통일과 번영을 위하여 정의와 진실로써 충성을 다할 것을 다짐한다."

세 가지 안 모두 이전의 순화된 표현을 사용하고 있다. 그러나 이러한 수정안 역시 맹세문의 문제를 근본적으로 해결한 것은 아니다. 다음 이유 때문이다.

책임과 의무를 다한다…… 권리행사는 나쁜가?

첫째, 책임과 의무의 이행이 강하게 부각된다는 것이다. 수정안은 권리의 행사가 부정적으로 인식된 전제에서 책임과 의무를 다하거나, 국민의 의무를 다하고, 충성을 다짐하는 내용으로 되어 있다. 공동체의 삶에서 권리의 행사는 결코 부정적으로 인식되어서는 안 된다. 적극적인 권리의 행사를 통하여 공동체가 발전하고 인간의 삶의 질이 향상되어 온 점을 애써 부인하려 하는 것은 아닐지……. 과도한 권리의 행사나 남용이 경계되어야 하는 점은 옳지만, 권리 자체에 대한 부정적 인식이 전제되어 만들어진 수정안은 아닌지 의문이다.

대한민국의 발전, 무궁한 영광, 번영은 무엇인가?

둘째, 여전히 대한민국의 발전, 조국과 민족의 무궁한 영광, 조국의 통일과 번영이 최고는 아니지만 국가생활에서의 매우 높은 가치로 제시되고 있다. 그러나 이러한 개념은 사실 매우 공허하고 그 내용에 대해 쉽게 합의가 이뤄질 수 없는 것이다. 내가 충성을 다하고, 책임과 의무를 다할 대상이 대한민국의 발전과 영광이거나 조국과 민족의 무궁한 영광이라지만, 그 내용은 동일한 사안을 두고도 의견이 극과 극으로 갈릴 수 있는 것이다. 이라크파병을 두고 이게 대한민국 국력신장을 보여 주는 것이라고 하는 입장도 있지만 오히려 대한민국의 발전을 위해서는 결코 파병해서는 안 된다는 주장이 있지 않는가? 애매모호하고 내용이 무엇인지에 대해 말하기도 어려운 목표를 두고 언제까지 국민에게 입술만 움직이는 맹세를 요구할 것인가?

사랑, 자유, 평등, 정의, 진실의 다짐…… 너무 심하지 않은가?

셋째, 수정안에 등장하는 사랑, 자유, 평등, 정의, 진실이라는 단어의 뜻은 의미심장하다. 인간의 삶에서 매우 숭고한 가치를 가지는 이들 개념을 사용하여 조국과 민족에 대한 맹세를 요구하는 것은 이 맹세문을 통하여 국가가 인간의 내면에 깊이 관여하고자 하는 것인가? 순박한 사람은 그런 마음으로 조국과 민족을 대할 것이고, 약은 사람은 맹세를 하면서 숭고한 의미를 가지는 '사랑, 자유, 평등, 정의, 진실'이라는 단어의 뜻을 마음 속에서 왜곡하게 될 것이다. 이도저도 아니면 매번 맹세문을 읊을 때마다 거짓말임을 의식하면서 하는 수밖에…….

올바른 국가관의 형성

국가생활을 하는 인간에게 올바른 국가관은 필요하다. 함께 국가를 형성하여 살아가는 삶에서 국가란 무엇인가, 민족은 어떠한 의미를 갖는가, 인간다운 삶을 위하여 인간은 어떠한 권리를 가지고 국가는 인권을 보장하기 위하여 무엇을 하여야 하는가, 공동체의 삶을 살아가는 구성원이 져야 할 책임과 의무는 무엇인가 등에 대해 알아야 한다. 그러나 그 구성원으로서 책임과 의무를 강조하기보다 인간으로서의 자유와 권리가 강조되고 국가는 이러한 국민의 자유와 권리를 보장하기 위하여 만들어진 것임을 아는 것은 우리의 역사적 경험으로 보아 책임과 의무를 강조하는 것보다 더욱 절실한 과제이다. 남용되지 않는 권리의 행사야말로 공동체를 건강하게 하고 발전시키는 힘이며 진정으로 봉사하고 싶은 공동체를 만드는 길이라 생각하기 때문이다.

진실한 마음의 소리는 강제될 수 없다…… 국기에 대한 맹세는 이제 폐지되어야 한다

진실한 마음의 고백은 강제될 것이 아니다. 진지한 양심의 소리는 스스로 울려 나오는 것이다. 그런 마음의 소리가 강제되는 순간, 그 마음은 이제 왜곡되기 시작하는 것이다. 국기와 국가에 대한 마음을 고백하라고 요구해서는 안 된다. 국기에 대한 맹세문의 어떤 수정안도 맹세를 요구해서는 안 된다. 이제 국기에 대한 맹세문은 폐지하여야 한다. 국민의 70%가 폐지에 반대한다는 조사도 있다지만, 이런 문제는 합의하여 결정할 문제가 아니다. 인간의 근본적인 양심의 문제이기 때문이다.

> "나는 자랑스러운 태극기 앞에 자유롭고 정의로운 대한민국의 무궁한 영광을 위하여 충성을 다할 것을 굳게 다짐합니다."

이 맹세는 어떠한가? 지금도 국민의례 때마다 맹세를 하고 있는데…….

예수 믿으세요?

예수천당 불신지옥

아이를 데리고 놀이동산에 간 어느 날, 놀이기구를 타기 위해 늘어선

줄의 앞에 선 어느 젊은 여인이 내게 묻는다. "예수 믿으세요?" 그저 빙긋이 웃을 뿐 답이 없으니 그 다음 이어지는 말, "구원의 확신이 있으세요?" 참으로 난처한 질문이다. 초면에, 그것도 인사조차 나누지 않은 사이에 단도직입적으로 그런 질문을 할 수 있는 사람이, 또 그런 방식의 전도행위를 권하는 종교단체가 존재하는 우리 사회는, 참으로 종교적 차원의 삶을 살아가고 종교적 심성이 깊은 시민들로 가득하다고 해야 할 것인가? "예수천당 불신지옥"이라는 구호를 외치며 오늘도 죄악에 허덕이는 불쌍한 불신자를 향한 전도의 발길은 끊이지 않고 있다.

사회적 갈등의 원인이 될 종교

어느 종교인이나 자신이 믿는 신앙을 함께 나누기를 원하고, 참으로 옳고 영원한 진리를 전파하고자 애쓴다. 진리 따라 사는 자는 얼마나 아름다운가. 그러나 필자는 이러한 몇 가지의 사례에서 앞으로 종교가 우리 사회에서 중요한 갈등의 요인이 될지 모른다는 불길한 징조를 읽는다. 매우 공격적인 종교적 태도와 선교의 방법이 일상화되고 있는 듯하기 때문이다. 이런 경향은 특히 기독교의 특정 종파에 두드러지게 나타난다.

그렇다고 기독교만을 비판하자는 것도 기독교가 모두 그렇다고 말하는 것도 결코 아니다. 다른 종교가 더 낫다고 말하려는 것은 더더욱 아니다. 다만 잘못된 종교 전파의 행태에 관한 문제를 지적하고 바람직한 선교의 모습을 고민해야 한다는 뜻이다. 불교나 다른 어느 종교도 같은 행태를 보인다면 마찬가지의 비판을 받아야 마땅할 것이다.

앞에서 든 예에 나타난 종교 전파의 방식은 우선 상대방을 존엄과 가치를 가진 인격으로 존중하지 않는 데서 비롯된다. 종교적으로 죄인이라고 보는 것이야 그럴 수 있다손 치더라도, 사람의 생각이 올바르든 그렇지 않든 사람은 한 인간으로서 고귀한 존재이며 또 그렇게 대우되어야 한다. 이것은 인간에 대한 최소한의 예의이다. 그러나 종교적 신념이 지나치면 자신이 깊이 믿어 마지않는 신앙을 가지지 않은 다른 사람의 삶에 대한 안타까움을 넘어서서 그들을 신앙의 길로 이끌지 않으면 안 된다는 생각까지 하게 되는 모양이다. 성찰적 자세로 진지하게 살아가는 사람도 그러한 연민과 구원의 대상에서 벗어나지 못한다. 그 결과가 불신지옥이라는 식의 공격적 선교행위로까지 나타나는 것은 아닐까?

또한 이런 방식은 상대방의 궁박한 처지를 이용하여 종교적 신앙을 강요하는 것이다. 100여 년의 한국 근현대사에서 기독교는 국민들에게 교육의 기회를 제공하는 한편으로 종교적 진리를 널리 펼쳐 왔다. 그러나 이제 기독교인은 전 국민의 3분의 1에 달하고 종교단체 또는 종교인들이 수많은 학교를 '가지고' 있고 사회적 권력을 차지하게 되었다. 학교교육에서 종교학교의 비중은 낮지 않으며, 취학 전 교육 단계에서의 종교학교의 비중은 더욱 높아진다. 이와 같은 종교단체의 학교교육과정에서는 학교교육에 종교교육이 덧붙여져 학생의 의사에 반하는 종교교육과 선교가 이뤄지는 예가 많다. 교회 등 종교단체 안에서는 '감히' 가하지 않고 또 가하지도 못할 강제를 학교에서는 교육이라는 이름으로 강요하고 성적평가에 반영한다. 학생회 활동에 종교에 관한 조건을 붙이기도 한다. 교회와 같은 종교단체보다도 학교는 더욱 강력한 종교교육과 선교의 도구가 된다. 종교단체에서는 생각지도 않는 강제가 학교에서는 오히려 당연히 강제되는 기이한 현상이 교육의 이름으로 정당화된다. 학교교육은 법률에 의하여 인정된 교육제도이다. 사회적 권력을 가지고 있는 제도종교가 학교를 통해 종교교육을 강제하는 것은 사실상 국가가 종교교육을 방임하는 것과 마찬가지이다. 국가와 종교의 분리를 규정한 헌법에 반한다고 볼 가능성이 높다.

제헌국회 첫날의 에피소드

이러한 종교적 행태의 뿌리는 멀리 이승만 정권 시기로 거슬러 올라간다고 생각된다. 이승만은 제헌국회 개원식에서 임시의장으로 선출되자마자 이윤영 의원(목사)에게 개회기도를 부탁하여 국회에서 "하늘에 계신"으로 시작하여 "아멘"으로 끝맺는 전형적인 기독교식의 기도가 행해진다. 이 무렵 기독교인의 비율이 전 국민의 5% 정도에 불과했음에도 이승만의 종교적 성향에 의하여 특정 종교의 기념일인 크리스마스가 공휴일로 지정되고 군대와 교도소에 근무하는 종교성직자가 기독교에 한정된다. 기독교 편향적인 정책에 발맞춰 선거에서 기독교는 이승만을 지지하는 현상이 나타난다. 세속국가에서 당연시되는 정교분리에 관한 의식이 극히 미약하였음은 두말할 필요가 없을 것이다. 이와 같이 국가권력의 도움을 받은 종교 전파의 행태가 오늘날의 공격적 선교 행태를 낳은 것은 아닐까 생각해 본다.

올바른 종교교육이 필요하다

종교인이 종교를 믿고 신앙을 전파하는 것은 당연하고 아름다운 일이다. 모든 사람이 종교적 차원의 삶을 살아갈 수 있다면 이 사회는 훨씬 아름다워질 것이다. 그러나 종교적 신앙의 전파는 종교적 삶의 거룩함과 감동을 통하여 이루어져야지 권력을 이용한 강제적 방법으로 이뤄져서는 안 된다. 인간의 깊은 심연에서 우러나는 고백이야말로 종교의 기초이며 그러한 고백은 결코 강제될 수 없는 것이기 때문이다. 특히 학교에서의 종교교육은 단순히 특정 종교를 받아들이도록 하는 것이 아니라 청소년기에 진지한 삶에 대한 고민과 인간의 깊이를 탐구함으로써 실시되어야 하는 것이며, 학생의 진지한 의사에 반하여 강제를 하는 것은 입으로만 종교적 진리를 고백하게 하고 속으로는 다른 생각을 하게 하는 것으로서 이는 결국 자연스럽게 거짓말을 하도록 가르치는 것이라는 점에서 결코 교육적이지 않다는 점도 지적되어야 한다. 그것이 종교의 자유라는 인권을 침해하는 것임은 물론이다.

다양한 종교가 공존하는 우리 사회에서 올바른 종교교육이 필요하다. 그러나 그것은 특정 종교의 신자를 만드는 종교교육보다는 종교적 삶에 대한 이해를 도모하고 특히 자신의 신앙 이외에 다른 종교를 이해하는 데에 초점이 맞춰져야 한다. 다른 종교를 가진 사람을 개종하여 자신의 종교적 신앙을 받아들이도록 하는 것이 신앙인의 징표라고 믿는 사람이 다수가 될수록 이 사회에서 종교가 촉발하는 갈등은 커질 수밖에 없을 것이라 생각된다. 다원종교사회에서 올바른 종교교육이야말로 단지 필요한 것만 아니라 절박하기까지 한 주제이다.

죽음이 거세된 도시

거짓말 아닌 거짓말

처녀 시집 안 간다는 말, 장사치 밑지고 판다는 말, 노인 얼른 죽어야지 하는 말을 3대 거짓말이라고들 한다. 거짓말인 경우가 많긴 하다. 그러나 곰곰이 생각하면 이 말에 어찌 진실이 없을 것인가? 여자라고 반드시 시집을 가야 하는 것도 아니니 안 간다는 말이 거짓일 수만은 없고, 장사하면서 물건을 떼 온 값에 자기 품삯 정도는 더해야 원가가 되니 물건을 떼 온 값 이상으로 판다 하여 밑지지 않는 게 아니다. 죽음을 앞둔 노인들이 "얼른 죽어야지." 하시는 말씀은 어떤 때에는 엄숙하기까지 하다. 어찌 거짓말이라 가벼이 여길 수 있을까? 이 세 가지 거짓말보다 더한 거짓말은 아마도 직장인들이 퇴근하면서 하는 "딱 한 잔"이 아닐까 싶다.

죽음—가장 엄숙한 삶의 순간

사람이면 누구나 죽음을 좋아하지 않는다. 그러나 부정할 수 없는 것은 죽음은 피할 수 없는 것이고 죽음으로써 이승의 삶이 끝난다는 것이다. 그러나 사람의 삶은 죽음을 어떻게 맞고 어떻게 죽느냐에 따라 달라진다. 죽음은 삶의 일부이고 어쩌면 삶의 가장 진지한 순간이라 할 수 있을 것이다. 잘 살려면 잘 죽어야 하고 잘 죽는 사람은 잘 살았다고 할 수 있을 것이다. 믿는 바 가치를 실현하고 나만이 할 수 있는 보람 있는 일을 하고 죽는 것, 사람들에게 삶의 의미를 일깨워 주고 떠나는 것, 남는 사람들에게 한을 남기거나 짐을 지우지 않고, 죽음으로 오히려 화해에 이르게 하고 떠나는 것은 잘 죽음의 내용이 될 수 있을 것이다. 물론 종교인들의 경우는 다른 차원의 덕목이 제시될 수 있을 것이다. 삶에서 죽음의 의미를 잊고서는 삶에 대해서도 알지 못한다고 할 수 있다. 잘 사는 것도 배워야 하지만 잘 죽는 것도 배워야 한다.

자연스러운 죽음의 학습공간

"얼른 죽어야지."라는 노인들의 말은 상당 부분 진실이라고 믿는다. 늙어 자식들에게 짐만 되거나 추한 모습 보이지 않고 어느 날 잠자듯이 세상을 떠나고 싶어 하는 노인들의 마음은 숭고하게 느껴진다. 곧 죽음이 다가오고 있음을 알고 곡기를 끊고 속까지 다 비운 채 죽음을 택하는 모습은 거룩하기까지 하다. 이러한 죽음의 모습은 일생을 통하여 죽음에 대해 진지하게 성찰한 결과라 생각한다. 종교를 신앙한다는 것도 그러한 차원을 만나게 할 수 있을 것이다. 그러나 제도 종교를 믿지 않으면서도 죽음 앞에 의연할 수 있음은 무엇 때문일까? 필자는 그 원인이 상당 정도는 생활공간을 통하여 자연스럽게 배운 것이라고 생각한다. 죽은 이의 무덤이 산 자의 생활공간 안에 존재하는 시골마을의 공간구조는 산 사람들이 죽음을 자연스럽게 접할 수 있게 한다. 집을 나서 논과 밭으로 가면서 조상님들의 묘를 지나고 산 자에게 얘기하듯 조상님을 만나는 생활을 통해 죽음이 삶 깊이 자리 잡게 된다고 생각한다. 마을 뒤의 무덤은 마을에 하나밖에 없는 잔디 깔린 운동장이다. 자신도 죽으면 저렇듯 무덤을 이루고 자손들이 얘길 걸어 줄 것이라 믿고, 죽음이 삶과 완전히 단절되는 것이 아니라 삶의 다른 모습임을 깨닫고 살게 되는 것이다. 조상을 모시는 제사와 차례를 통해서도 죽음과 삶이 자연스럽고 친근하게 교류하는 것이다. 그렇다면 이러한 환경 속에서 살아온 분들이 죽음을 대하는 것은 죽음을 공포로 느끼는 사람들의 그것과는 다를 수밖에 없을 것이다. 이들에게 죽음은 조상의 반열에 드는 것이요, 고향으로 돌아가는 것이다.

죽음이 추방된 도시

반면 도시에서 죽음의 자취를 찾기란 매우 힘들다. 도시에서 죽음은 매우 음산한 분위기를 풍긴다. 공동묘지는 음습하고 처녀귀신이 나오는 장소이다. 비 오고 흐린 평일에 한산한 공동묘지에 택시기사들도 가길 꺼린다. 시골이라고 무섭지 않을까만 도시에서 그 분위기는 유난한 것으로 보인다. 그 원인은 어디에 있을까? 여러 가지가 있겠지만, 그 가운데 하나는 도시의 생활공간에서 죽음을 거의 접할 수 없다는 데 있다고 생각된다. 특별한 경우가 아니면 죽음이라는 게 도시에 있는지조차 알 수가 없을 정도로 도시에서는 죽음을 배제하고 있다.

병원은 사람이 치료받는 곳이긴 하지만, 치료가 된 사람은 병원 정문으로 퇴원하고 치료가 되지 않은 사람은 지하실을 통해 큰(?) 차 타고 길을 나선다. 분명 살아 병원 문을 나서는 사람과 죽어 문을 나서는 사람이 있지만 죽어 나가는 사람의 모습은 애써 보여 주려 하지 않는다. 몇 년 전만 해도 아파트에서도 상가喪家를 볼 수 있었지만 지금은 모두 장례식장으로 이동하고 있다. 주변 주민들의 항의로 장례식장은 대부분 지하에 자릴 잡는다. 생활 속에서 상시적으로 만나지 못하고 오로지 충격과 함께 죽음을 만난다. 송장을 태우는 화장장도 자기들이 살고 있는 지역에 만들지 않으려 한다. 어느 지방자치단체가 운영하는 화장장은 다른 지역 주민들이 이용하는 요금을 대폭 인상한다고 한다.

죽음을 혐오스럽게 생각하면 죽음의 자리는 더욱 멀어지게 된다. 안타까운 일이다. 죽음을 생각지 않고 삶이 있을 수 없을 텐데, 도시의 삶은 그만큼 종교적 차원을 잃어버리고 있는지 모를 일이다. 물론 종교가 그 자리를 상당 부분 메우고 있겠지만 말이다.

납골묘 설치에 반대하는 주민들

예전에 천주교 추기경이 탄 차가 어느 성당을 방문했을 때 주민들의 계란 세례를 받았다고 한다. 성당에서 건설 중인 납골묘에 대해 항의한 것이라 한다. 초·중등학교가 부근에 있다던가? 그들에게 납골묘가 그렇게 혐오스러운 것이었을까? 납골묘가 가까이 있다고 학생들이 공부를 못하는가? 집값 떨어진다는 이유 말고 다른 합리적인 이유가 있을지 궁금하다.

기독교 교회나 천주교 성당에서 내걸고 있는 십자가는 2천 년 전 한 청년을 처형한 형틀이었음을, 그것도 시뻘건 피를 흘리며 죽었음을 기억하고자 붉은 빛으로 하고 있음을 상기하면 십자가라는 상징을 바라보는 마음이 단순할 리 없다. 그러나 어느 누구도 이를 문제 삼지 않는다. 종교란 본래 삶과 죽음에 관한 가르침이자 믿음임을 떠올린다면 죽은 이들의 남은 흔적인 뼛가루를 종교시설 안에 모신다 하여 무엇이 그리도 문제가 되는 것일지? 납골묘 부근에 있는 학교의 학생들은 오히려 훌륭한 철학적·종교적 품성을 가질 수 있을 것이다. 계란은 먹는 것이지 차나 사람에게 던지는 게 아니다.

도시 안에서 죽음과 같이 살자

아스팔트와 시멘트로 뒤덮인 도시에서 천박한 자본주의와 경박한 행태를 경험하는 것은 멀리는 이러한 죽음의 부재에서도 비롯된다고 생각한다. 오로지 강하고 화려하고 풍부하고 밝은 것만을 추구하는 도시의 문화는 약한 것, 힘겨운 것, 모자란 것, 어두운 것을 감춘다. 부자들이 산다는 동네에도 반은 집 없는 사람들이 살지만, 드러나는 것은 돈의 화려함뿐이다. 영원할 수도 없고, 사람을 살리지도 못하는 이러한 문화를 바꾸는 것은 인간이 유한한 존재임을 자각하는 길밖에는 없다고 생각된다.

그러한 자각을 위해서 생활공간 안에 그러한 자리를 마련하여야 한다. 가장 확실한 것이 죽음을 경험하고 생각할 수 있는 묘지이다. 이렇게 보면 묘지, 화장장은 오히려 도시에 필요한 시설이다. 시내 납골시설조차 민원의 대상이 되는 현실은 분명 반성하여야 한다. 물론 잘 때까지 곡소리 들리는 걸 방임하자거나 검은 연기 풍기는 걸 무작정 허용하자는 게 아니다. 죽음의 공간도 현대적 감각에 맞게 친근하고 편안한 공간으로 만들 수 있을 것이다. 시내에 있는 묘지를 한가로이 산책하면서 죽은 이를 그리워하고 나아가 삶의 자세를 가다듬을 수 있다면 우리의 삶의 차원도 달라질 수 있을 것이다.

맹모삼천지교孟母三遷之敎처럼 사는 환경에 따라 사람 사는 내용이 달라지는 것이라 하니, 죽음을 생각하고 살 수 있다면 종교적, 철학적 삶이 더욱 가까울 수 있을 것이다. 모르긴 해도 맹자 역시 공동묘지 가까이서 살았던 경험이 그의 사상 형성과 무관하지는 않을 것이다. 잘 살려면 잘 죽을 수 있어야 한다. 죽음을 멀리 하면 삶도 멀리 있는 게 아닌가.

제4장

사람의 학교, 사람을 위한 교육

머리 염색 금지?

학생다움?

초·중등학교에서 선생님들이 신경을 많이 쓰는 사항 가운데 하나가 학생들의 머리 염색이다. 멋있어 보이는 머리 모양과 색깔을 하고 싶은 학생과 '학생다운' '단정한' 용모를 요구하는 선생님들 사이에 미묘한 신경전이 벌어진다. 방학을 하면 바로 미용실로 달려가 원하는 헤어스타일과 염색을 하고 방학이 끝나는 날 아쉬운 마음으로 다시 미용실에 가서 검은 색으로 머리 '염색'을 하는 경우도 적지 않다. 멋의 기준을 정해 주고 이에 따를 것을 요구하는 사회에서 멋을 내고 싶은 나이의 학생과 학생다움을 요구하는 선생님 사이에 학생다움에 대한 인식의 차이가 큰 것도 갈등의 원인이다. 학부모와 사회 구성원 역시 선생님과 같은 견해를 가지는 경우가 많다. 학생은 역시 학생다워야 한다는 것이다.

이 문제는 각 지방자치단체마다 학생인권조례의 제정과 시행을 둘러싸고 지금도 여전히 문제가 되고 있다. 전에 필자가 관여하는 지방자치단체의 학생인권조례의 제정을 위한 공청회가 열렸는데, 여기에서 한 도의원은 작년 학생인권조례를 부결시킨 이유의 하나로 복장이나 머리 길이 등을 학생들 자율로 정하는 것까지는 괜찮다고 보지만 머리 염색까지 하는 것은 도저히 안 된다고 생각하기 때문에 조례(안)을 반대했다는 말을 했다. 말인즉슨 옷을 어떻게 입어도, 머리가 길어도 큰 문제는 아닌데 머리를 울긋불긋 염색하면 학교 분위기나 다른 학생들 공부하는 데 나쁜 영향을 미치게 되리라는 것이다.

왜 머리 염색만 안 되나?

그런데 이런 말은 설득력이 없다. 우선 복장과 머리 길이에 대해 학생들 스스로 결정할 수 있도록 하면서도 유독 머리 색깔만 달리 봐야 할 이유가 별로 없기 때문이다. 그저 당사자의 눈에 거슬린다는 것 말고 제시된 이유는 없다. 적어도 염색약이 독성이 있어 성장기에 있는 학생들이 사용할 경우 성인들이 사용할 때보다 해가 많다는 이유 정도는 제시되어야 할 것이다. 이럴 경우 광고하는 것처럼 천연원료로 만들어 신체에 해가 없다는 증명이 있는 제품을 사용하면 되므로 염색재료에 따라 달리 볼 수 있는 것 아닌가 하는 반론이 제기될 수 있다. 학교 선생님들은 염색약에 따라 염색을 허용하거나 금지하는 것이 번거롭고 일일이 이를 확인할 수도 없기 때문에 일률적으로 금지할 필요가 있다고 할 수도 있겠다. 그런데 염색약에 좋고 나쁜 게 있는 것이라면, 약도 어린이용이 따로 있는 것처럼 청소년용 염색약을 따로 만들 경우 또는 학생 스스로 신체에 해가 없다는 염색약을 선택할 경우 학교 선생님들이 염색을 금지할 이유는 별로 없을 것으로 보인다. 좀 더 근본적인 이유를 생각하자면, 사람은 다른 사람에게 해를 주지 않는 한 자신의 문제를 결정할 수 있는 존재이므로 자신에게 해가 될 수 있는 것도 선택할 수 있다. 염색약이 어느 정도의 독성이 있는지 입증되었다면 이런 약품은 법률로 규정하여야 할 일이다. 즉, 독성에 대한 규제는 해를 막는다는 면에서 가능하지만 그것이 염색 자체를 막는 이유는 안 된다.

염색을 금지해야 한다고 하는 이유 가운데 하나는 학생들이 염색을 하면 학교 분위기를 해친다는 것이다. 울긋불긋 형형색색의 머리를 한 학생들이 모여 공부가 되겠느냐는 걱정이다. 그런데 학생들이 염색을 할 수 있다면, 이런 풍경이 펼쳐진다 하여 그게 무슨 문제가 될 것이며, 공부하는 데 무슨 영향이 있을까? 그게 눈에 거슬리는 사람들이 있다면 이는 참아야 하는 불편함이고, 서로 대화를 통하여 해결할 문제 아닐까? 나아가 이런 풍경이 언제나 펼쳐진다고만도 할 수 없다. 학생들 스스로 토론을 통하여 염색 문제를 해결하도록 하면 매우 합리적인 이유로 스스로가 동의할 수 있는 규정을 만들어 자율적으로 문제를 풀 수도 있다. 염색을 할 수 있다고 해도 대부분의 학생들은 시간이 없어서 염색하기 어렵고 한두 번 해 보면 돈 아까워서 자주 하지도 않는다. 엄격하게 금지하니까 더 해보고 싶은 것 아닐까? 그래도 미적 감각이 뛰어나고 개성을 나타내고 싶은 학생은 할 것이다. 이런 학생들은 장차 헤어드레서나 미술가로 대성할지도 모른다.

우리는 모두 단군의 자손?

하나 더 말하자면, 염색 금지의 바탕에는 머리 색깔은 까만색이라는 고정관념이 자리잡고 있다. 단일민족 이데올로기라 할까? 염색 금지를 달리 표현하자면 원래의 머리색에 변경을 가하지 말라는 것인데, 사람마다 머리색이 다르다면 드러난 머리색이 자기 고유의 것인지 어떻게 알 수 있을까? 필자의 친구 하나는 고등학교 다닐 때 머리가 원래 약간 노란색이어서 선생님들에게 애꿎은 벌을 많이 받았다고 한다. 염색했다는 혐의 때문이다. 이제 다문화사회가 펼쳐지고 있고 머리색도 다양해질 텐데, 머리색을 굳이 '자신이 가진 그 색깔 그대로' 유지할 것을 요구하는 것은 시대의 변화를 읽지 못하는 것이기도 하다.

하얀 인형, 검은 인형; 부자 학교, 가난한 학교

케네스 클락의 실험

미국에서 인종차별이 극심하던 1950년대 초 케네스 클락이라는 심리학자가 다음과 같은 실험을 했다. 어린아이 앞에 똑같은 옷을 입은 하얀 색 인형과 검은 색 인형을 두고 어느 것이 예쁜가, 미운가, 좋은가, 나쁜가 등의 질문을 했다. 피부색이 검은 아이를 포함하여 상당수의 아이들이 하얀 색 인형을 좋다 또는 예쁘다고 하고, 검은 색의 인형을 밉다 또는 나쁘다고 답했다. 그런데 예쁘다고 하는 이유는 하얀 색이기 때문에, 미운 이유는 검은 색이기 때문이었다. 더구나 자신의 피부색이 검다는 것을 아는 아이들이 인형이 검은 색이라 밉다고 하였다(이에 관한 동영상은 유튜브에서 'White doll, black doll. Which one is the nice doll?'로 검색).

케네스 클락은 이 실험을 통해 흑인 아이들이 자기 피부색에 대한 혐오의 감정을 형성하고 있다는 사실을 지적하였다. 미국사회에서 약자이면서 더구나 학교, 교통수단이나 숙박시설 등 이용에서 백인과 분리되어야 하는 것은 흑인들에게 매우 억압적인 효과를 가진다고 하였다. 그 효과 가운데 가장 잔인한 것은 그 희생자들이 그 희생적 상태에 적응해 가고 경우에 따라서는 그들의 소망을 포기하게 된다는 것 또는 지배받는 것은 손해가 된다기보다는 유익한 것이라는 것을 인정하게 되는 것이라 하였다. 타인과 분리되어 살도록 강요당하고 그들의 일상생활 어디에서도 존중받지 못하는 사람들은 그들 자신의 가치에 대해 의문을 갖기 시작하고, 자기혐오와 흑인 콤플렉스의 씨앗이 된다고 하였다. 추방, 거부와 낙인이 찍힌 지위는 그들이 바란 것도 아니고 자발적으로 얻은 것도 아니고, 분리는 건강한 인간이라면 그것을 추구하거나 감수할 것이 아닌데도 말이다.

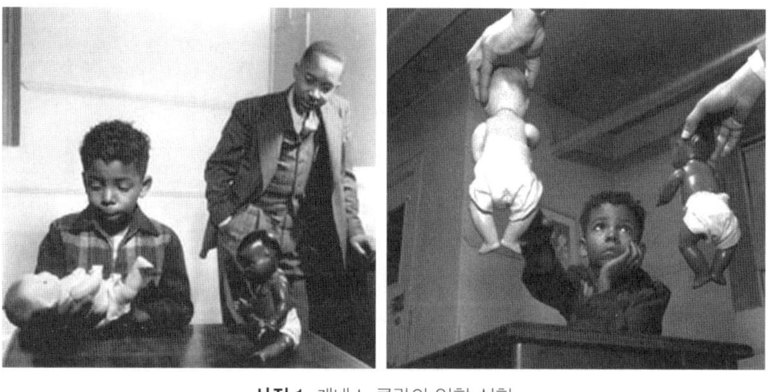

사진 1. 케네스 클락의 인형 실험
워싱턴 D.C. 소재 미국사박물관에서 필자가 촬영.

이 실험은 흑백 분리교육을 평등보호 위반이라는 이유로 헌법에 위반된다고 한 1954년 브라운 판결에도 영향을 미쳤다. 흑백을 분리하는 것은 시설과 예산 등을 동일하게 해 준다고 하더라도 분리하는 것 자체가 차별적이라는 것이다. 분리교육에 의해 흑인들의 열등감은 더욱 강화된다는 것이다.

임대아파트에 찍힌 낙인

일간지(한겨레)에 서울 강서구의 어느 학교(A)가 폐교 위기에 처했다는 기사가 보도된 적이 있다. 이 학교가 그렇게 된 이유는 그 학생이 임대아파트에 사는 아이들이 다닌다는 주변의 인식 때문이었다. 그러니 이 학교 아이들이 부근 다른 학교(B)로 전학을 가게 되었다. A학교 학생이나 임대아파트에 대한 편견은 이 기사에 실린 학생과 주민의 말에 잘 드러난다. "공원에서 만난 B학교 애들이 A학교 다닌다니까 거지라고 놀렸어요. 같은 반 지혜(가명)한텐 원숭이라며 욕했어요. B학교 가면 훨씬 놀림을 많이 받을 거예요.", "우리 애가 4단지 산다니까 C아파트 앞 D유치원에선 받아 주지도 않았다.", "잘못된 교육행정 탓에 조손가정·결식·장애아동이 많은 A학교는 섬처럼 고립돼 거지 집단으로 낙인찍힌 지 오래예요."

부모들에게도 힘들겠지만, 한창 자라나는 아이들에게 이러한 현실은 무척 힘들 것이다. 가난한 집 애들이라는 주변의 편견, 은근한 따돌림과 압력은 어떻게 작용할까? 분노하고 저항하게 할까? 아니면 조용히 길들여지고 익숙해질까? 앞의 실험에서 왜 흑인 아이는 인형이 검은 색이기 때문에 밉다고 하게 되었을까?

공정함을 보고 자라야 하는 아이들

차별과 편견은 적어도 헌법이나 법률 등에서는 많이 사라졌다. 그러나 법집행, 행정이나 회사, 사람과 사람 사이의 관계 속에는 여전히 남아 있다. 차별이 금지되어야 하는 이유는 그것이 사람에게 고통을 주고 서서히 자기를 미워하게 하고 나아가 그러한 차별적인 현실을 받아들이게 된다는 것 때문이다. 인간성을 파괴하기 때문이다. 아이들은 그대로 배운다고 한다. 공정함을 보고 자란 아이는 공정함을 배우고, 인정받고 자란 아이는 자신을 사랑할 줄 알게 된다. 차별과 편견 속에서 자란 아이에게 펼쳐질 삶은 어떠한 것일까?

슛, 노골!! 그리고 체벌금지

'똥볼' 차는 선수들

요즘은 자주 보기 어렵지만 한 동안 축구경기 중계를 보다 보면 참 이상하다 싶은 장면을 자주 볼 수 있었다. 강하게 공대를 향하여 찬 볼이 골문과는 영 딴 방향으로 날아가거나 크로스바 위로 떠올라 관중석까지 날아가는데도 선수는 매우 아쉽다는 동작을 하는 것이다. 아쉬워도 보통 아쉬운 게 아니고 일생일대의 기회를 놓친 것 같은 동작을 하는 것이다. "참 이상도 하다. 저런 슛을 하고도 그게 들어갈 거라고 기대를 했나, 그런 슛이 안 들어간 게 그렇게 아쉬울까, 안 들어가는 게 당연한 거 아닌가." 이런 의문이 항상 머리 속에 있었는데, 축구 전반전을 마친 중간 휴식시간에 게임을 '망친' 선수들이 감독으로부터 구타를 당했다는 뉴스를 들으면서, "아, 그래서 그랬겠구나." 하는 생각이 들게 되었다. 그렇게 맞으면서 운동을 하니까 선수들은 경기를 즐기면서 할 엄두를 내지 못하고 감독에게 혼나지 않는 게 가장 중요한 목표가 되어 버렸던 것은 아닐까? 그러기에 그런 슛을 하고도 자기는 최선을 다했고 너무 아쉽다는 메시지를 감독에게 전하기 위해 그런 동작을 했던 것은 아닐까? 안 맞으려고…….

강팀에는 강하고 약팀에는 약한

이런 심리는 선수들이 강팀에 강하고 약팀에 약한 모습을 보이는 데 일조했을 것이라고 생각한다. 강팀에게는 져도 혼나지 않을 테니 큰 부담을 가지지 않는데, 약팀하고 경기하고 지는 날에는 그날 잠은 다 자게 되니 말이다. 사실 그 상대인 약팀도 그만큼 편하게 경기를 하니 그날따라 약팀이 아닐 것은 분명하고 그래서 강팀의 선수들이 느끼는 부담감은 능히 짐작할 수 있다. 그래서 히딩크 감독이 선수들을 경기장에 들여보내며 했다는 말의 의미를 되새기게 된다. "경기를 즐겨라." 골대를 맞히는 슛을 하고도 바로 돌아서서 열심히 뛰는 여자축구 선수들을 보면 왜 여자축구가 남자축구보다 세계 정상에 더 일찍 올랐는지를 짐작할 수 있다.

체벌금지를 둘러싼 논쟁

여러 시·도 교육청에서 학생인권조례를 제정하였거나 준비하고 있다. 인권조례에서 가장 논란이 되는 것이 학생체벌을 엄격히 금지하는 문제이다. 체벌은 교육에서 전통적으로 사용해 온 방법이었기에 이것을 금지하는 것이 옳으냐, 그렇게 하다가 학생들을 어떻게 통제할 수 있느냐 하는 불만과 항의가 이어지고 있다. 학생이 교사를 폭행했다는 뉴스도 그러한 걱정에 일조하고 있다.

그러나 학교에서 흥분한 교사가 학생들의 따귀를 때리거나 매를 들고 엉덩이를 치는 것은 체벌이라고도 할 수 없다. 그것은 군대에서도 금지되는 구타일 뿐이다. 학생의 잘못에 대한 징계로서의 체벌이 되려면 학생이 잘못한 사유를 교사가 얘기하고 학생의 항변을 듣고 난 후 제3자에 의하여 징계가 타당하다는 결론이 내려진 이후, 개인의 감정이 배제된 채 체벌을 해야 한다. 이렇게 시간이 흐른 다음에 가해지는 징계로서의 체벌이라면 이미 체벌만이 가장 좋은 징계의 방법이라고 하기 어렵다. 징계가 결정된 이후 학생부 교사가 학생의 엉덩이에 매 10대를 때린다고 하여도 그게 어떠한 교육적 효과가 있다고 할 수 있을까? 그런 상태에서 매를 때리는 교사는 어떤 심정일까? 화도 안 난 상태에서 때리는 사람도 고역일 것이다. 매질을 하는 것 말고도 보다 교육적이고 효과적인 수단이 있다면 그걸 택해야 한다. 신체에 대해 직접 고통을 가하는 체형이나 고문은 금지된 지 오래이다. 군대에서도 체벌은 가하지 않는다. 왜 아직도 학교에서는 체벌이나 매질이 정당하다고 생각하는지 모르겠다.

자율성, 주체성을 인정하는 교육

교육은 사람이 인생을 행복하게 살기 위하여 지식과 지혜를 배우고 가르치는 과정이다. 삶의 주체로서 자율적인 인간으로 살기를 바란다면 학교 교육과정에서부터 주체성, 자율적인 판단과 문제 해결능력을 길러 줘야 한다. 인권을 존중받기를 원한다면 인권을 존중하는 교육을 하여야 한다. 체벌은 자율성을 인정하지 않는 처벌방식이다. 군대에서 체벌을 가하지 않는 것도 자발적인 복종이 군기를 더욱 엄정하게 하고 전력을 강하게 할 수 있다고 믿기 때문이다.

간접(?) 체벌이라는 건 괜찮은가?

구타라 쓰고 체벌이라 읽는

어느 학교 교사가 학생을 '구타'하는 장면이 담긴 동영상이 널리 퍼진 적이 있다. 놀이공원에 단체로 놀러갔다가 버스에 늦게 돌아온 학생의 따귀를 인솔 교사가 심하게 때리고 발길질을 했다. 요새 군대에서도 이렇게는 안 패는데 교사가 매우 심하게 폭행한 것이다. 이런 행위는 형법상 폭행죄에 해당한다. 이러한 행위는 어떠한 이유로도 정당화될 수 없고 당연히 금지되는 것이다. 적어도 체벌이냐가 논의되려면 대법원 판례에서처럼 적어도 "그 체벌이 교육상의 필요가 있고 다른 교육적 수단으로는 교정이 불가능하여 부득이한 경우에 한하는 것이어야 할 뿐만 아니라 그와 같은 경우에도 그 체벌의 방법과 정도에는 사회관념상 비난받지 아니할 객관적 타당성이 있지 않으면 안" 될 것이다(대법원 1998. 1. 12. 선고 87다카2240 판결). 그 학생의 부모가 이 동영상을 봤다면 정신적인 충격을 받지 않을 수 없을 듯하다. 이 장면을 찍은 같은 학교의 학생들 역시 평생 이 일을 기억하고 살 것이다. 구타를 당한 당사자야 말할 나위가 없겠다.

'사랑의 매'는 때리는 사람의 용어

간혹 사랑의 매를 이야기하는 교사들이 있다. 학생들과 교감交感이 이뤄져 있다는 전제에서 사랑을 담은 매는 가능하다고 확신에 차서 말한다. 그러나 매를 때리는 선생과 학생 사이가 얼마나 화기애애하고 진심을 털어놓을 수 있는 관계일까? 선생님 입장에서는 교감이 이뤄지고 있다고 생각해도 학생 입장에서는 언제나 그런 것은 아니다. 매를 맞고 돌아서면 때린 선생님 욕을 하지는 않을까? 정말 교사와 학생 사이에 교감이 있다면 매를 댈 필요가 있을까 궁금하다. 사랑의 매라는 것은 때리는 입장에서 말하는 용어이다.

간접체벌은 가능한가

체벌은 금지된다고 하면서 간접적인 체벌은 가능하다고 말하는 이들이 있다. 초중등교육법 시행령에서도 신체나 도구를 이용한 체벌 이외에 신체에 고통을 가하는 벌을 가능하다고 하고 있다. 과연 그런가? 간접체벌이라는 것은 교사가 학생의 신체에 직접 매를 대거나 학생의 몸을 이용하여 고통을 가하는 '직접' 체벌에 비하여 교실 뒤에 서 있기, 운동장 돌기 등과 같이 신체에 고통을 가하기는 하나 그 고통의 정도가 조금 약하거나 고통을 가하는 방식이 간접적인 경우를 말한다. 이러한 방식은 직접체벌에 대한 대체적 방법으로 이야기되고 있다. 그리고 이러한 관점을 반영하여 초·중등교육법 시행령 제31조 제8항에서는 "학교의 장은 법 제18조 제1항 본문에 따라 지도를 할 때에는 학칙으로 정하는 바에 따라 훈육·훈계 등의 방법으로 하되, 도구·신체 등을 이용하여 학생의 신체에 고통을 가하는 방법을 사용해서는 아니 된다."라고 규정하고 있다. 이 규정에 의하면 매를 때리거나 '원산폭

격'이나 '엎드려뻗쳐' 등과 같은 행위는 금지된다. 반면 운동장 돌기나 교실 뒤에 서 있기와 같은 행위는 허용되는 것으로 해석할 수 있다.

그런데 과연 학생에게 가해지는 고통은 간접체벌이 직접체벌보다 약할까? 그렇지는 않다. 경우에 따라 다르겠지만, 운동장 돌기도 학생에 따라서는 육체적으로 매우 힘든 것일 수도 있으며(죽는 경우도 있었다.), 친구들이 보는 가운데 창피를 당하는 효과를 수반한다는 점에서 굴욕적인 것일 수도 있다. 사실 고통을 가하는 방법이 직접적인 것인지 간접적인 것인지를 나누는 것은 그것을 가하는 교사의 관점일 뿐이다. 고통을 당하는 학생에게는 직접적인 것인지 또는 간접적인 것인지는 관심이 없으며 고통의 차이도 그것 때문은 아니다.

교육적인 매는 없다

군대에서 구타가 사라지고 있다는 얘기를 들으면, 물론 아주 사라진 것은 아니지만, 놀랄 분들도 계실 것이다. 그러나 현실이다. 그래서는 안 된다는 의식이 자리 잡아 가고 있고 또 그러한 행위가 처벌되기 때문이다. 왜 학교에서는 안 될까? 내 아이라고 때려서는 안 되는 것처럼, 학생이라고 때려서는 안 된다. 아무리 화가 난 상황에서도 마찬가지이다. 교육적인 매라는 것은 없다.

힘에는 힘으로? 나그네의 옷을 벗긴 것은 햇살!!

학교폭력을 학생부에 기재하는 것

학교 다닐 때 폭력을 경험하신 분들이 많을 것이다. 그리고 그런 폭력 문제는 지금도 크게 달라지지 않았다. 더 심해졌는지도 모른다. 사실 학교 역시 사회의 실정을 반영하는 것이니 사회가 폭력적인데 학교만 그렇지 않으리라고 생각하기도 어렵다.

비와 바람 그리고 햇살 가운데 나그네의 옷을 벗긴 것은 햇살이라는 우화를 언급할 필요도 없이 힘으로만 문제를 해결하려는 것이 올바른 해결 방법이 아니라는 것은 누구나 인정한다. 그러면서도 비와 바람이 햇살보다 옷을 벗기는 데 더 낫고 유일한 방법이라는 생각을 하는 경우가 많다. 학교에서의 폭력문제를 해결하기 위한 대책도 마찬가지라고 생각된다.

학교 안에서의 폭력문제를 해결하기 위하여 교육과학기술부(교과부)에서 내놓은 대책은 힘으로 해결하려는 데 초점을 맞추고 있다. 가해학생에 대한 징계를 강화하고 심지어 학생의 폭력행위 사실을 학교생활기록부(학생부)에 기록하여 대학입시에 반영하도록 하는 것까지 추진하고 있다. 폭력에 대해 학교가 더 강한 힘을 행사하고 대학입시에 반영되는 기록을 남기도록 함으로써 폭력행위를 억제하자는 것이다. 더욱이 이 기록을 졸업 후에도 5년간이나 남긴다고 한다.

한 번 찍힌 낙인

이 방안을 비판하는 이들은 이렇게 얘기한다. 학교폭력행위 사실을 학생부에 기재하는 것은 가해학생이 반성한 정도나 가해학생과 피해학생 사이의 합의 등을 무시하고 오로지 폭력사실만 드러나게 함으로써 학생의 품성이나 자질과 무관하게 폭력행위자로 취급되는 낙인을 찍는 것이나 같다는 것이다. 학생에게는 가장 큰 문제인 대학입시 앞에서 학생에게 찍힌 낙인은 두고두고 자신을 규정하는 장애로 작용한다. 아무리 자신이 나아지고 싶어도 사회는 자신을 폭력행위자로 취급할 뿐이다. 그래서 낙인은 이제 현실이 된다. 폭력행위를 막아 보겠다고 만든 제도가 오히려 사람에게 금지하는 길로 가게 만들기도 한다. 범죄이론 가운데 낙인이론이라는 게 있는데, 낙인이 오히려 범죄자를 만든다는 것이다. 이처럼 지방교육청은 폭력행위 사실을 학생부에 기재하여 대학입시에 반영하도록 하는 방안이 학생의 지도에도 효과가 없을 뿐만 아니라 인권을 침해하는 것이라 하여 반대하였다. 그러자 교과부는 시·도교육청을 압박하여 교육부의 지침을 따르도록 강요하는 한편, 학교에 대해 감사를 벌여 교과부의 지침을 따르지 않은 학교와 교사에게 책임을 묻겠다고 하였다.

교육부의 교육청 압박

무엇이 학생에게 가장 좋은지, 어느 방안이 학생의 인권보장에 좋은 것인지를 따지지 않고 오로지 교과부가 교육청보다 상급기관인데 자신의 지시(?)에 따르지 않는 교육청을 손보겠다고 압박을 가한 셈이다. 따르지 않으면 지방교육청에 주는 교부금도 안 주거나 깎는다. 돈으로 유인하고 힘에는 더 센 힘으로 대응하겠다고 하는 것이다. 감히 교육부에 반기를 들다니, 이런 생각으로 교과부가 자존심을 걸고 압박을 가하는 것처럼 보인다.

자존감의 회복이야말로 학교폭력 문제 해결의 첫걸음

힘으로 저지르는 나쁜 행위를 억제하는 데 더 강한 힘이 효과가 있는 것은 사실이다. 하지만 힘은 한계가 있을 수밖에 없고 부작용도 있기 마련이다. 풍선처럼, 힘으로 누르면 누르고 있는 동안은 눌려 있지만 힘이 약해지면 서서히 본래의 모습으로 복귀하는 것도 사물의 자연스러운 이치이다. 학교에서 학생들을 지도하는 방법은 교육적이어야 한다. 교육적인 것은 가장 인권에 충실한 것이기도 하다. 강한 제재만이 효과적인 범죄대책이 아닌 것과 마찬가지로, 학교폭력을 힘으로 제압하려는 발상은 한계가 있다. 폭력을 가한 학생이 힘에 의하여 제압당한다고 생각하고 자존감도 침해당한다면, 힘이 약해 징계나 불이익에 대해 가만히 있을지 모르지만 속으로는 힘을 길러야겠다는 다짐만 할지 모른다. 스스로를 귀하게 여기는 자존감의 회복이야말로 폭력문제에 다가서는 첫걸음이다. 달리 표현하자면, 폭력을 가한 학생도 인권을 가진 주체로 대해야 한다는 것이다. 그건 가해자뿐만 아니라 그 주변의 모든 사람들을 위해서 그렇다.

학생의 정신적 미성숙 주장에 대해

청소년은 정신적으로 미성숙하다?

학생이나 청소년이 정신적으로 미성숙하여 보호가 필요하다는 인식은 널리 퍼져 있다. 헌법재판소 판례에서도 "정신적으로 미성숙하고 사물에 대한 변별력이나 의지력이 미약한 청소년의 인터넷게임 이용에 대해서는 보다 특별한 보호가 필요하다."라는 게임산업법과 청소년보호법의 입법목적을 인정하고 있고, "자율적 판단능력이 부족한 청소년들은 친권자 등의 개입이나 교육 여하에 따라 인터넷게임중독 여부가 달라질 수 있"다고도 한다(헌재 2015. 3. 26. 2013헌마517). 이러한 관점은 학교폭력 사항을 학교생활기록부에 기재하는 문제에 대한 판단에서도 다르지 않다(헌재 2016. 4. 28. 2012헌마630). 학생이나 청소년을 미성숙한 존재로 보는 관점은, 그것이 이들에게 필요한 보호를 제공하고 교육의 내용이나 방법을 달리 할 근거가 된다는 점에서 반드시 부당한 것은 아니다.

미성숙하다 하면서도 실수에 가차없는 것은?

그러나 학생들이 정신적으로 미성숙하다고 하면서도 이 논리가 충실하지 못한 경우도 있다. 학생을 '아직 성숙하지 않은 상태'에 있다고 한다면 미성숙한 존재로 대우하여야 한다. 미성숙하기에 실수도 하면서 성장하는 것이고, 바꿔 말하면 학생은 실수할 권리도 있는데, 학생이 실수를 하면 가차 없이 엄한 처벌을 받는 경우도 적지 않다. 학생이 미성숙하다면 이들의 감수성이 매우 예민하고 가르치는 대로 받아들일 것이므로 행여 잘못 가르치고 잘못 행동하면 이들이 잘못될까 봐 가르치는 사람들이 두려워 해야 하고 가르치는 내용과 방법을 매우 신중하게 하지 않으면 안 된다. 그런데도 왜 교육 내용과 방법은 왜 그렇게 획일적이고 때로는 독단적인가?

학생은 교사의 언행을 비판없이 받아들이나?

학생이 정신적으로 미성숙하다는 논리는 교사들의 정치적 행동에 대해 부정적인 판단을 하는 구실이 되기도 한다. 이명박 정부의 출범 이후 교원들의 시국선언과 시위에 대해 검사는 이렇게 주장한다. "교사들의 정치적 의사 표현행위로 인하여 아직 정치적, 사회적 판단력이 미성숙한 학생들이 교사들의 정치적 주장 등을 여과 없이 수용할 가능성이 크므로 시국선언행위가 공익에 반한다." 그러나 그토록 미성숙하다고 여겨지는 학생들이 교사의 정치적 행동을 '여과 없이 수용할 가능성'이라는 게 얼마나 될까? 그토록 학생들을 미성숙하다고 하면서 잘못된 정책이나 수사와 기소 그리고 재판이나 얼토당토 않은 판결 내용이 학생들에게 '여과 없이 수용될 가능성'은 왜 고려하지 않는 것인가?

기성세대의 낡은 시각에서 오는 편견이라는 어느 지방법원 판결

하급심 판결이지만, 교사의 시국선언과 미신고집회 주최에 관한 대전지방법원 판결(2010. 2. 25. 2009고단2786 등)을 주목할 필요가 있다. 이 판결에서 법원은, 앞의 검사의 주장은 "획일적 교육을 받고, 정보 부재의 환경에서 성장한 기성세대가 가지는 경험의 한계에 기인하는 낡은 시각"이며, 오늘날의 학생들은 "인터넷 등을 통하여 무한한 정보를 입수할 수 있는 능력을 지니고 있을 것이고, 지속적으로 사물을 비판적으로 바라보는 논술교육을 받고 자라난 터"이므로 교사의 시각을 무비판적으로 수용하는 일은 생각하기 어렵다고 한다. 또한 학생들이 교사의 주장을 접하는 것은 언론과 인터넷 등의 간접적 경로에 의하므로 이들 정보원에는 이들의 주장과 이들 주장을 비판하는 내용이 함께 존재할 수밖에 없으므로 교사의 시국선언 내용을 그대로 진리인 것처럼 받아들일 수밖에 없다는 주장은 논리적 비약이라는 것이다. 나아가 "정부의 정책을 비판하는 의사 표현을 하였다는 이유로 피고인들이 형사처벌을 받고 만다면, 이를 지켜보는 학생들은 힘 있는 자에 대한 비판은 손해만을 불러온다는 교훈을 얻게 될 것"이고 "비판과 견제를 통하여 권력의 건전성을 유지하는 현대민주주의는 그 건강성을 잃게 될 위험이 크"므로 교사들의 이와 같은 시국선언행위를 형사처벌하는 것이야말로 반교육적이라는 것이다. 요컨대 "학생들을 판단력이 미숙한 존재로만 보는 주장은 경직되고 획일화된 교육을 받고 정보 부재의 환경에서 성장한 자신들의 과거 경험만을 기억하는 기성세대의 낡은 시각에서 오는 편견에 불과하다."라는 것이다. 학생이 미성숙하다는 주장에 대한 적절한 비판이다.

교직원 전용식당, 잘못이다

교직원 전용?

대학에는 교직원 전용식당을 두는 경우가 적지 않다. 교직원의 편의와 복지를 위해서이다. 바삐 식사하고 강의에 들어가야 하는데 식당에서 오래 기다릴 수 없는 경우도 있기 때문이다. 그러나 학생이 경제적 능력이 되지 않아 못 들어가는 식당을 두는 것과 달리 몇 천 원짜리 밥을 파는 식당을 교직원만이 들어갈 수 있도록 하는 것은 옳은가? 물론 말이 전용식당이고 학생들의 출입을 말로만 금지할 뿐 실제는 다 입장이 가능하니 실제 큰 문제가 되지 않는다. 그런데도 여기를 드나드는 학생뿐만 아니라 필자도 마음이 몹시 불편해진다.

대학에서 교수는 가르치고 학생은 배운다는 게 전통적인 생각이다. 그러나 교수도 언제나 새로운 것을 공부하는 위치에 있다. 함께 진리를 찾아가는 과정에서 먼저 배우고 학생들에게 그 길을 안내하는 위치에 있다. 교수와 학생의 차이는 이제 본질적인 것은 아니다. 그림자도 밟지 않는 사이도 아니다. 특히 사회생활을 하다가 학생이 된 이들을 생각하자면 전공 이외의 분야에서도 반드시 교수가 학생보다 나으라는 법도 없다. 그렇다면 교직원 전용식당은 무엇을 위한 것인가?

교직원 전용식당의 논리

교직원이 특별히 대접되어야 하는 이유가 없는 것은 아니다. 짧은 시간 내에 식사를 마치고 휴식을 취할 필요가 있는 것도 사실이다. 번잡

한 식당을 피하여 학교 밖으로 나가다 보면 이동하는 데 시간이 소요되고 그 결과 업무수행에 영향을 받게 되어 학생에 대한 서비스와 교육의 소홀로 이어질 수 있기 때문이다. 그러나 그동안 학교 식당에서 식사하기에 그리 큰 문제가 있었던가? 조금 더 소란스럽고 조금 더 기다렸을 뿐이다. 학생들이 함께 이용하였기 때문에 업무수행에 어려움을 겪은 적이 있는가? 오히려 개인적으로는 식당에서 학생들과 만나고 이야기하는 즐거움도 있었다. 교직원의 복지를 위한 것인가? 학생이 불편하면 불편해 하는 교직원도 있는 법이다. 외부에서 온 손님과 대화하는데 학생들이 이용해서 대접하기에 불편하다는 주장도 있지만 메뉴나 가격이 고급도 아닌데 여유 넘치는 서비스까지 기대하기는 무리가 아닐까?

제도의 비용

교직원 전용식당의 운영을 위탁하는 경우, 이 식당을 운영하는 이(소비조합)는 학교와는 별개의 주체이다. 수익을 내고 이를 그 조합원에게 돌려야 한다. 소비조합의 구성원은 교직원과 학생이다. 그렇다면 식당을 어떻게 운영하는 것이 더 많은 수익을 내고 그 조합원들에게 수익을 나누는 것이 되겠는가는 자명하다. 소비조합의 운영을 학교에서 통제할 수 있는가? 손님이 줄어서 생기는 이익 감소는 학교에서 보전해 주는가? 학생의 출입을 통제하기 위해 들어가는 비용은 무시해도 좋은 것인가?

애매한 출입의 기준

직장에 다니는 나이 많은 대학원생은 이 식당에 출입할 수 있는가? 만약 가까운 곳에 있는 다른 대학의 학생이 우리 학교를 방문하여 이 식당에서 식사할 수 있는가? 학부모 나이의 늦깎이 대학생이 학교 견학을 하러 왔다가 식당 출입이 거부된다면 학교에 어떠한 인상을 가지게 될까? 다른 대학의 학생과 학부모는 일반인이라는 점에서는 달리 대우받아야 할 이유가 없다. 학생인지 교직원인지는 일차적으로 겉모습으로 판단할 수밖에 없을 테니 나이든 학생은 출입하는데 젊은 교직원은 신분을 밝히고 들어가야 하는 경우도 있을 것이다.

밥 먹는 사람에게도 불편하다

학생식당과 비교하여 식단이나 가격에 큰 차이도 없으면서 별 근거 없이 학생의 출입을 금하는 것은 차별행위이다. 별 차이가 없으니 다른 식당을 이용하면 되지 않느냐고 할지 모르나 아무 이유 없는 사소한 차별이야말로 중요하다. 학생들의 출입을 제한하려면, 충분하고 절실한 근거가 있어야 한다. 이는 학생들의 식당선택의 자유와 소비조합의 직업의 자유를 침해하는 것이다. 바쁜 때가 되면 이용하기는 하겠지만 별로 중요하지 않은 근거로 누군 들어오고 누군 들어오지 못하게 하는 식당에는 가고 싶지 않다.

무상급식에 관한 주민투표, 그 허망함이여……

학교급식 무상화

이제는 일상이 되었지만 무상급식에 대한 찬반논란이 거세게 일었던 적이 있었다. 심지어 서울시장이 무상급식 실시에 관한 사항을 주민투표에 붙인 적도 있었다. 초등학교는 2011년, 중학교는 2012년부터 무상급식을 실시할 것인지, 아니면 하위 50%에 대해서 2014년까지 단계적으로 할 것인지를 주민에게 물은 것이다. 무상급식이 '퍼주기 복지'라느니 '복지 포퓰리즘'이라느니 하는 비아냥이 있는 현실에서 주민들의 의사에 따라 정책 방향을 결정하겠다는 것은 민주주의의 이념에 부합하는 것이기도 하니 주민투표는 무상급식 논란에 대한 적절한 해법이 될 수 있을 듯도 하다.

무엇을 묻자는 주민투표인가?

그러나 주민투표를 하더라도 문제이다. 주민투표를 실시하면 이를 통해 주민의 명확한 의사가 표출되고 정책입안 또는 결정자가 이에 구속되어야 하는데, 주민투표 문안의 내용을 보면 그렇게 되기도 힘들다. 무상급식에 관한 주민들의 의사는 매우 다양한데 주민들이 선택할 수 있는 것은 전면적 무상급식과 하위 50%에 대한 단계적 실시 두 가지뿐이다. 이도 저도 동의하지 않는 사람들은 무엇을 선택할 수 있을 것인가? 어느 쪽을 선택했다 한들 그것이 그 사람의 확실한 의사라고 할 수 있을 것인가? 투표를 포기할 것인가? 아니면 투표는 하되 무효표를 만들 것인가? 두 가지 문안 가운데 어느 하나라도 선택할 것인가? 이런 상황에서는 투표결과가 주민의 명확한 의사를 대변한다고 보기도 어렵다.

주민투표 결과 하위 50%에 대해서 단계적으로 실시하자는 의견이 투표자 과반수의 동의를 얻었다고 가정해 보자. 이렇더라도 과연 정책결정자가 예산이 넉넉하니 의료보험 납부액을 일차적 기준으로 하여 '확실하게' 부유한 사람이나 무상급식에 동의하지 않는 사람들을 제외하고 모든 학생들에게 무상급식을 하기로 한다거나, 아니면 하위 50%가 아니라 60%에 대해 그렇게 하기로 한다면 이는 주민투표의 결과에 어긋나는 것인가? 만약 주민투표 결과와 다른 정책시행을 하는 단체장은 주민의 의사에 반하는 정책을 시행하는 것이라 할 수 있는가?

만약, 하위 50%에 대해서 단계적으로 무상급식을 하자는 의견이 다수가 되었을 경우를 상정해 보면, 학교에서 하위 50%의 학생을 선별하는 작업은 결코 쉽지 않을 것이다. 이것 때문에 학교 선생님들이 겪을 고충은 생각 외로 클 것이다. 생활보호대상자라는 것을 스스로 '증명'하지 않으면 급식비 지원을 받지 못하던 학생들의 고충을 아는가? 어떻게 소득이 하위 50%에 속하는지를 쉽게 증명할 수 있을까? 이제 무상급식 대상을 선별하기 위하여 학생들 부모의 모든 경제적 능력을 지표로 만들어야 할까? 과연 무엇을 기준으로 무상급식을 할 학생을 선별할 수 있을까? 아마 선생님들은 이 일 하다가 교육을 제대로 할 수 없을 지경이 될지 모르겠다.

한솥밥을 먹는 교육

무상급식은 단지 밥을 공짜로 주자는 발상에서 비롯된 것이 아니다. 유상을 원칙으로 하되 특정 학생에게만 무상급식을 하는 것이 가지는 교육적 문제점도 해결하고자 하는 것이다. 학교에서 자신이 생활보호 대상자라는 사실이 알려지면서 마음에 상처를 입어 자살한 학생의 예도 있다. 무상급식은 점차 나아지는 예산 사정과 복지국가를 향한 제도의 변화 과정에서 시민들이 선택한 정책이기도 하다. 그것은 부모의 도시락 걱정을 덜어 주는 것이기도 하고, 빈부와 상관없이 한솥밥을 먹으면서 함께 배우는 교육의 변화를 의미하는 것이다. 이런 학교교육이 공동체를 만드는 것이다.

나아가 무상급식만 왜 그리 문제가 되는지 모르겠다. 부모의 능력에 따라 밥값을 부담하는 것이 원칙이라면 교육현장 전반에서 경제적 능력에 따른 부담의 원칙이 준수되어야 할 것이다. 수업료나 학교시설 이용과 수업용 교재에 대한 대가를 받지 않으면서도 유독 '밥값'에 대해서만 능력에 따른 부담의 원칙을 주장하는 것이 타당한 것인지는 의문이다.

의무교육은 무상으로 한다

제헌헌법 제16조에서는 "적어도 초등교육은 의무적이며 무상으로 한다."라고 규정하였다. 이 조항의 의미에 대해 제헌헌법 제정에 중요한 역할을 한 유진오 선생은 "무상이라 하는 것은 학용품까지 무상으로 교부한다는 것을 특히 규정한 헌법도 있으나(독일 바이마르 헌법 제145조), 우리 헌법상으로는 그러한 특별한 규정이 없으므로 보통 수업료만을 징수하지 아니함을 의미한다."(신고 헌법해의, 80-81)라고 해설

하고 있다. 이는 적어도 수업료는 무상으로 하되 국가의 재정 사정에 따라 의무교육에 필요한 비용을 무상으로 할 수 있음을 의미하는 것으로 보인다. 중학교까지긴 하지만 의무교육은 무상으로 하는 것(헌법 제31조 제3항)이고 그 무상의 범위에는 예산만 뒷받침이 된다면 급식까지 해야 한다는 것은 헌법해석의 일반적 견해이다. 김철수 교수의 경우 "무상이라 함은 다만 수업료만의 면제를 의미한다는 설이 있으나, 국가의 재정이 허용하는 경우에는 학용품을 비롯한 급식의 무상까지도 포함한다고 보아야 할 것"(『헌법학개론』, 1973년, 281면)이라는 주장을 오래 전부터 하고 있다.

무의미했던 주민투표

주민투표는 중요한 정책에 대한 논란을 주민들의 의사에 의하여 해결하는 것이다. 과연 이렇게 해서 무상급식에 대한 논란이 그칠 것인가? 주민투표 자체에 대해 이러한 논란이 있는 현실에서 어떠한 결과가 나오더라도 이것이 무상급식에 관한 정책 방향과 내용을 둘러싼 논란을 해결할 수 없을 것이다. 오히려 불에 기름을 붓는 격이 될 것 같다. 투표율이 33.3%에 못 미쳐 아무 효과도 없는 투표가 되었다. 투표가 성립했다 해도 이미 의회가 통과시킨 조례를 거의 그대로 확인하는 것이거나, 아니면 새로운 논란거리가 탄생했을 것이다. 그래서 이 주민투표는 무의미한 것이었다. 아니 예산만 낭비하는 나쁜 투표였다. 이 주민투표를 실시하는 데 182억 가량의 예산이 들어갔다는데 그 돈을 교육을 제대로 하는 데 쓸 수는 없었는가?

영어 공교육 프로젝트의 허와 실

이명박 대통령의 영어 공교육 프로젝트

이명박 정부가 출범하면서 영어 공교육 프로젝트가 제시된 적이 있다. 고등학교만 졸업하면 기본생활이 영어로 가능하도록 하고, 이를 위해 영어교사를 해외에 보내 연수시키고 영어전용교사를 충원할 계획이란다. 영어수업은 영어로 한단다. 공부를 하면서도 영어를 주로 책을 읽는 데만 사용하는 대부분의 이들에게 영어를 자유롭게 사용하고 싶은 욕구는 결코 작지 않으니 영어교육을 강화하겠다는 구상은 현실의 필요에 부응한 측면이 있는 것이 사실이다. 영어 잘하는 사람이 지배하는 오늘날의 한국에서 어느 누가 영어를 잘하고 싶지 않겠는가?

충실한 영어교육은 필요하다

영어라는 외국어를 공부하는 이유는 외국과의 교류가 필요하기 때문이다. 외국의 서적을 읽어야 하거나 외국회사 또는 기관과 교류를 하여야 하는 경우에 외국어에 대한 필요는 절실하다. 필자도 영어를 30여 년 접하고 공부해 왔지만 영어를 좀 더 잘했으면 하는 바람은 강하게 가지고 있다. 영어가 서툴러서 아쉬운 경우가 많기 때문이다. 그리고 이러한 소망은 외국에 유학을 한 사람들도 정도의 차이가 있을지언정 상당수가 가지고 있는 듯하다. 영어를 교과목으로 두고 가르치는 이상 좀 더 실용적으로 가르치고 공부할 수 있도록 교육을 혁신하는 것은 필요하다. 수십 년 동안 영어를 배웠어도 영어 사용에 어려움을 느끼는 걸 보면 그 동안의 영어교육이 효과적이지 못했다는 것 아니겠는가? 좀 더 나은 방법과 내용으로 교육을 해야 할 필요가 있으니 영어교육을 획기적으로 바꾸겠다는 구상은 반갑지 않을 수 없다.

유독 영어교육만 강조되는 이유는?

그러나 교육 문제 가운데 왜 영어교육이 정상화되어야 할 가장 중요한 자리를 차지하는지는 의문이다. 교육 가운데 제일 큰 문제는 공교육에 대한 국민의 불신이 아닐까? 대학은 중등학교의 성적 기타 평가를 불신하고 학생과 학부모 역시 공교육보다는 사교육에 의지하고 있다. 이러한 공교육의 문제를 해결할 구상은 없는가? 우리의 엄청난 교육열이 문제가 아니다. 문제는 대학 가면 별 쓸모없을 지식을 암기하는 그 많은 비용과 시간을 투여한다는 것이다. 진정 효과적이고 유용한 교육을 할 방안은 무엇인가?

전반적인 공교육 정상화 방안이 어려워서 영어교육만이라도 정상화시키겠다는 뜻이라고 하자. 그렇다 해도 과연 모든 국민이 영어를 모두 잘해야 할 필요가 있을까? 언어를 습득하는 데는 많은 시간과 노력이 필요하다. 국민의 대부분이 외국과의 관련이라고는 주로 여행밖에 없는 경우 과연 일상생활을 영어로 할 수 있을 정도로 영어공부를 하여야 할 필요는 있는 것일까? 학교교육에서 과목이 많고 수업시간도 많다 하여 과목과 교육시간을 줄이려고 한다면 공교육을 통해 교육하고자 하는 내용을 어떻게 결정하는 게 합리적일지 생각해 보아야 하지 않을까? 영어교육을 강화하면 다른 교육이 그만큼 양보되어야 하기 때문이다.

미국 중심의 질서가 영원할 것처럼

또한 외국어교육을 강화할 필요가 있다 해도 외국어 가운데 영어만이 전부인 것처럼 생각하는 것도 문제이다. 현재 전 지구적 지배질서가 미국 중심으로 되어 있고 이러한 질서가 오래 갈 것으로 생각하는 경우가 많지만 의외로 일찍 달러의 약화와 함께 미국 중심의 질서가 붕괴될 것이라는 예측도 많다. EU나 중국이 새로운 세력으로 부상하고 있고 우리도 이들과 좀 더 긴밀한 관계를 맺지 않으면 안 된다. 특히 중국은 아주 가까운 거리에 있고 교류의 내용과 폭도 다양하다. 이러한 점을 생각하면 외국어 가운데 유독 영어 교육만 이렇게 강조되어야 할지 의문이 생기지 않을 수 없다. 중국어, 일본어, 프랑스어, 스페인어, 독일어 등 언어는 수요가 결코 적지 않고 앞으로도 계속 늘 것으로 보인다.

영어교육의 현실

다른 문제는 영어교육의 현실이다. 영어를 사용하여 교육한다는 것이 결코 쉬운 일이 아님은 그런 수업을 해 본 사람이면 알 것이다. 대학에서도 영어로 수업하는 강의에서 강사가 영어 표현에 어려움을 느껴 전달하는 내용이 충실하지 못한 경우가 생긴다. 학생 가운데는 외국생활을 오랫동안 한 경우도 많아 이들은 강사의 '어설픈' 영어강의에 힘들어 하기도 한다. 영어교사를 외국에 보내 연수시키면 이들의 수업 능력은 많이 향상될 것으로 생각된다. 매년 3000명을 보낸다니 예산이 뒷받침되면 영어교육능력은 장기적으로는 분명히 향상될 것이다.

그러나 문제는 이러한 정책 방향이 장기적인 계획을 세울 만큼 국민적 합의를 얻지 못하였다는 데에 있다. 이러한 정책은 대통령선거 중에 제시되지도 않았고 지금도 논란이 많은 문제이다. 대통령 임기 5년 중에 큰 줄기를 만들겠지만 이러한 정책이 다음 정부에서도 이 정책이 계속 유지되리라는 보장은 결코 없다. 정부가 밀어붙이면 당분간은 계획대로 하겠지만 분명히 영어강의를 할 정도로 역량이 강화될 때까지는 무늬만 영어전용강의를 하게 되어 심각한 비판에 봉착하게 되지 않을까 생각된다. 물론 시행착오나 궤도에 오르기까지의 여러 문제를 감수하고라도 가야 할 전 국민적 합의가 있다면 문제가 아닐 것이다. 그러나 불행히도 지금은 그러한 합의가 전혀 없다. 번번히 대학입시정책에서 겪는 시행착오처럼 매년 정책을 수정하게 되지 않을까 걱정이다.

기러기, 펭귄, 독수리 아빠는 왜 생기나

기러기 아빠, 펭귄 아빠의 문제를 더 이상 보고 있을 수 없다는 김 인수위 위원장의 말처럼 외국유학의 문제가 영어 공교육을 강화하면 해결될 것이라고 보는 것은 단견이다. 자녀들을 외국에 유학 보내고 혼자 생활하는 걸 감수하는 기러기, 펭귄 아빠들이 애들 영어 공부시키자는 걸 제일 중요한 목적으로 여기고 있는 것으로 안다면 현실을 잘못 봐도 한참 잘못 본 것이다. 영어를 잘하는 것은 외국생활에서 얻는 중요한 이익이기는 하지만 부수적으로 얻는 것이다. 적어도 지금의 공교육제도에서 힘들어 하는 아이들이 외국에 가서 활기를 찾고 자신에게 적합한 교육을 받아 만족하는 예를 어렵지 않게 찾을 수 있는 걸 보면 많은 비용과 가족의 별리를 감수한 외국유학이 영어공부 때문만이 아님을 알 것이다. 단언컨대 지금의 교육제도에서 영어교육을 강화한다고 펭귄, 기러기 아빠가 줄어들지는 않을 것이다. 더구나 독수리 아빠는 말할 필요도 없다.

치열한 경쟁사회에서 사교육이 없어질 것인가

더구나 우리의 상황은 치열한 경쟁에서 승리하지 않고는 흔히 말하는 좋은 대학이나 버젓한 직장을 얻기 어려운 사회 아닌가? 이런 상황에서 공교육이 제아무리 정상화된다고 하여도 좋은 대학, 좋은 직장에 가려면 남들보다 더 나은 점수를 얻지 않고는 안 되니 어찌 공교육에 만족할 것인가? 학교는 변별력을 얻기 위하여 더 어려운 문제를 출제하게 되고 이에 대처하기 위한 사교육이 어찌 없어질 것인가? 영어만큼은 과외 없이도 대학에 갈 수 있게 하겠다지만 그럴수록 고급영어에 대한 필요가 커지는 법이니 이제 학원과외와 영어공부를 위한 해외연수가 더 많아질 것이다. 한정된 자원을 분배하는 데 경쟁이 치열하면 그 자원을 사용하는 데 필요한 자격 이외의 다른 고려 요소가 등장하기 마련이다.

대학이 서열화된 우리 사회에서 영어 과외 받지 않고도 대학 갈 수 있게 하겠다는 말은 허망한 얘기다. '3년의 고등학교 교육 충실하게 이수한 학생이면 누구나 쉽게 풀 수 있는 쉬운 문제'로 수능을 출제해봐야 대학입시 자율화를 하면 우수한 학생을 선발하고 싶은 어느 대학이 그 점수만 가지고 학생을 선발하겠는가?

교육은 백 년 앞을 내다보고 해야 한다

공교육은 나라의 백년대계를 반영한 것이어야 한다. 과연 우리는 어떠한 국가를 만들려고 꿈꾸고 있는가? 세계화의 물결 속에서 모든 국민이 국제적 활동을 하도록 하는 나라를 만들려고 하고 있는가? 특히 미국 중심의 세계질서가 영원할 것처럼 영어교육 일변도로 나가도 되는 것일까? 전 세계가 중국의 움직임을 주시하고 있고 EU의 비중도 결코 만만치 않다. 우리는 왜 세계화를 내세우면서 미국 중심의 질서만 공고하리라고 보는 것일까? 한국사회의 지배집단이 영어를 통해 입신한 사람들이어서인가? 언어만 해도 영어뿐만 아니라 중국어, 일본어, 프랑스어, 스페인어, 독일어 등 전문가가 양성되어야 할 언어는 적지 않다. 영어의 비중을 높일수록 이들 언어에 대한 비중은 그만큼 줄어든다는 점도 고려되어야 한다. 어쩌면 우리와 더욱 교류가 활발해질 나라는 중국과 일본이다. 이 사람들과도 영어로 얘기할 것인가?

내용이 충실한 교육이 더 중요하다

언어교육은 교육 가운데 하드웨어의 측면이라고 생각된다. 더 중요한 것은 소프트웨어가 아닐까? 올바른 삶을 누리고 행복한 사회를 만들기 위하여 아이들에게 가르쳐야 할 것은 무엇인가? 현대세계에서의 올바른 인간의 삶과 필요한 지식에 대한 교육이 더 중요한 것이 아닐까? 영어교육을 강화하는 것이 이것을 소홀히 하자는 의미는 아니겠지만 한정된 자원을 사용하면서 영어의 비중이 커지면 커질수록 다른 부분의 교육이 상대적으로 소홀히 여겨질 수 있기에 하는 말이다. 어설픈 영어교육보다 충실한 교육내용이 우선이다. 언어는 사고를 담는 그릇이고 어설픈 영어로 교육이 제대로 이뤄지기 어렵다고 생각되므로 모든 과목을 영어로 교육하겠다는 이른바 영어몰입교육이 철회된 것은 그나마 다행이다. 애꿎은 학생들이 실험대상이 되지 않았기에 하는 말이다.

제5장

사람만을 위한 법

도로 위에서 스러져 가는 생명을 보며
—인간을 위해서라도 모든 생명 존중해야

무수한 죽음들

자동차 운전을 하다 보면 하루에도 몇 번씩 차에 치여 죽은 동물의 시체를 본다. 그 위로 차들이 쉴 새 없이 지나가서 붉은 피는 마르고 가죽마저 닳아 흔적도 남지 않고 사라져 버린다. 이 땅에서 가장 강한 종족인 인간이 좀 더 편하게 살고 빨리 가기 위해 닦은 길이 동물들의 삶을 변하게 하고 있다.

먹이를 찾아 이동하던 산길이 뚝 잘려 나가고 길에는 차들이 질주한다. 이러한 개발은 생태계를 흔들어 놓고 있다. 동물들은 이동을 포기하거나 목숨을 무릅쓴 횡단을 하여야만 한다. 요즘 동물 이동통로를 만든다 하지만 눈에 자주 띄지는 않는다.

도로교통으로 인한 동물 살해인 이른바 '로드킬road kill' 문제를 해결하기 위한 방안으로 아예 도로 양편을 막다시피 하는 해결 방법도 제시된다. 도로에 동물이 진입할 수 없도록 한다면 도로 위에서 동물들이 차에 치이는 일이 없을 테니 방법은 방법이다. 이 땅이 사람만 사는 곳이 아니라 동물들도 함께 살아가는 터전임을 생각한다면 그런 방법을 해결책이라고 제시하기는 어려울 것이다. 동물들이 찻길에서 죽는 것은 도로가 동물들의 이동경로를 단절하기 때문이다.

'로드킬' 막기 위해 도로 양편 막겠다는 '인간'

한 신문에 실린 사진기사는 참으로 마음을 아프게 하면서 많은 것을 가르친다. 길을 건너던 개가 차에 치어 죽자 같이 가던 개가 차에 달려들고 짖어 대는 모습이다(사진 1). 거세게 차를 몰고 문명의 이기를 누리는 잘난 '사람들'을 향한 시위로 보인다.

인간 이외의 자연을 정복이나 지배의 대상으로 대하는 사람들의 태도는 근대 과학적인 세계관에서 비롯한다. 자연은 인간에게 정복과 개발의 대상일 뿐이다. 사람을 품어 주는 어머니도 아니고 신비한 그 무엇도 아니다. 다만 무생물인 지질일 뿐이다. 또한 동물들은 함께 살아가는 생명이라기보다는 이용할 물건에 불과하다. 그리하여 자연은 무참히 파헤쳐지고 잘리고, 말 못하는 짐승은 상품으로 거래된다. 물건은 값어치가 없어지면 과감하게 버려진다.

철저히 개발의 대상이 되고 상품이 된 자연은 인간에게 무엇을 주고 있는가? 이러한 자연관은 현대의 과학세계를 가능하게 하였지만 또한 이 세계에서 발생하는 위험은 그로부터 오는 것은 아닌가? 이미 환경오염으로 인하여 피해를 보고 있고, 동물들의 생명을 가볍게 여기는 생각은 사람들의 생명마저도 가볍게 여기는 것으로 나타나고 있는 것

사진 1. '로드킬' 견공(犬公)들의 항의
[『한겨레』 2007. 2. 24.] (『매일신문』의 박노익 기자: 글·사진 제공)

① 22일 오후 대구 달성군 다사읍 세천리에서 강아지들이 도로를 건너고 있다.
② 앞서가던 강아지가 달려오는 화물차에 치이자 뒤따르던 강아지가 일으켜 세워 보지만 이미 숨이 멎은 상태.
③ 주위의 강아지들이 도로 한가운데 버티고 서서 떠나지 않고 있다.
④ 화가 난 강아지 한 마리가 지나가는 차량에 달려들어 범퍼를 물어뜯고 있다.
⑤ 사고 차량은 떠났지만 강아지들은 이곳을 지나는 같은 종류의 화물차만 보면 거칠게 짖으며 달려들었다.

은 아닐까? 오로지 강자인 인간의 편의만을 위주로 한 삶은 가능할까?

개발 중심의 자연관에서 시작된 위험

예로부터 감을 딸 때도 몇 개를 남겨 두었고 흘린 이삭도 샅샅이 거두지 않는다 하였다. 쥐를 위하여 밥 한 덩이 남겨 두고 나방을 불쌍히 여겨 불을 켜지 아니한다(爲鼠常留飰 憐蛾不點燈)고도 하였다. 콩을 심으면 하나는 하늘 나는 새를 위해서, 하나는 땅에 사는 벌레를 위해서, 하나는 사람을 위해서라는 가르침을 떠올린다. 뜨거운 물을 함부로 버리지 말라는 말도 떠올린다.

법률상 소유자가 물건의 사용, 수익, 처분의 권능을 가진다 하지만

이 세상이 오로지 인간만 살아가는 곳이 아니라 여러 생명이 함께 어우러져 살아가는 곳임을, 사람으로 인하여 다른 생명들이 죽어서는 안 된다는 어진 마음이 담긴 가르침이라 생각된다.

어쩌면 인간이 살아가는 것 자체가 다른 생명 위에서 가능한 것인지 모른다. 선인들이 발걸음 무겁게 하라는 말씀도 단지 의젓한 걸음걸이만을 가르친 것으로는 보이지 않는다. 신발 아래 깔리는 생명을 걱정하였던 것은 아닐까.

요즘은 까치 때문에 귀한 과실 농사 망치지 않을까 염려하여 과수원에 철망을 씌우고 폭발음을 낸다. 쥐는 퇴치의 대상이고 나방은 전기 그물망에 태워진다. 이런 형편에서 앞의 얘기들은 한가로운 소리처럼 들릴지 모르겠지만, 세상에 사는 온갖 생명들을 측은히 여기는 마음이 얼마나 중요한 것인지 깨우쳐 주고 있다고 생각한다.

인간의 삶을 위해서라도 모든 생명 존중해야

살아 있는 것을 존중하고 연약한 생명을 측은히 여기는 마음惻隱之心이 사람의 어진(仁) 바탕의 시작이 아닌가? 우리는 어느덧 이 본성을 잃어버리고 있는 것은 아닐까? 인간 이외의 생명에 대한 연민을 잃어버리는 것은 인간들만 모여 사는 세상에서 아무 뜻도 없을 것 같지만, 그것은 결국 인간에 대한 경시로 이어지는 것은 아닐까?

노예를 인간으로 취급하지 않거나 여자를 남자와 동등한 권리를 가지는 사람으로 취급하지 않았던 것도 결국은 모두 같은 맥락이 아닐까? 인간이 인간 이외의 생명에게 가지는 마음과 사람 사이에서 나타나는 이러한 마음에 무슨 질적인 차이가 있을까? 차를 운전하는 사람이 보행자를 보호하려 하지 않는 것도 근본적으로는 생명에 대한 근본적인 경시에서 비롯되는 것은 아닌가?

근원적인 생명에 대해 경외와 존중은 사람에 대한 경외와 존중으로 이어진다고 믿는다. 사람이 편하자고 파헤치고 깎고 다듬고 하는 일이 인간의 삶을 파헤치지 않으려면 이것이 적어도 모든 살아 있는 것들에 대한 배려와 존중에 바탕을 두어야 한다. 인간의 풍요를 위하여 알지 못하는 사이에 희생되는 이름 모를 생명의 죽음 앞에서 경건하여야 한다. 이 땅에는 지배자, 강자만 사는 것은 아니다. 동물의 삶의 환경은 인간의 문제이다.

'인간적'인, 너무나 '인간적'인 법의 잔인함
—익산 동물 복지 농장 닭들을 위한 변론

'인간 중심' 법의 한계

2018년 3월 뉴질랜드의 황거누이 강의 법인격을 인정하는 법률이 통과되었다는 소식이 보도된 바 있다. 이 강에 인간과 같은 법적 인격을 인정한다는 내용이라고 한다. 강의 보전에 관하여 마오리족과 정부의 대표가 공동으로 그 권리를 대행한다고 한다. 강을 위하여 상당한 액수의 예산도 사용된다고 한다. 이 법률안의 의회 통과는 마오리족의 오랜 숙원이 해결된 것이라고 한다. 이러한 법률안은 어쩌면 "강은 강으로 흐르게 하라." 또는 "강을 함부로 파헤치지도 물길을 돌리지도 마라."라는 뜻으로 읽힌다. 산이나 강을 살아 있는 생명체와 같이 보는 안목은 사실 대단한 것이다. 이것은 애니미즘이라는 종교적 사고나 생활방식과 통하는 구석도 있지만 반드시 그것과 같은 것은 아니다.

사람들 사이에 산이나 강을 살아 있는 존재로 여기는 사고방식이 존재하는 것과 달리 법학에서는 '인간 중심'이라는 확고한 원칙이 법 영역 전반에 자리잡고 있다. 인본주의人本主義라고 할까? 법적으로는 산도, 강도 사물일 뿐, 인격과는 거리가 멀다. 동물도 마찬가지이다. 간혹 '석송령石松靈'이라는 나무에 세금이 부과된다든지, 사람이 사망하면서 자기가 애지중지 키우던 고양이와 개에게 유산을 증여하는 유언의 효력에 관하여 민법연습용 사례가 등장하긴 하지만 어디까지나 에피소드 정도의 의미로 여겨진다.

'도롱뇽'도 법적 주체로 인정받지 못한다(대법원 2006. 6. 2. 선고, 2004마1148 결정[공사착공금지가처분]). 석송령에게 세금이 나오고 이 나무 이름으로 장학금이 지급된다고 해도 이 나무가 법인격을 가진 것은 아니다. '석송령'이라는 것은 일종의 법인격 없는 재단의 실체를 가진 것으로 보인다.

이렇듯이 철저하게 인간을 중심으로 법적 주체성을 인정하는 것은 근대 이후의 '인간 중심'의 사고가 깊이 자리 잡은 탓이다. 사람은 독립된 개인이며 신으로부터도 해방된 존재이다. 세상의 중심은 신이 아니라 인간이며, 인간만이 주체가 되고 그 외의 사물과 현상은 주체에 대하여 객체일 뿐이다.

자연과 인간 이외의 생명을 객체로 여기는 사고는 자연과학의 발달에 기여하고 산업발전에도 도움을 준 것이 사실이지만, 이러한 사고의 결과는, 우리가 목도하듯이, 자연의 파괴와 환경의 오염이다. 이러한 문제를 겪은 곳에서는 동물이나 자연에 관하여 법인격을 인정하려는 시도도 있었지만, 인간 중심의 법주체론의 확고한 법학적 틀은 변함이 없다. 도롱뇽은 소송을 청구할 수 없고, 동물은 보호의 대상이 될 뿐이다.

모든 생명은 귀하다

병든 동물이나 병이 들지도 모르는 동물 또는 병을 전염시키는 동물은 살처분의 대상이 된다. 이 동물들은 죽거나 산 채로 땅에 매장된다. 동물의 피가 땅을 적시고 있다. 요즘 나방은 전기그물망에 태워진다. 날벌레가 전기에 감전되어 튀는 소리가 끔찍하다. 공원에는 벌레를 유인하여 환풍기 속을 통과하게 하여 '박멸'한다.

철저히 개발의 대상이 되고 상품이 된 자연과 생명은 인간에게 무엇을 주고 있는가? 이러한 자연관은 현대의 과학세계를 가능하게 하였지만 또한 이 세계에서 발생하는 위험이 그로부터 함께 오는 것은 아닌가? 이미 무분별한 개발에서 비롯된 환경오염으로 인하여 피해를 보고 있고, 동물들의 생명을 가볍게 여기는 생각은 사람들의 생명마저도 가볍게 여기는 것으로 나타나고 있는 것은 아닐까? 지금 지구상에서 유일한 강자인 인간은 영원히 다른 동물과 생명을 지배하며 살 수 있을까?

그러나 우리 선조들의 삶을 돌아보면, 사람뿐만 아니라 우리 주변의 생명에 대해 아파하고 아끼는 마음이 깊었음을 알 수 있다. 어쩌면 인간이 살아가는 것 자체가 다른 생명 위에서 가능한 것인지도 모르지만, 살아 있는 것에 대해서는 그것이 하찮은 것이라 하여 결코 가벼이 해치지 않았다.

오늘날 우리는 이러한 마음을 얼마나 가지고 있을까? '법적'으로 문제되지 않는다는 또는 법률에 의해 요구되고 있다는 이유로 자연은 파헤쳐지고 생명은 물건으로 취급되어 버려지고 땅에 파묻힌다. 몇 년 전 돼지의 살처분(실제로는 '살殺'처분이 아니라 생매장이었다) 현장을 전하던 동영상의 장면이 아직 생생하게 기억난다.

근원적인 생명에 대해 경외와 존중을 하는 것은 사람에 대한 경외와 존중으로 이어진다고 믿는다. 사람이 편하자고 파헤치고 깎고 다듬고 하는 일이 인간의 삶까지 파헤치지 않으려면, 이것이 적어도 모든 살아 있는 것들에 대한 배려와 존중에 바탕을 두어야 한다. 인간의 풍요를 위하여 알지 못하는 사이에 희생되는 이름 모를 생명의 죽음 앞에서 경건하여야 한다.

'찬란한' 음식을 앞에 두고 오로지 맛을 즐기는 것은 어느 면에서는 '잔인한' 의식이다. 이 땅에는 인간인 지배자, 그리고 강자만 사는 것은 아니다. 동물을 비롯한 모든 생명의 삶의 환경은 인간의 문제이기도 하다. 동물을 단지 보호의 대상으로만 볼 것은 아니다. 이러한 동물에 대한 사고는 식물이나 나아가 자연에 대해서까지 확장될 필요가 있다. 설사 자연이나 생명체에 대한 종교적인 관점에까지 이르지 않는다 하더라도, 자연과 생명을 어떻게 생각하는가는 인간의 삶의 환경이나 인간의 삶 자체에 깊이 관련되어 있기 때문이다.

가축 살처분과 보상금

2017년부터 조류인플루엔자가 확산되면서 살처분된 닭이 수천만 마리를 넘는다고 한다. 가축 살처분은 가축전염병예방법에 의한 조치이다. 가축전염병 예방법(시행 2017. 3. 30. [법률 제14113호, 2016. 3. 29.]) 제

20조(살처분 명령) 제1항에서는 "시장·군수·구청장은 농림축산식품부령으로 정하는 제1종 가축전염병이 퍼지는 것을 막기 위하여 필요하다고 인정하면 농림축산식품부령으로 정하는 바에 따라 가축전염병에 걸렸거나 걸렸다고 믿을 만한 역학조사·정밀검사 결과나 임상증상이 있는 가축의 소유자에게 그 가축의 살처분殺處分을 명"하여야 하지만, "우역, 우폐역, 구제역, 돼지열병, 아프리카돼지열병 또는 고병원성 조류인플루엔자에 걸렸거나 걸렸다고 믿을 만한 역학조사·정밀검사 결과나 임상증상이 있는 경우에는 그 가축이 있거나 있었던 장소를 중심으로 그 가축전염병이 퍼지거나 퍼질 것으로 우려되는 지역에 있는 가축의 소유자에게 지체 없이 살처분을 명할 수 있다."라고 규정하고 있다.

이에 근거하여 고병원성 조류인플루엔자에 걸렸거나 걸렸다고 믿을 만한 역학조사, 정밀검사 결과나 임상증상이 있는 경우는 '예방적' 살처분까지 가능하다. 살처분한 가축의 소유자에게는 보상금과 생계안정비용을 지원한다. 가축전염병예방법 시행령의 별표2에서는 "법 제20조 제1항 및 제2항 본문(법 제28조에서 준용하는 경우를 포함한다. 이하 이 표에서 같다.)에 따라 가축을 살처분한 경우: 살처분 당시의 살처분한 가축의 평가액(이하 "가축평가액"이라 한다.)의 전액"을 보상금으로 지급하지만, "법 제48조 제3항 제3호 및 이 영 제11조 제4항에 따라 구제역·돼지열병·고병원성 조류인플루엔자·브루셀라병(소의 경우만 해당한다.) 감염 가축이 발견된 농가에 대해서는 살처분일을 기준으로 가축평가액의 100분의 80에 해당하는 금액……"으로 한다고 하여 일정한 경우 보상금을 감액하고 있다.

이처럼 가축을 사육하는 사람이 살처분으로 인하여 입는 손해에 대해서는 살처분 당시의 평가액을 모두 보상하도록 함으로써 '재산상'의 손실을 입지 않도록 하고 있는 것은 분명하다. 그러나 가축을 사육하는 사람의 입장에서는 보상을 받는다고 해도 머지않아 가축을 출하하여 얻을 수 있는 이익까지는 보전되지 않으며, 보상을 위한 손해액의 평가가 적절하게 이뤄져야 손해가 발생하지 않는다는 문제는 남아 있다.

익산 '참사랑 동물 복지 농장'의 닭소리

2017년 전북 익산시 망성면 '참사랑 동물 복지 농장'의 주인 유항우(50) 씨는 익산시장을 상대로 살처분명령의 집행정지를 신청하였다. 참사랑 농장은 동물복지 기준(1㎡당 9마리)보다 넓은 계사에 닭들을 방사하고 친환경 사료와 영양제를 먹여 친환경인증과 동물복지인증, 해썹HACCP(식품안전관리 인증)을 받았으며, 익산시 농축산물브랜드인 '탑마루'를 붙여 최고급 계란을 공급해 왔다고 한다. 그런데 이 농장으로부터 2.1㎞ 떨어진 육계농장에서 고병원성 AI가 발생, 이 농장의 닭이 살처분 대상에 포함됐으며, AI 확진 농장에서 반경 3㎞ 안에 있는 16개 농장의 닭 85만 마리는 모두 살처분됐다고 한다.

그러나 전주지법 제2행정부는 "소명자료에 나타난 모든 사정은 참작하더라도 신청취지 기재 처분이 집행될 경우 신청인이 입게 될 손해는 특별한 사정이 없으면 금전으로 보상이 가능할 것으로 보"이며 "신청인에게 회복하기 어려운 손해가 발생할 우려가 있다거나 이를 예방하기 위해 그 집행 또는 절차를 정지할 긴급할 필요가 있다고 인정되지 않는다."라고 하면서 신청을 기각하였다.

이 농장에서 닭을 기르는 유씨가 살처분에 대해 저항하게 된 것은 단지 재산상의 손해 때문만은 아닌 것으로 보인다. 재산상의 손해가 전부는 아니더라도, 일반적으로는 상당 부분 보전될 수 있기 때문이다. 하지만 정말 중요한 것은 닭을 단지 살처분의 '대상'이 아니라 살아 있는 생명체라고 생각하는 것이라고 생각한다. '동물복지'를 생각하면서 닭을 치는 사람에게 닭이 어찌 물건에 불과하겠는가? 하지만 가축전염병예방법 등은 가축을 물건과 달리 대우하고 있지 않다. 과연 그래야 하는가? 어쩌면 유씨의 집행정지 신청은 동물에 대한 법적 대우의 변화를 구하는 작은 움직임이다.

동물은 단순한 물건이 아니다

독일의 동물보호법(Das Tierschutzgesetz)에서는 '인간은 동물과 함께 살아가는 동료(Mitgeschöpf)로서 그들의 생명과 복지를 보호해야 할 책임이 있다.'(§1 TierSchG, Grundsatz)라고 하고 있고, 민법에서도 '동물은 물건이 아니다.'(BGB §90a)라고 규정하고 있다. 나아가 헌법(기본법 §20a)에서도 동물보호에 관한 국가의 의무를 규정하고 있다. 주州의 헌법에서도 동물을 인간의 동료(또는 동반자, 반려)로 표현하고 있다.

스위스헌법(제80조)에서도 1) 동물의 보호 및 취급, 2) 살아 있는 동물에 대한 실험과 개입, 3) 동물의 이용, 4) 동물 및 동물제품의 수입, 5) 동물의 거래 및 수송, 6) 동물의 도살에 관하여 연방에 대해 특별히 법률을 제정할 의무를 부과하고 있다. 이처럼 법제에 따라서, 이제 동물은 물건이 아닌 것으로 대우되고 있다. 그리고 법률의 근거가 없더라도 살아 있는 동물을 생명체 아닌 사물과 달리 대우하는 것이 불가능한 것만도 아니다. 아무리 인간 이외의 사물을 법적으로는 다 같이 취급한다고 해도 그 사물의 성질과 내용에 따라 달리 취급할 수 있는 것이기 때문이다. 더구나 우리의 경우도 제한적인 것이긴 하지만 동물보호법도 제정되어 시행되고 있지 않는가? 동물은 더 이상 단순한 물건으로 취급되어서는 안 된다.

그렇다면 가축전염병이 퍼질 위험이 있다고 반경 3킬로미터 이내에 있는 모든 닭을 예외 없이 죽이는 방식의 예방법은 더 이상 적절하지 않다. 아니 물건이라고 해도 그 성질에 따라 달리 취급하는 것 아닌가? 물건에 대해서도, 그것이 위험하다고 하면 그 위험의 정도를 측정하고 그 정도에 따라 달리 취급하지 않는가?

심지어 재산권에 대한 제한을 가한다는 관점에 선다 해도, 재산권에 대한 제한은 그 필요성에 비례하여야 하고, 목적을 달성할 수 있으면서도 덜 제한적인 수단이 있다면 덜 제한적인 수단을 놔둔 채 더 제한적인 수단을 선택하는 것이 재산권의 침해에 이르게 된다. 케이지cage식으로 과밀입식을 하는 농장의 닭이나 넉넉한 공간에서 건강하게 자랄 수 있는 환경을 마련해 주는 농장의 닭이나 똑같이 전염의 가능성이 같다는 전제로 모두 살처분의 '대상'으로 하는 것도 마땅한 것은 아니다. 2년 전에도 조류인플루엔자가 발생하여 많은 조류 가축이 살처분된 바 있는데, 그 중 60%는 감염되지 않은 닭이었다고 한다.

동물을 어떻게 대하느냐가 사람을 어떻게 대하느냐를 결정한다

앞에서도 얘기했지만, 동물의 문제는 동물 자체의 문제이기도 하지만 어울려 함께 살아가는 사람의 문제이기도 하다. 살아 있는 동물을 하찮게 여긴다면, 스스로 '하찮게' 여기는 사람을 어찌 사람대접 하겠는가? 동물이 겪는 아픔을 측은히 여기는 마음이 사라진다면 그런 마음이 어찌 사람의 아픔에 대해서만은 사라지지 않으리라고 할 수 있겠는가? 그토록 모든 살아 있는 것들을 소중하게 여기던 선조들의 마음을 우리는 어쩌다가 잃어버리게 된 것일까?

덧붙이자면, '살처분'에 참여하거나 동원된 사람들의 고통도 결코 가벼운 것이 아니다. 이제껏 닭 한 마리 잡아 본 적 없는 사람들도 '자발적'으로 참여하여 살처분을 했다. 살처분을 담당한 공무원만으로 닭과 오리 등 몇 천만 마리를 몇 달 사이에 '살'처분하는 것은 불가능하기 때문이다. 또 그 시간에 그게 매뉴얼대로 되었을 리도 만무하다. 한 마리 한 마리 잡아다가 산 채 웅덩이에 던져 넣고, 살아 움직이는 것을 파묻고 아우성 소리를 들었으니 그 고통스러운 소리가 어느 세월에 잊혀질까?

익산 동물 복지 농장의 닭에 대한 살처분 명령과 이에 대한 집행중지의 요구는 우리에게 동물에 대한 근본적인 인식의 전환을 요구하고 있다. 이제 더 이상 동물을 단순한 물건으로 취급해서는 안 된다.

제6장

사람을 위한 법과 교통

신호등과 회전교차로, 어느 게 더 나을까?

원활하고 안전한 교통

도로에는 신호등과 회전교차로가 있다. 신호등은 노란불이 켜졌다 꺼졌다 하기도 하고 (토, 일요일을 포함해서) 출퇴근 시간이 되면 초록색과 빨간색 불이 번갈아 켜진다. 이에 반하여 흔히 로터리라고 불리는 회전교차로는 차들이 각 진입로로 들어와서 다른 방향으로 나간다. 요즘은 신호등이 많고 원형교차로를 찾아보기는 힘들다. 과연 원활한 교통을 위해서 신호등이 더 나은 방법일까?

신호등은 안전한가?

신호등의 초록색 신호는 차량의 진행을, 빨간색 신호는 정지를 의미한다. 이 방식은 직접적으로 법규범에 의하여 차량의 원활한 소통이라는 목적을 달성하고자 하는 것이다. 즉, 초록색은 허용 또는 명령을, 빨간색은 금지를 의미한다. 색맹이나 적록 색약인 사람을 제외하고는 누구나 법규범의 의미를 확실하게 알 수 있다는 점이 장점이다. 도시에서 많은 차들이 교차하는 곳에서는 신호등이 유용하다고 생각된다. 그러나 이 방식은 신호를 잘 지키지 않으면 큰 사고가 나거나 혼란에 빠지게 된다. 예를 들어, 이미 노란색 신호가 빨간색 신호로 바뀌었는데도 앞차의 꼬리를 물고 따라가는 차들은 반대 방향에서 오는 차들의 진행을 방해한다. 반대쪽 차량 운전자들도 빼앗긴 시간을 만회하기 위해서 역시 같은 행위를 하게 된다. 초록색 신호만 믿고 출발했다가는 다른 방향에서 오는, 신호를 위반한 차량에 의하여 차 옆구리를 들이받히기도 한다. 빨간색 신호라고 정차해 있다가는 뒤에서 달려드는 덤프트럭에 화를 당할 수도 있다. 모두 다 필자가 실제 당할 뻔한 경우들이다.

사진 1. 서울 덕수궁 부근의 회전교차로.
교통상황의 불확실성에서 서로 조심하는 것이 안전을 보장해 준다.

또한 신호체계가 잘못된 경우도 문제이다. 1~2분을 넘게 기다려 신호가 바뀌자 출발하였는데도 100미터도 가지 않아 바로 다음 사거리에서 다시 빨간색 신호를 만나기도 한다. 어떤 때는 일사천리로 달리던 길을, '재수 없으면' 신호마다 정차하게 되니 신호의 흐름을 탄다는 명분으로 과속을 하게 된다. 그래 봐야 시내에서 5분 이상 더 걸리지도 않지만 사람의 심리라는 게 그렇지 않다. 빨리 달리고자 해서가 아니고 다만 누구의 방해나 간섭도 받지 않고 자기 의지대로 달리고 싶을 뿐인 것이다. 한밤중에 차도 사람도 없는 곳에서 만나는 빨간색 신호도 운전자를 시험에 들게 한다. 시골 마을 앞 도로에 이런 경우가 많다. 아마도 마을 앞 도로에서 사고가 나면 불안해서 과속을 막는 방법으로 마을 사람들이 그런 신호를 요구했을 듯하다. 그런데 한밤중에도 차량 운전자들이 그 신호를 지킨다는 믿음이 없으면 보행자가 신호를 믿고 도로를 건널 수도 없다.

법적 개입 없는 회전교차로

반면 회전교차로는 운전자들이 스스로 판단하여 진행하는 방식이다. 차량 통행이 잦은 곳에서는 교통정체를 유발하기도 하지만 교통량이 많지 않은 곳에서는 어느 누구의 간섭이나 방해도 받지 않고 차량의 교행이 이뤄지고 사고의 위험도 아주 낮아진다. 사고가 난다 해도 가벼운 접촉 사고일 뿐이다. 신호를 지켜라 또는 속도를 줄이라는 말 없이도 회전교차로 앞에서는 속도를 줄여서 달리게 된다. 허용과 금지라는 법규범이 등장하지 않고도 차량과 사람의 교통이 원활해진다. 서로 조심해야만 하는 불확실성이 사고의 위험을 낮추게 되는 것이다.

법적 강제만이 능사는 아니다

어떠한 문제를 해결할 때 모두 법에 의해서 하려는 것은 좋은 방법이 아니다. 사람들이 자연스럽게 행동하고 어떠한 부담을 느끼지 않을 다른 수단을 사용하고, 그래도 안 될 때 비로소 법을 동원하는 것이 옳다. 법집행에는 돈과 시간 그리고 사람이 필요하고 그것이 사람의 자유를 구속하는 것이기 때문이다. 사람은 편해지려 하고 또 피해를 입으려 하지 않으므로 이러한 심리를 적절하게 이용하여야 한다. 도로에서도 보행자 무단횡단을 하지 말라는 금지를 설정하기에 앞서 보행자가 가장 편하게 도로를 건널 수 있는 장소를 선택하고 수단을 마련해 주는 것이 적절하다. 건너는 데 3초면 되는 곳에 1분 대기하는 신호등을 만들거나 에스컬레이터도 없이 지하도나 육교를 건너라고 하는 것은 강한 준법의식이 없으면 실패하기 마련이다. 교통체계가 문제가 있으면 신호를 잘 지키지 않듯이 법도 잘 다듬어야 지킬 수 있고 엄격하게 집행할 수도 있다. 교통량이 적은 곳에서는 신호등을 원형교차로로 바꾸면 어떨까? 그것이 사람을 더 자유롭게 하는 것이기도 하다.

쓸데없는 금지

불합리한 신호체계

예전에 자주 다니던 어느 길 이야기이다. 꽤 오래전의 일이니 지금 그렇다는 말은 아니다.

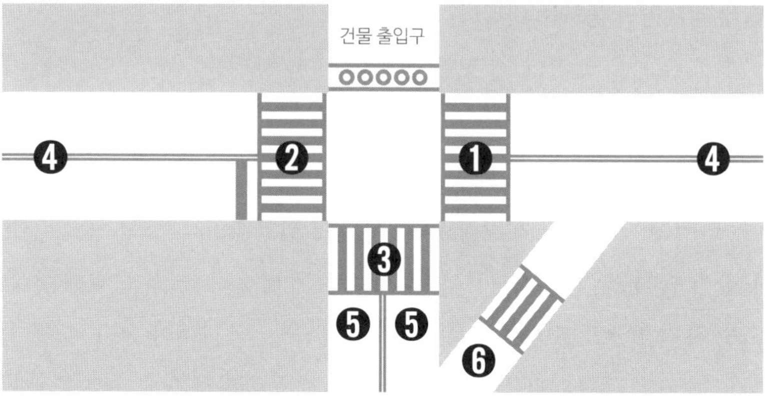

그림 1. 신호등이 불필요하게 사람의 자유를 제한하는 경우가 적지 않다. 자유의 제한은 필요한 경우 최소한으로만 해야 한다.

이 길(그림 1)에서는 어떻게 해야 할지 고민되는 상황을 만난다. 건물 출입구를 나가 도로를 횡단(① 횡단보도)하려 할 때 보행자 신호는 빨간색인데 차는 전혀 횡단보도 위로 지나가지 않는 경우가 있다. 교통신호는 건너지 말라 하지만 건너도 위험하지 않을 상황이다. 갈까 말까 고민하면서 옆을 보니 옆 사람들은 다 신호 바뀌기를 기다리고 있다.

건물 앞 신호체계를 보면 직진차로(④)를 달리는 차량은 건너편(⑤)에서 오는 차량의 좌회전을 위해 잠시 정차한다. 이때 건물 출입구 왼쪽(①)과 오른쪽 횡단보도(②)는 모두 보행자의 횡단이 금지된다. 19초 후 차량의 좌회전이 끝나면 그제서야 양쪽 횡단보도에 녹색불이 켜지면서 22초 동안 사람들이 횡단한다. ④ 도로에 차량들이 달리기 시작하면 ③ 횡단보도에 25초 동안만(!) 녹색불이 켜진다. 건너는 데 3초면 되는 곳이다.

⑤번 일방통행 도로에 있는 차량들이 좌회전할 동안 ② 횡단보도의

횡단을 금지하는 것은 옳다. 차량의 소통과 보행자의 안전 때문이다. 그게 법이 추구하는 것이니까. 그러나 이 시간 동안 ① 횡단보도에까지 횡단 보행을 금지하는 것은 아무런 근거가 없다. ④를 오가는 차량은 멈춰서 있고 건너편 길(⑤)에서 우회전하는 차는 우회전 전용차로(⑥)로 가기 때문이다. ③ 횡단보도도 차량이 좌회전하는 동안만 횡단이 금지되면 족하다.

아직 이러한 상황에서 아무런 문제를 느끼지 못했다면 권리의식 또는 인권 문제에 대한 감수성이 약한 것으로 볼 수밖에 없다. 아무리 작은 것이라도 이유 없이 자유를 제한하는 것은 인정될 수 없는 것 아닌가? 얼마 안 되는 시간(19초)이니까 괜찮을까?

불필요한 자유의 제한은 인권의 침해

보행자에게 빨간색 신호는 횡단 금지를 의미한다. 그 금지는 자유롭고 안전하게 보행하고 이동할 권리를 제한하는 것으로서 정당한 근거를 가져야 한다. 또한 제한하는 경우에도 필요한 만큼만 해야 한다. 근거 없이 금지하는 건 그냥 법규 잘 지키나 보려고 하는 실험일 뿐이다. 국민이 실험의 대상인가? 그렇게 하는 금지는 위법한 것일 뿐만 아니라 위헌이다. 인권을 침해하는 것이다. 그런 법은 결국 스스로 자신의 권위를 훼손하게 된다.

인권 문제는 멀리 있는 게 아니다. 매일 걸어 다니는 도로 위에서도 만날 수 있는 것이 권리이고 인권이다.

교통의 인권 지수: 얼마나 인간을 위한 교통인가?

도로가 얼마나 인간의 안전과 자유를 중시하는가?

어느 사회의 인권보장의 정도는 가장 약한 자의 삶의 현실로 측정할 수 있다고 한다. 옳은 말이다. 우리 사회의 가난한 자, 특히 가난하고 의지할 곳 없는 외국인의 삶의 모습은 우리 사회의 인권의 수준이기도 하다. 그러나 더 가까이에 있고 자주 접하는 인권보장의 수준은 도로에 나타난다고 생각된다. 도로가 얼마나 인간의 안전과 자유로운 삶을 중시하고 있는가는 도로의 구조와 설계 등에서 그대로 드러난다.

도로는 차량과 사람이 안전하게 교통할 수 있는 시설로 설계된다. 도로의 폭과 방향의 결정, 포장 소재의 선택, 신호등과 횡단보도의 설치, 제한속도의 설정 등은 교통공학적인 관심사이다. 특히 제한된 도로에서 가장 효율적으로 원활한 교통을 확보하기 위해서는 교통공학적인 연구가 매우 필요하다. 그러나 이러한 교통공학적인 연구에서 나타나는 문제 가운데 하나는 지나치게 차량의 소통에 관심이 치우친다는 것이다. 보행자 역시 교통에 매우 중요한 요소가 되는데, 아니 가장 중요하게 고려되어야 하는데 지나치게 차량의 소통에 초점이 맞춰진다. 사람이 도로 위를 횡단하기보다는 지하도나 육교를 통하여 보행하게 하는 것이나, 사람의 동선을 무시한 횡단보도의 설치 또는 차량의 안전운행을 위하여 도로 중앙에 분리대를 설치하면서 도로 건너편과의 생활의 단절을 초래하는 것이나 아예 보행자 통행로도 없이 찻길만 있는 도로 등에서 그러한 관점을 엿볼 수 있다.

여전한 차량 중심의 도로 설계

차량 위주의 교통설계는 우리나라의 발전 위주의 정책, 사회적 약자보다는 강자 위주의 제도 시행, 인권 의식의 미약함과 밀접하게 관련된다. 산업화를 앞당기기 위하여 산을 깎아 도로를 내고 물류를 원활하게 하기 위하여 좋은 찻길을 만드는 데 관심이 집중되었다. 경제개발 과정에서 경제적 강자 위주로 모든 제도들이 형성되었으며 이 점은 교통에서 절대적 강자인 차량 위주의 도로 시설로 나타났다고 생각한다. 물론 오늘날에 이르러 사회적 약자에 대한 배려가 강조되고 교통에서도 보행자를 고려하는 변화가 나타나지만 차량 위주의 교통은 여전하다고 느낀다.

이러한 문제는 본질적으로 인권이라는 공동체의 핵심적 요소를 인식하지 못한 데서 비롯된다. 인간이 인간이기 때문에, 인간다운 삶을 살기 위해서 필요한 권리라 할 인권은 모든 사람을 사람되게 하는 것이며, 이러한 인권을 보다 더 잘 보장하기 위하여 대한민국이라는 공동체가 구성되었다는 것이 국가공동체의 근본규범인 헌법의 선언이

사진 2. 휠체어 이동을 위해 턱을 낮췄으나 차량의 보도 출입을 금하려고 돌기둥을 세우는 것은 모순이다.

사진 3. 도로의 턱이 낮아 보여도 휠체어가 진행하기에는 어려움이 많다.

다. 헌법 제10조는 이렇게 말한다. "모든 국민은 인간으로서의 존엄과 가치를 가지며 행복을 추구할 권리를 가진다. 국가는 개인이 가지는 불가침의 기본적 인권을 확인하고 이를 보장할 의무를 진다." 국가는 인권을 보장할 의무를 지기에 국가의 모든 제도는 인권보장에 초점을 맞추어야 한다. 인권을 보장하지 못하는 제도는 허용될 수 없다. 인권의 보장이야말로 국가의 존립근거이며 유일한 존재의 목적이 된다.

사람과 차량의 교통에 관한 제도 역시 인권에 바탕을 두어야만 한다. 교통 역시 인간의 삶의 한 부분이다. 인간은 어느 누구에 의해서도, 그 무엇에 의해서도 침해될 수 없는 인권을 가진다. 교통에 관하여 인간은 자유롭고 안전하게 교통수단을 이용하고 보행할 권리를 가진다. 그러나 수많은 사람이 각종 교통수단을 이용하여 교통하는 사회에서는 적절한 자유의 제한이 필요하다. 그 결과 교통수단 가운데 하나인 차량은 도로를 따라 운행하게 하고 선을 그어 찻길을 구획하며 주행의 방향을 정하고 신호를 정하게 된다. 보행자를 위한 보도를 두고, 횡단보도가 만들어진다.

사람이 귀하게 대우되는 도로

그러나 이러한 도로의 설계에는 인권을 제한하는 기본적 원리를 염두에 둬야 한다. 인간이 가지는 인권을 제한할 필요가 있을 경우 필요한 만큼만 제한하여야 하며, 제한할 필요가 없으면 결코 제한하여서는 안 된다. 차량 통행이 뜸한 시각에 교통신호가 적록색의 점멸이 아니라 황색의 경고등으로 바뀌는 것이나 차량의 통행이 뜸한 시골길에 교통신호등을 설치해서는 안 되는 법적인 이유이다. 보행에 필요한 시간만큼만 녹색신호를 줄 게 아니라 차량의 소통과 저촉되지 않는 한 사람의 보행을 위한 규제는 최소한으로만 이뤄져야 하는 것이다. 교통선진국이라는 게 별다른 게 아니다. 사람이 가장 귀하게 대접받고 사람의 안전한 통행이 소중하게 여겨지는 교통환경을 갖춘 나라이다.

아파트 출입구 앞에서의 안전벨트 착용 단속

한때 아파트 입구에서 경찰이 안전벨트 착용 여부를 단속하는 경우가 있었다. 출근 시간에 차를 몰고 분주히 움직이려던 사람들은 경찰의 단속에 걸리면 하루의 기분을 상하고야 만다. 이런 일은 경찰이 교통법규 준수의식을 높이고자 특정한 부분을 집중하여 경찰력을 동원하기 때문이다. 그 결과 운전자들이 안전벨트를 착용하는 비율은 틀림없이 높아졌을 것이다. 이런 예는 보행자의 무단횡단을 단속하고 범칙금을 부과하던 예에서도 볼 수 있다. 심지어 차량 통행이 드문 한적한 주택가 2차로에서도 경찰이 보행자를 잡고 딱지를 끊는 일이 있었다. 경찰 인력이 충분하지 않을 경우 경찰은 그 재량에 따라 국민의 생명과 재산을 지키기 위한 활동에 특정 부분에 역점을 두는 일도 나타나기 때문에 특정한 법규 위반에 대한 집중단속은 나름대로 의미가 있다고 생각된다. 그러나 경찰이 그렇게 단속을 하고 범칙금을 부과하는 일이 국민의 생명과 재산을 보호하기 위한 것이라고 한다면 한

가하게 주택가 도로에서 무단횡단하는 사람을 잡아 그 사람에게 범칙금 부과하는 일이 온당한 일인가? 그보다는 도로에 들어선 사람을 보고도 정차하지 않고 사람에게 위협까지 해 가며 주행하는 차량을 단속해야 하지 않는가? 시속 10km도 되지 않는 차량을 운전자의 목숨까지 생각해서 아파트 입구에서 안전벨트 착용 단속을 할 게 아니라 아파트 앞 사거리에 출근, 등교하는 사람들의 안전을 위협하는 신호위반 차량들을 단속하는 게 더 옳은 일이 아닌가? 부족할 수밖에 없는 공권력을 어디에 먼저 사용해야 하는가?

기초질서를 지키자(?)

기초적인 질서는 무엇일까?

한때 기초질서를 지키자는 운동이 벌어진 적이 있다. 우리의 법적 의식과 현실의 수준을 높이자는 것은 이해가 가는 일이다. 경찰에서도 토론회를 열고, 이 사람 저 사람 한마디씩 거들어 운동을 강화하였다. 도로 무단횡단을 하지 말라고 가르치는 초등학교 교장의 입에서는 위반행위자를 더욱 강하게 처벌해야 한다고 말하는가 하면, 안전띠 단속도 더욱 강화해야 한다고 떠들었다. 과연 그것이 기초질서를 강화하는 길일까?

사회의 질서는 그 사회에 살고 있는 사람의 자유를 가장 잘 보장할 때 영속적이고, 그것이 있는지를 의식하지 못할 정도가 된다. 질서의 출발은 단지 필요성이 아니라 인간의 자유여야 한다. 수많은 자유의 길이 얘기되고 그 가운데 가장 적합한 것이 남아서 자유를 강화하기 위한 질서가 되는 것이다. 만약 질서가 자유를 부당하게 속박할 때 그 질서는 항상 도전에 직면하기 마련이다. 그런 점에서 질서를 논하는 이들은 인간의 자유의 보장이라는 가장 중요한 목표를 놓쳐서는 안 된다.

자유는 타인에게 해를 가하지 않는 한 무한히 누릴 수 있는 것이지만

기초질서를 얘기할 때 가장 중요한 것은 인간을 위한 질서여야 한다는 것이다. 질서만을 위한 질서가 아니라 기본적으로 그 구성원의 삶을 위하여 질서가 등장하고 존속한다는 점에 대해 명확한 인식이 필요하다. 둘째는 인간은 자유로운 존재이고 질서의 출발점이 된다는 사실이다. 자유로운 존재이며 자신의 운명의 주인이며 자기의 뜻하는 바에 따라 살아가고 그 결과에 대해서 책임을 진다는 것을 말한다. 셋째는 자유란 타인에게 해害를 주지 않는 한에서는 무한히 누릴 수 있는 것이지만, 타인에게 해를 주는 순간 국가의 개입이 이뤄지고 국가의 개입의 정도는 해의 정도에 비례해야 한다는 것이다.

경찰이 우선적으로 단속해야 할 것은 무엇인가?

이런 점에서 보면 경찰이 기초질서를 지키자는 캠페인의 차원에서 단속을 강화하고 있는 안전벨트 미착용 단속은 이러한 자유에 관한 기초관념이 전혀 담겨 있지 않다고 볼 수 있다. 교통에서 사람은 자유로이 보행하고 운행하되 타인에게 해를 줘서는 안 된다고 할 수 있다. 타인에 대한 해의 가능성은 보행자보다는 운전자가 크기 때문에 그만큼 운전자에 대한 교통단속은 강해야 한다고 할 수 있다. 특히 보행자는 운전자에 비해서 더 약한 존재이기 때문이기도 하다.

결국 도로교통에서 타인에게 해를 줄 가능성이 큰 행위는 난폭운전, 위험한 끼어들기, 무단 차선변경, 과속 등을 들 수 있다. 특히 더 위험한 것은 횡단보도에서의 주의의무 위반과 신호위반이다. 왜냐하면 보행자와 운전자가 만나는 공간인 횡단보도에서는 조그마한 실수로도 사람의 목숨을 빼앗을 수 있기 때문이다. 따라서 사람의 생명과 신체의 안전에 대한 위험이 클수록 경찰은 더 강하고 신속하게 행해지지 않으면 안 된다.

우리 현실은 어떠한가? 경찰은 단속의 편의만을 생각하고 있다. 과속하기 좋을 만한 곳에 숨어 있거나, 단속하기 쉬운 것을 단속하는 것이 아닌가 한다. 적발하기 편한 곳에서 단속하는 것이 아니라 위험을 가장 많이 줄일 수 있는 곳에서 단속해야 한다. 무인카메라도 그런 곳에 설치해서 단속보다는 위험의 감소 내지 예방에 신경을 쓰는 것이 일차적인 과제가 되어야 한다. 운전자가 신호를 잘 안 지킨다면 특히 횡단보도에서 신호위반 차량을 단속하는 것은 가장 좋은 효과를 가져올 것이다.

자유로운 존재가 타인에게 피해를 주지 않고 자신만의 위험으로 하는 행동에 국가가 강하게 개입하는 것은 자제되어야 한다. 안전띠 미착용이나 도로 무단보행은 그것이 타인에게 피해를 준다고 하는 주장도 있지만 법적인 문제로는 피해를 주는 것은 극히 미미하다. 그렇다면 도로 무단보행이 차량의 통행에 장애를 일으키지 않았다면 이를 단속하여 극구 보행자의 안전을 보호해야 할까? 안전띠 역시 우선적으로는 운전자의 안전을 확보하는 것이 일차적인 목적이라면 그러한

계몽과 안전확보를 위해 아침 출근길 집 앞에서 그것도 저속으로 가는 차를 잡아 단속을 하는 것이 정당하겠는가?

후견적 보호가 위험하다

국가가 국민을 국가의 재산이나 자원으로 인식하는 것은 전체주의적인 발상이다. 국민의 생명을 보호하려면 국가의 개입에 관한 묵시적이든 명시적이든 국민의 동의를 필요로 한다. 스스로 위험을 감소하려고 하는 경우 우선 위험을 인식시키고 자발적으로 이를 피하도록 계도하는 것이 필요하다. 그런 과정을 생략하고 강한 법적 제재를 가하는 것은 오히려 인간의 자유로운 삶을 저해하는 질서만을 만들 뿐이다.

보행자를 보호한다고 횡단보도를 없애고 육교나 지하도를 만드는 것은 형편없는 발상이다. 왜 보행자에게 평면 길을 양보하라고 하는가? 자동차를 위해서? 지나친 보호는 당사자를 오히려 위험에 더 노출시킬 뿐이다.

제7장

사람을 위한 국가

촛불, 그해 겨울은 따뜻했네

"박근혜를 대통령직에서 파면한다."

2017년 3월 10일 헌법재판소는 "피청구인 대통령 박근혜를 대통령직에서 파면한다."라고 결정하였다. 박근혜 씨가 국민의 신임을 배반하였으며 헌법수호의 관점에서 용납될 수 없는 중대한 법 위배행위를 저질렀다는 것이다. 박씨는 최서원(최순실) 등에 의한 국정농단과 관련하여 대통령으로서의 지위와 권한을 남용하여 최씨의 이권추구를 도왔다. 최씨에게 대통령의 직무와 관련된 기밀을 유출하도록 지시 또는 방치하였다. 최씨 등의 국정 개입 등이 문제되고 나서도 박씨는 진실성이 없는 사과를 하였을 뿐만 아니라 약속도 지키지 않았다. 이러한 박씨의 행위는 헌법과 법률에 위배되고 국민의 신임을 배반하였으며 헌법수호의 관점에서 용납될 수 없다는 것이 헌법재판소의 판단이었다. 이러한 결정은 이미 국민 대다수가 내린 결론을 확인한 것이다. 한겨울 내내 광장에서 촛불을 밝히고 대통령 퇴진을 외쳐야 했던 시민들은 이제 비로소 생업으로 복귀할 수 있게 되었다.

아쉬움이 남는 탄핵결정문

헌법재판소의 탄핵결정이 만족스럽기만 한 것은 아니다. '그 사람 아직도 있어요?' 한 마디에 공무원들이 잘리고, 세월호 사건 수습과정에서 아무것도 하지 못한 것이나 세계일보 사장의 해임 등에 관한 압력행사 부분은 헌법 위반의 혐의를 비켜 갔다. 대통령 파면 결정에도 불구하고 아쉽고 안타까운 부분이다. 그러나 짧은 시간 안에, 아직 관련 범죄에 관한 수사가 진행 중인 시점에서 재판정에서 이뤄지는 공방을 통하여 수많은 사실을 엄격하게 밝히기 어려웠다는 점에서 탄핵소추 사유를 모두 인정하지 않은 것을 이해하지 못하는 것은 아니다. 그리고 확실하게 인정할 수 있는 사유만으로 파면결정을 하는 데 충분하므로 여러 가지 사유를 꼼꼼하게 검토하지 않았을 것이다. 그러나 헌법재판소가 대통령 파면을 넘어서서 우리 헌법이 담고 있는 가치를 보여 주고자 했다면, 그리고 이 결정으로 박근혜 정부의 실정에 다치고 가슴 아파하는 시민들을 위로하고자 했다면, 이러한 마음을 결정문에 담지 못한 것은 아쉽다. 헌법재판소 결정이라고 해서 반드시 무미건조한 법리만 전개하는 것은 아니고 헌법적 가치의 실현과 정치적 통합을 추구하여야 하기 때문이다.

박근혜 정권의 공범들

결정문에서는 박씨와 최씨 등에게 돈을 제공한 대기업을 피해자인 것처럼 보고 있으나 이들도 이런 행위를 통해 많은 이익을 얻은 공범이다. 대통령 선거 과정에서 후보자에 대한 엄정한 검증을 회피하도록 도운 언론도 책임을 면할 수 없다. 사법부의 책임도 언급하지 않을 수 없다. 대법원은 대통령선거무효확인소송에 대해 이제껏 단 한 차례도 심리기일을 열지 않았다. 선거소송은 소가 제기된 날로부터 180일 이내에 처리해야 한다. 이제 대통령이었던 자가 파면되었으니 청구를 각하할 일만 남은 것인가? 어떠한 정치적 부패도 정치인이나 공직자 한 사람의 시도만으로 가능한 것이 아니다.

대한민국은 민주공화국이다. 주권은 국민에게 있고 모든 권력은 국민으로부터 나온다

대통령을 파면한 사건은 실로 그 의미가 중대하다. 차가운 한겨울의 광장은 시민들의 정치적 각성의 시간이었고 뜨거운 민주주의 실천의 현장이었다. 대한민국은 민주공화국이다. 주권은 국민에게 있고 모든 권력은 국민으로부터 나온다. 그리고 국민의 신임이 철회되면 어떠한 권력도 더 이상의 정당성을 갖지 못한다. 시민들이 광장에서 촛불을 밝히면서 체험한 국민주권주의, 민주주의는 앞으로 모든 시민의 한평생에 걸쳐 민주국가를 지탱하는 굳건하고 건강한 힘으로 작용할 것이다.

대통령은 파면되었으나, 우리는 이제 겨우 우리들의 문제를 정상적으로 논의하고 결정할 수 있는 길에 들어섰을 뿐이다. 정치적 부패를 막고 의사결정의 투명성을 확보하여야 한다. 국민의 정치적 의사가 왜곡되지 않고 대표 선출에 반영될 수 있는 선거법을 마련하는 것은 당장 중요한 과제가 되었다.

피음사둔詖淫邪遁의 통합진보당 해산결정문

피음사둔詖淫邪遁

2013년 12월 19일 선고된 통합진보당 해산결정의 보충의견에는 흔히 사용되지 않는 어려운 사자성어가 등장한다. 필자도 처음 들어본 말이다. 피음사둔詖淫邪遁. 치우칠 피詖, 음란할(도리에 어긋날) 음淫, 간사할 사邪, 숨을 둔遁 자이다. 말 그대로 치우치고, 도리에 맞지 않으며, 간사하고 회피하는 말이라는 뜻이니 그것이 옳지 못함을 안다 또는 알아야 한다는 뜻이다. 보충의견을 쓴 두 재판관(안창호, 조용호)은 맹자에서 유래하는 이 성어를 사용하면서 그 뜻이 '번드르르한 말 속에서 본질을 간파한다'라는 것이라고 해설까지 친절하게 붙였다. 두 재판관이 이 성어로 의도한 뜻이야 다르지만, 이 결정문을 읽어 본 느낌은 피음사둔이랄까? 그럴 듯한 논리를 제시하고 있지만 '번드르르한' 수사에 불과하기에.

번드르르한 용어들: 실질적 해악, 구체적 위험성, 비례원칙

헌법재판소 결정의 법정의견은, 정당해산결정은 정당의 이념을 우리 사회의 정치적 공론의 장에서 영구히 추방시키는 매우 극단적 조치로서 매우 제한된 상황 속에서만 활용되어야 하며, 그 요건인 '민주적 기본질서 위배'는 '민주적 기본질서에 대한 단순한 위반이나 저촉을 의미하는 것이 아니라 민주사회의 불가결한 요소인 정당의 존립을 제약해야 할 만큼 그 정당의 목적이나 활동이 우리 사회의 민주적 기본질서에 대하여 실질적인 해악을 끼칠 수 있는 구체적 위험성을 초래하는 경우'를 가리킨다고 하고 있다. 또한 정당해산결정에는 그 결정이 비례원칙에 부합하여야 하는데, 이를 위하여 정당의 목적이나 활동이 민주적 기본질서에 위배되면서도, 1)해당 정당의 위헌적 문제를 해결할 수 있는 다른 대안적 수단이 없고, 2)정당해산결정을 통한 사회적 이익이 이로 인하여 초래되는 정당활동의 자유 제한과 민주주의 사회에 대한 중대한 제약 등 불이익을 초과할 정도로 커야 한다고 하고 있다.

그러나 이 모든 요건을 허물어뜨리는 한 방이 있으니 바로 남북한의 대립에서 비롯되는 안보논리이다. 헌법재판소는 스스로 '대한민국과 북한은 아직도 냉전의 구도에서 벗어나지 못했다.'라고 하면서 "대한민국은 북한이라는 현실적인 적으로부터 공격의 대상으로 선포되고 있고, 그로부터 체제전복의 시도가 상시적으로 존재하는 상황"이라고 한다. 따라서 정당해산심판에는 입헌주의의 보편적 원리에 더하여 '대한민국의 특수한 역사적 상황', '우리 국민들이 공유하는 고유한 인식'과 '법감정'들의 존재를 고려하여야 한다고 하는데, "이러한 이념대립의 상황은 오늘날 세계의 보편적인 상황과 상충된다."라고 하므로 대한민국의 특수한 상황을 고려한다는 것은 결국 입헌주의의 보편적 원리의 상당한 후퇴를 의미하는 것이다. '국민들의 고유한 인식'이라는 것도, '법감정'이라는 것도 재판관들의 자의적 판단을 정당화할 소지가 있고 또 그 결과도 그렇다고 보인다. 따라서 '실질적 위험성'이나 '구체적 위험성' 또는 '비례원칙'도 겉만 번드르르한 수사에 지나지 않게 된다.

대한민국의 특수한 상황?

헌법재판소 법정의견에 나타난 '대한민국의 특수한 상황'에 대한 인식은 아직 냉전시대에 머물고 있다. 스스로 대한민국과 북한은 냉전의 구도에서 벗어나지 못하고 있다고 하고, 그러한 증거로서 무력도발, 테러사건 등을 예시하고 있다. 북한이라는 현실적인 적으로부터 공격의 대상이 되고 체제전복의 시도가 상시적이라고 한다. 그러한 인식을 하는 사람들도 있는 것이 사실이지만, 이러한 인식이 과연 객관적이고 냉철한 현실인식에 기초한 것인지는 의문이다. 남북한 간의 화해와 협력을 위한 노력이나 국제정세의 변화, 경제력과 군사력의 차이 등에 대해서는 언급하지 않은 채 여전히 냉전시대의 인식과 논리를 그대로 펼치는 것은 이 결정의 전제 자체에 대해 근본적 문제가 제기될 수 있음을 보여 준다. 빨간색 렌즈를 끼운 색안경을 쓰고 보면 세상이 붉게 보인다. 이처럼 법정의견은 전제 자체가 문제를 가지고 있다. 재판관들이 가진 관점에서 그렇게 보일 수 있다고 해도 이를 다르게 보는 관점이 있다면 이 부분에 대해서도 충분히 고려했어야 한다.

증거법칙이 무시된 사실 인정

헌법재판소가 범하고 있는 결정적인 문제는, 정당의 목적과 활동이 민주적 기본질서에 위배된다는 결론을 내리는 기초가 되는 사실관계의 인정에서 증거법칙이 무시되고 있다는 것이다. 굳이 형사소송에서 요구되는 증거법칙이 아니더라도 사실 입증은 특별한 사정이 없는 한 경험칙에 비추어 모든 증거를 종합 검토하여 어떠한 사실이 있었다는 점을 시인할 수 있는 고도의 개연성을 증명하는 것이고, 그 판정은 통상인이라면 의심을 품지 않을 정도에 이르러야 한다는 것이 대법원 판례이다.

그럼에도 법정의견에서는 '진정한 목적' 또는 '은폐된 목적'이라는 용어까지 사용하면서 제출된 증거를 이 점에 기초하여 설명하고 있다. 반대의견에서 지적하고 있는 것처럼 '결론적으로 증명되어야 할 것이 참임을 전제하고 있'는 것이다. 통합진보당의 '진정한 목적'을 북한식 사회주의 건설이라고 하고 제시된 단편적 사실을 그 맥락에서 읽어 내고자 하는 것은 통합진보당을 북한식 사회주의를 지향하는 정당이라는 것을 뒷받침하는 확실한 증거가 있어야만 가능한 일이다. 법원에서 이석기 의원 등에 대해 내란음모 혐의에 대해 무죄판결이 내려진 일도 큰 의미를 갖지 못한 것으로 보인다. 헌법재판은 법원의 기본권 침해에 대해 견제하는 기능도 수행하여야 하므로 헌법재판소가 법원의 판결에 반드시 구속되는 것은 아니지만, 헌법재판의 사실인정이 헌법과 법률의 규정을 무시하고 이뤄질 수 있다는 뜻은 아니다. 김영환의 진술에 대해서는 관련 당사자의 반박의 기회조차 부여되지 않았다.

이러한 논리는 남들은 잘 몰라도 나는 안다는 식의 태도에서 비롯된 것이라고 보인다. 이 점에 대해서는 법정의견에 대한 보충의견에도 나타나는데, 두 재판관은 "피청구인 주도세력과 북한의 각종 전술을 간파할 수 있는 능력 없이 그들의 글을 읽고 주장을 이해한다는 것은 그들의 함정에 빠지기 쉬운 위험한 일"이라고 말하고 있다. 이러한 논리는 공안검사의 주장으로서도 법원을 설득하지 못하는 것이다. 아니 법원이 설득될 리가 없는 것이다. 구체적 증거를 제시하는 게 아니라 심정적 주장만 전개하고 있을 뿐이므로. 하지만 헌법재판소 결정에서는 심정心情형법이라 할 주장이 버젓이 법정의견으로 등장하고 있다.

실질적, 구체적, 비례적?

법정의견은 정당해산에는 정당의 목적이나 활동이 우리 사회의 민주적 기본질서에 대하여 실질적인 해악을 끼칠 수 있는 구체적 위험성을 초래하는 경우에 한정하여야 한다고 하고 있다. 일반적 요건으로서 옳다. 그러면서 법정의견은 통합진보당의 목적이나 활동이 민주적 기본질서에 실질적 해악을 끼칠 수 있는 구체적 위험성이 있다는 결론에 이르고 있다. 실질적 해악이나 구체적 위험은 그저 말로만 실질적 해악이 있다고 해서 또는 구체적 위험이 있다고 해서 인정되는 것은 아니다. 피해를 미칠 수 있는 정도가 (매우) 높아야 그 해악이 실질적이라고 할 수 있다. 민주적 기본질서에 대한 실질적 해악이란 민주적 기본질서에 대해 피해를 미칠 수 있는 정도가 클 것을 요하는 것이다. 또한 단순히 있을 수 있는 위험의 인식 이상으로 위험 발생이 현실화할 가능성이 상당한 정도로 존재하여야 구체적 위험이 있다고 할 수 있다.

그러나 헌법재판소가 인정한 사실(이조차 제대로 증명이 된 것이라고 보지 않지만)만으로 도대체 어느 정도로 민주적 기본질서에 실질적 해악이 있을 것인지, 또한 그 위험이 구체적인지를 증명하지 못하고 있다. 이 부분에서도 두 재판관의 보충의견에 나타난 표현을 인용하자면, "아주 작은 싹을 보고도 사태의 흐름을 알고 사태의 실마리를 보고" 그 결과를 알 수 있다는 것일까? 그러나 법정의견에서 말한 실질적 해악이나 구체적 위험이라는 표현이 의미하는 바는 '아주 작은 싹'이나 '사태의 실마리'만으로 해악이나 위험을 말해서는 안 된다는 것이고 구체적 증거에 의하여 정당해산이라는 국가의 개입에 의하여 해결되지 않으면 안 되는 정도의 해악과 위험이 있어야 한다는 것이다.

또한 법정의견에서는 피청구인의 '북한식 사회주의 체제로 가려는 주장은 반헌법적인 것이고 인류보편의 가치를 거스르는 시대역행적 현상'이며 '시대착오적'이라고 하고 있다. 다수가 보기에 시대역행적 행태라고 보거나 시대착오적이라 하는 주장이 어찌 민주적 기본질서에 대한 실질적 해악을 끼칠 구체적 위험이 있겠는가? 여기서 실질적 해악을 끼칠 구체적 위험을 감지하는 사람은 일반적인 사람보다 천배는 예민한 촉수를 갖고 있지 않으면 안 될 것이다. 법정의견을 집필한 재판관도 그렇게 예민하지는 않은지 나치당과 같은 일이 "향후에 다시 결코 발생하지 않을 일이라고 단언할 수도 없다."라고 한 것을 보면, 스스로 그러한 위험이 그렇게 크지 않음을 인식하고 있는 것이라 할 수 있다. '결코' '발생하지 않을 일이라고' '단언할 수 없다'는 것이니, 최소한의 발생 가능성은 배제할 수 없다는 정도의 뜻이 아닌가? 이게 추상적 위험이 아니고 뭘까? 시대착오적 또는 시대역행적 현상이나 주장은 말뜻 자체가 스스로 정당의 문제가 정리될 것이므로 굳이 국가가 개입하지 않아도 된다는 것이니 비례원칙에 따라 판단하면 해산은 과도한 것이 아니겠는가?

또한 비례원칙을 말하면서도 도대체 뭐가 비례적이라고 심사한 것인지 알 수 없다. 심지어 "이 헌법의 근본가치를 무력화 혹은 약화시키려는 세력에 대해서는 그 위험성을 섬세하게 감지할 수밖에 없다."라는 것은 사실상 말만 비례원칙에 의한 심사를 할 뿐 전혀 객관적 기준에 의하여 비례원칙에 의한 심사를 하지 않음을 보여 준다. 나아가 법정의견에서는 '정면으로 반한다'느니 '명백하다'느니 하고 있지만 이 또한 화려한 수사에 불과할 뿐이다. 정면으로 반하다고 하기에 충분한 근거가 제시되었다고 보기 어렵고, 합리적 의심을 배제할 정도의 증명이 되었다고 보기도 어려워 명백하지도 않다.

피청구인 주도세력의 행위가 피청구인의 행위인가?

법정의견은 "그 정당에 속한 유력한 정치인의 지위에서 행한 활동으로서 정당과 밀접하게 관련되어 있는 행위들은 정당의 활동이 될 수도 있을 것"이라고 하고, '정당에 속한 개인이나 단체의 활동'도 '활동을 한 개인이나 단체의 지위 등에 비추어 볼 때 정당이 그러한 활동을 할 권한을 부여하거나 그 활동을 독려하였는지 여부, 설령 그러한 권한의 부여 등이 없었다 하더라도 사후에 그 활동을 적극적으로 옹호하는 등 그 활동을 사실상 정당의 활동으로 추인한 것과 같다고 볼 수 있는 사정이 있는지 여부, 혹은 사전에 그 정당이 그러한 활동의 계획을 알았더라도 이를 정당 차원에서 지원하고 지지했을 것이라고 가정적으로 판단할 수 있는 사정이 있는지 여부 등'을 구체적으로 살펴 전체적이고 종합적으로 판단하여야 한다고 하고 있다. 물론 정당 대표나 주요 관계자의 행위라 하더라도 개인적 차원의 행위는 정당의 활동으로 보지 않는다는 점도 친절하게 지적하고 있다.

이를 바탕으로 피청구인 주도세력의 강령상 목표가 폭력에 의한 진보적 민주주의 실현, 최종적으로 사회주의 실현이며, 이석기 등 내란 관련 사건에서 수령론과 선군사상 찬양발언이 있었음에도 이들을 당에서 제명하는 등 적극적인 차별화조치를 취하지 않으며, 오히려 당조직을 투쟁본부로 전환하고 전당적 차원에서 이들을 옹호하고 정부를 비난하고 있으며, 피청구인주도세력이 피청구인을 장악하고 있으므로 결국 피청구인주도세력의 목적과 활동은 피청구인의 목적과 활동으로 볼 수 있다고 한다.

그러나 이러한 논증은 헌법재판소가 개최한 세계헌법재판회의의 실질적 주체인 베니스위원회의 정당해산에 관한 지침에도 어긋난다. 베니스위원회 지침 가운데 하나는 "정치적/공적 활동 및 정당활동의 영역에서 정당에 의해 권한을 부여받지 않은 구성원들의 개별적 행위에 대하여 전체로서의 정당에 대해 그 책임을 물어서는 아니 된다."라는 것이다. 그 권한의 부여는 객관적 근거에 의하여 뒷받침되어야 한다. 법정의견에서는 "그 정당에 속한 유력한 정치인의 지위에서 행한 활동으로서 정당과 밀접하게 관련되어 있는 행위들은 정당의 활동이 될 수도 있을 것"이라고 하여 유력 정치인이 정당으로부터 권한을 부여받지 않았다고 해도 정당과 밀접하게 관련되어 하는 행위는 "사후에 그 활동을 적극적으로 옹호하는 등 그 활동을 사실상 정당의 활동으로 추인한 것과 같다고 볼 수 있는 사정이 있는지" 또는 "사전에 그 정당이 그러한 활동의 계획을 알았더라도 이를 정당 차원에서 지원하고 지지했을 것이라고 가정적으로 판단할 수 있는 사정이 있는지"에 따라 정당의 행위가 될 수 있다고 하여 정당으로부터 권한을 부여받지 않은 개별당원의 행위도 추후 정당의 사실상의 행태에 따라 정당의 행위가 될 수 있는 여지를 확대하여 정당의 해산가능성을 높이고 있다.

더구나 정당이 권한을 부여하려는 의도에서가 아니라 당원에 대한 보호 또는 다툼이 있는 범죄사실에 관하여 무죄추정의 원칙에 따라 이를 정치적 탄압으로 규정하고 정부에 대하여 반대하는 조직을 결성할 경우, 이를 이유로 일부 당원의 행위를 정당의 행위로 규정하는 것은 정당 당원의 행위를 정당의 행위로 확대하는 시도의 매우 나쁜 결과라 할 수 있다. (유력한) 당원이 일정한 범죄 혐의로 기소되면 무죄추정의 원칙과 상관 없이 제명하거나 방관하지 않고 당 차원에서 조력을 한다면 그 당원의 행위가 유죄로 확정되었을 경우 당원의 그러한 행위를 정당의 행위로 볼 수 있다는 것인가? 이석기 의원 등이 통합진보당의 주도세력이라고 하기도 어렵고 또 이들이 정당 전체의 의사를 대표한다고 보기도 어렵다. 이러한 결과를 막고자 한 것이 베니스위원회 지침의 제정 목적이라고 한다면 헌법재판소 법정의견은 이러한 베니스위원회 지침에 위배되는 논리를 담고 있다.

참으로 순진한 믿음인가

헌법재판소는 북한식 사회주의 이념을 추구하는 통합진보당이 다원적 세계관에 입각한 우리 민주헌정에서 보호될 수 없음을 선언한 것일 뿐 민주주의의 후퇴나 진보정당의 활동이 위축될 것이라는 우려를 일축하고 있다. 오히려 북한식 사회주의 이념이 우리의 정치영역에서 배제됨으로써 그러한 이념을 지향하지 않는 진보정당들이 이 땅에서 성장할 수 있는 계기가 될 수 있으리라 믿는다고 하고 있다. 참으로 순진한 믿음이라고 해야 할 것이다.

한국사회의 문제를 근본적으로 해결하고자 하는 진보정당에서 또는 어떠한 정당이라도 북한과 관련된 의제를 논의하고 방안을 제시하지 않을 수 없는 일이고 보면, 일단 통합진보당이 해산되는 경우 특히 진보정당의 강령이나 정책이 북한과 같은지 또는 유사한지, 해산된 통합진보당의 대체정당은 아닌지 하는 논의가 일어나지 않을 수가 없을 것이기 때문이다. 이것은 진보정당의 활동을 얽어매는 족쇄처럼 작용할 것이고 진보정당은 이러한 혐의를 피하기 위하여 불필요한 수고를 감내해야 할 것이다. 진정으로 진보정당이 성장할 토양을 생각했다면 한국사회의 이념갈등을 내세운 냉전논리를 비판하고 이에 바탕을 둔 판단을 보여 줬어야 할 것이다.

법의 왜곡: 항의집회가 왜 해산된 정당의 목적을 달성하기 위한 집회인가?

헌법재판소는 아울러 정당해산으로 인하여 초래될 소모적인 이념논쟁을 우려하고 있다. "과거에 통합진보당 주도세력과 무관했던 피청구인의 일반당원 및 경우에 따라 피청구인과 우호적 관계를 맺기도 했던 다른 정당들에 대한 사회적 낙인과 이념 공세는 있어서는 안 될 것"이라고 하고 있긴 하지만, 통합진보당으로부터 권한을 부여받지도 않은 당원의 행위를 유력한 정치인이라거나 이들의 행위에 대한 정당의 지지 또는 조력 등으로 보아 이를 정당의 활동으로 보는 논리를 내세우는 헌법재판소라면 통합진보당의 활동과 관련된 다른 정당에 대한 비난이나 공격을 뭐라 할 것도 아니다. 당장 정당해산결정 이후 통합진보당 당원에 대한 고발이 이뤄지고 있고, 결정을 집행하여야 할 법무부는 해산결정 항의집회를 불법으로 규정하는 등 집회 및 시위에 관한 법률 관련조항을 곡해하고 있지 않는가? 집회 및 시위에 관한 법률 제5조 제1항에서는 "헌법재판소의 결정에 따라 해산된 정당의 목적을 달성하기 위한 집회 또는 시위"를 주최하여서는 아니 된다고 하고, 이러한 집회나 시위를 "선전하거나 선동하여서는 아니 된다."라고 하지만, 헌법재판소의 결정에 항의하고 억울한 처지를 시민에게 알리는 것이 왜 해산된 정당의 목적을 달성하기 위한 집회나 시위란 말인가? 집회와 시위를 금지하려면 그 목적이 헌법재판소가 위헌으로 결정한 부분과 관련되는 데 한정하는 것으로 해석해야 하는 것 아닌가?

책임지지 않는 정치인들: 헌법재판관

헌법재판소는 정치적 사법기관이라고들 한다. 정치적 사안에 대해 다양한 정치적 요소까지 고려하여 결정을 하기 때문이다. 헌법재판규범은 헌법이고 본질은 사법작용이라고 하지만, 헌법재판관의 관점과 견해의 다양성, 가치관이나 종교관, 선입견 또는 편견까지 작용하여 결정이 이뤄진다. 모든 사람이 영향을 받을 수밖에 없는 시대적 한계도 벗어나기 힘들다. 아무리 중립적이고 보편타당한 헌법해석을 한다고 해도 부인할 수 없는 한계이다. 그렇기에 법정의견에서 말하듯이 "정당의 이념을 우리 사회의 정치적 공론의 장에서 영구적으로 추방하는" 것이라면 스스로 가지는 논리의 모순과 인식의 한계에 대해 진지하게 성찰하여야 한다. 미국의 예를 들자면, '여자는 집안일이나 하는 게 타고난 사명'이라고 하면서 여성의 변호사 등록을 거부한 변호사협회의 결정이 헌법에 위반되지 않는다고 했던 어느 대법원 판사의 보충의견은 최악의 판결의 하나로 꼽힌다. 또한 흑인과 백인의 구별을 당연시했던 시대에 우리 헌법은 피부색에 무관심하다(color-blind)고 했던 단 한 명의 대법원판사가 기술한 소수의견은 50여 년이 지난 후 전원일치로 판례 변경을 가져왔다.

시민이 참여하는 헌법재판을

재판관들은 임명과정에서 간신히 국민의 대표기관의 선출이나 동의를 거칠 뿐이다. 물론 대법원장이 지명한 재판관의 경우는 국회의 청문회도 형식적이니 거의 대법원장에 의한 승진 또는 전보발령이나 다름없다. 이들의 결정에 대해서는 책임을 물을 방법이 마땅치 않다. 결정의 내용만으로 탄핵소추하기에는 어려움이 있다. 탄핵심판을 하니 재판관 탄핵결정은 사실상 기대하기 어렵다. 그만큼 책임지지 않으면서 중대한 정치적 결정을 하는 게 헌법재판관이다. 이러한 헌법재판관으로 구성된 헌법재판소는 점차 그 위험성이 노골화되고 있다. 대통령 탄핵심판이나 관습헌법결정이 대표적이다. 재판관들의 정치적 성향도 아예 노골적으로 드러난다. 그게 솔직한 것인지도 모른다. 그러기에 이제 헌법재판관의 임명제도를 바꿔야 한다. 다양성과 함께 예민한 인권감수성을 갖춘 시민이 참여할 수 있는 길을 열어야 한다. 헌법재판이 법률가 또는 학자들만의 전유물에 머물러서는 안 된다. 그마저 되지 않는다면 헌법재판소 폐지도 진지하게 고려하여야 한다.

민주공화국은 어디로 갈 것인가?

헌법재판소는 이 결정으로 인하여 초래될 소모적 이념논쟁이나 사회적 낙인찍기를 우려하고 있지만, 결정의 내용으로 보아 이러한 말은 사회적 파장으로 인한 비난을 회피하기 위한 언사에 불과하다고 생각된다. 이미 사회적 낙인찍기와 매카시즘McCarthyism의 바람이 불기 시작했는데, 이것을 몇 마디 걱정스러운 말로 막을 수 있다고 생각했던 것일까?

이 정당해산결정으로 인하여 다양성과 관용에 기초를 둔 민주주의는 중대한 위기를 맞이하였다. 이제 건드려서는 안 되는 금기를 만들었으니 이 금기는 모든 정치적 활동을 제약하는 굴레로 작용할 것이다. 이를 핑계로 국가의 정당에 대한 개입 또는 사회단체에 대한 감시와 개입마저 이뤄질지 모른다. 정당해산에 항의하는 집회도 해산된 정당의 목적을 달성하기 위한 것이라고 해석해서 금지하려는 판이니 이후 우리 민주공화국에서는 어떤 일이 펼쳐질 것인가?

이른바 '합헌적 법률해석'에 대해

법률의 헌법합치적 해석

헌법은 최고규범이다. 그러기에 법률은 헌법에 합치해야 한다. 헌법에 위반되는 법률이나 명령 등은 효력을 가질 수 없다. 그러나 법률에 위헌적 요소가 있다 해도 이를 이유로 법률 또는 법률조항 전부를 무효로 하는 것은 법률의 공백을 초래하므로 위헌성을 가진 법률조항 전부의 효력을 상실시키기보다는 위헌적 부분만 배제하자는, 즉 법률조항을 합헌적으로 해석하여 입법권을 존중하고 법률의 공백상태를 피하자는 법률해석의 방법이 등장한다. 합헌적 법률해석이다. 타당하고 적절하다고 할 수 있다.

합헌적 법률해석의 위험성

하지만 합헌적 법률해석이 널리 채택되는 것은 조심스럽다. 본래 법률은 국회에서 만든 그대로 해석되고 적용되고 집행되어야 하기 때문이다. 법률에서 사용하는 단어나 문구는 이를 해석하는 법관 등이 보기에 마땅치 않아도 그 의미 그대로 해석되어야 한다. 그것이 권력분립주의가 말하는 바다. 물론 누가 봐도 위헌적 내용을 가진 법률조항이라고 할 수 있는 경우 법원이 합헌적 법률해석을 통하여 법률의 위헌성을 제거하는 것을 마냥 비난할 수는 없을 것이다. 법원도 일정한 헌법적 판단을 할 수 있고 헌법재판소를 거치는 것보다 위헌성을 빨리 그리고 적절하게 제거할 수 있기 때문이다. 그러나 법관이 편협하게 자의적으로 위헌성을 인정하는 경우 이른바 합헌적 법률해석이라는 이름의 행위는 법률의 왜곡과 자의적 개폐까지 초래하게 된다. 특히 헌법적으로 다양한 결론이 가능한 사안에 대해 특정한 결론만이 합헌적이라는 견해를 가지는 법관이 합헌적 법률해석이라는 걸 하는 경우 매우 위험하다.

법률의 합헌적 해석의 결과가 양극으로 갈리다니

임시이사로 구성된 학교법인의 임시이사회가 정이사를 선임할 권한이 없다고 해석하는 것이 합헌적 법률해석이라고 하고 임시이사가 정이사를 선임한 것이 위헌적 상태를 초래했다고 한 판결(대법원 2007. 5. 17. 선고 2006다19054 전원합의체 판결)은 합헌적 법률해석의 문제점을 그대로 드러낸다. 특히 한 대법관은 기상천외의 얘길 한다. "학교법인에는 적지 않은, 때로는 막대한 기본재산이 있게 마련인데, 임시이사가 정식이사를 선임함으로써 사학의 운영 주체가 변경되는 것은 그 재산의 귀속 주체에 실질적인 변경이 있는 것이나 마찬가지로서 재산권 침해의 문제도 야기된다. 물론 그 기본재산은 개인의 재산이 아니라 학교법인의 소유로서 공적인 성격의 재산임에 다언을 요하지 아니하지만, …… 비록 그 재산의 소유자가 형식상 동일한 학교법인이라 하여도 실질적으로는 귀속주체가 달라진 것에 다름없다 할 것이니, 이러한 결과는 결국 헌법 제23조가 보장하는 재산권에 관한 침해로서 허용되어서는 아니 되는 것이다." 그의 이름은 양승태다. 이 판결의 결과 사학비리의 대명사라 할 수 있는 김문기 일당이 학교법인을 다시 장악하게 되었다. 그리고 이들을 다시 몰아내는 데 10년이 더 걸렸다.

집단행위를 해서 무죄판결을 받기까지는

"공무원은 노동운동이나 그 밖에 공무 외의 일을 위한 집단 행위를 하여서는 아니 된다."라는 국가공무원법 제66조 제1항 본문을 둘러싼 합헌적 법률해석의 실상도 기가 찬다. 이를 위반할 경우 형사처벌을 받으니 '공무 외의 일을 위한 집단행위'라는 표현은 매우 포괄적이고 광범위하여 위헌성을 가진 것이다. 이 구절을 법원은 '공익에 반하는 목적을 위한 행위로서 직무전념의무를 해태하는 등의 영향을 가져오는 집단적 행위'라고 해석한다. 그것이 헌법 제21조 제1항, 공무원 및 교원에게 요구되는 헌법상의 의무에 부합한다는 것이다. 그런데 헌법재판소는 "법원도 위 법률조항을 해석·적용함에 있어" "'공익에 반하는 목적을 위하여 직무전념의무를 해태하는 등의 영향을 가져오는 집단적 행위'라고 한정하여 해석하고 있는 터이므로 우리 재판소도 …… 이러한 사정을 되도록 존중하여야 할 것"이라고 하고 있다. 법원이 그렇게 해석하고 있으니 명확성 원칙에 위반되지 않는다는 것이다. 그래서 이 조항은 법원과 헌법재판소의 해석을 통해서만 축소될 뿐 문언은 그대로 존속하게 된다. 공무원은 징계와 수사를 받고 법원까지 가야 비로소 구제된다. 합헌적 법률해석이라는 게 법률조항의 위헌성을 방치하는 교묘한 구실이 되는 것이다.

헌법개정은 정말 필요한가?

개헌이 뭐길래

개헌논의가 펼쳐지고 있다. 문희상 국회의장을 비롯한 정치인이 헌법개정의 필요성을 제기하였을 뿐만 아니라 여러 정치인과 사회단체에서도 이 문제를 공론화하고 있다. 2018년에는 문재인 대통령이 개정안을 제안한 바 있다. 개헌논의에서 초점이 되는 것은 무엇보다도 대통령제와 임기 문제이다. 대통령에게 막강한 권한이 집중되어 있으니 이를 분산시키기 위하여 의원내각제나 이원정부제로 바꿔야 한다고 하고, 또 대통령 5년 단임제를 4년 중임제로 변경해야 한다고 하기도 한다. 의회와 행정부 사이의 관계를 중심으로 대통령제, 의원내각제, 이원정부제 정부형태를 분류할 때, 두 기관 사이의 구성과 존속의 독립성이 바탕이 된 것이 대통령제, 상호의존성이 바탕이 된 것이 의원내각제라고 할 수 있다. 그 결과 대통령제에서는 두 기관의 선거가 따로 실시되고 임기가 보장되며, 의회의 대통령 불신임권이나 대통령의 의회해산권이 부정된다. 반면, 의원내각제는 의회를 구성하고 그 결과에 따라 행정부가 구성되며 의회의 행정부 불신임권이나 수상의 의회해산권 등이 인정된다. 정부의 법률안제출권, 각료의 의회 출석·발언권 등에서도 서로 차이가 있다. 이원정부제는 행정부를 실질적 권한을 가지는 대통령과 이원화하여 대통령제의 권력집중을 일부 완화하고자 하는 구상이 반영된 정부형태이다. 지난 2007년에는 노무현 당시 대통령이 대통령의 임기를 4년 연임連任제*로 하고 국회와 대통령의 임기를 일치시키는 내용의 구상을 밝혔으며, 이를 구체화한 시안을 둘러싸고 숱한 논쟁을 일으키기도 했다. 논의가 정부형태에 집중되는 이유는, 그것이 가지는 중요성 때문이기도 하지만 특히 그것이 내년에 실시되는 대통령 선거를 앞두고 정당이나 정파 사이에 정치적 협상을 위한 카드로 사용되는 측면도 있기 때문인 것으로 보인다.

그러나 과연 정부형태의 변경을 중심으로 헌법을 개정하는 것이 지금 우리가 겪고 있는 수많은 정치적 문제를 해결하는 데 얼마나 도움이 될까? 대통령에게 집중된 권력을 분산시키는 것은 오로지 다른 정부형태로 바꿔야만 가능한가? 대통령의 임기는 5년 단임單任보다 4년 중임重任이 더 나을까? 소수정파의 국회진출은 의원내각제에서라야 가능할까? 헌법을 개정하려고 한다면 정말 손을 봐야 할 부분은 무엇일까? 우리 앞에 있는 많은 정치적 문제의 원인이 헌법에 있는 것이 아니라면 헌법개정을 통하여 문제를 해결하려는 시도는 헛될 수밖에 없는 것 아닐까? 헌법이 인권보장을 위한 규범이라면 그 개정은 인권보장에 기여하는 것이 되어야 하지 않는가? 개헌문제를 앞에 두면 이러한 의문이 떠나지 않는다.

---

* 중임제는 임기의 계속 여부와 관계없이 그 직을 거듭 수행하는 것이며, 연임제는 그 직을 연속하여 거듭 수행하는 것을 말한다. 중임제의 경우도 그렇지만, 특히 연임제는 그 직무수행의 계속으로 인한 권력의 집중의 문제 때문에 그 회수를 제한하는 것이 일반적이다. 현재 지방자치단체장의 경우 계속 재임은 3기로 제한되며(지방자치법 제95조), 흔히 삼선三選개헌이라고 불리는 1969년 개정헌법의 경우도 대통령의 계속 재임을 3기에 한정하고 있다. 그러나 계속 재임만 제한할 뿐 중임의 제한은 없다는 점에서 대통령이 3선까지만 가능한 것은 아니었다(같은 헌법 제69조 제3항).

정말 문제의 원인이 헌법에 있는가

우리 대통령제가 권력집중적이기 때문에 이를 바꿔야 한다고 주장한다. 맞는 말이다. 대통령제는 의원내각제나 이원정부제에 비하여 정부의 수반인 대통령의 권한이 상대적으로 강하다. 그렇기에 대통령에 상응하여 강력한 권한을 가지고 그 기능을 하는 의회가 이를 견제하여야 한다. 의회의 견제기능이 작동하지 않는 대통령제의 폐해는 우리가 직접 목도하고 있는 바와 같다. 본래 대통령제는 몇 가지 조건이 담보되지 않으면 대통령이 왕이나 다를 바 없게 된다. 대통령제를 가능하게 하는 것은 그 제도가 국민주권주의에 바탕을 두고 주기적으로 실시되는 민주적 선거에 의하여 대통령이 선출되어야 하며 의회와 법원에 의한 적절한 통제가 이뤄져야 한다는 것이다. 대체로 신생독립국에서 대통령제가 실패하는 이유는 오랜 식민지 경험을 통하여 국민주권주의나 민주주의 의식이 형성 또는 성장하지 않은 상태이고 카리스마를 가진 지도자가 대통령이 되어 의회나 법원에 의한 통제가 잘 이뤄지지 않기 때문이다.

그러나 정부형태를 다른 것으로 바꾼다고 하여 다른 정부형태의 장점이 부각될 것으로 단정할 수는 없다. 대통령제 정부형태의 단점도 그냥 나오는 것이 아니듯이 다른 정부형태가 가지는 장점도 제도만 택하면 당연히 나오는 것이 아니기 때문이다. 우리 현실에서 대통령이 막강한 권력을 가지는 것은 단지 제도가 대통령제이기 때문만은 아니다. 대통령이 정보기관과 법집행기관의 정점에 있는 검찰권을 장악하고, 나아가 자신을 지지하는 정당도 휘어잡고 있기 때문이다. 대통령을 지지하는 정당이 의회의 다수를 점하고 정부의 정책을 충실하게 뒷받침하는 의정활동을 하면서 이성적 토론에 기초하여 합리적 결론을 도출한다는 의회주의의 이상도 몰락한다. 정당이 철저하게 민주적인 운영과 활동을 바탕으로 다원적인 구조를 가지지 않으면 대통령제에서건 의원내각제에서건 의회가 정부를 견제할 리는 만무하다. 오로지 여당은 무조건 대통령 지지, 야당은 무조건 반대의 결론만 나오는 게 아닐까? 이러한 정당에서 공직선거후보자를 민주적 절차에 따라 추천하기도 쉽지 않다. 이러한 현실이 펼쳐지면 의원내각제나 이원정부제라 하여 대통령제에서 발생하는 문제가 해소된다고 기대할 수도 없을 것이다.

정부형태를 대통령제 아닌 다른 무엇으로 바꾼다고 하여 다양한 정치세력이 국회에 진출한다고 보장할 수도 없다. 국회의원 선거제도를 소선거구제로 할 경우 어떤 정부형태이건 상관없이 거대 정당에게만 유리할 뿐이다. 다양한 정치세력이 의회에 진출하는 것은 정부형태의 변화 없이도 비례대표제를 확대하는 등 공직선거법의 선거제도를 바꾸면 당장이라도 가능한 일이다. 선거구, 비례대표제와 선거에 관한 사항은 국회에서 법률로 정할 수 있도록 되어 있다(헌법 제41조 제1항). 지금 국회에서 할 수 있는 일을 못 하면서(또는 안 하면서) 헌법만 개정되면 모든 걸 다 할 수 있을까? 정말 우리 정치문제의 원인이 헌법에 있는가?

2007년에 노무현 당시 대통령과 2018년 문재인 대통령이 구상한 방안(대통령 임기 4년 연임제, 국회의원과 대통령의 임기 일치)도 쉽게 수긍하기 어렵다. 단임제가 유능한 정치인의 계속 복무를 막고 또 책임을 묻는 기회를 배제하기 때문에 유능한 대통령이 재차 임기를 수행할 수 있도록 하는 것은 좋다. 그러나 왜 연임만이 가능한가? 대통령직을 거듭 수행하여도 무방하다면 꼭 연속으로 하여야 하고 임기의 단절이 있으면 왜 안 되는가? 유능함이나 옳음이 나중에야 인정된다면 임기가 단절되더라도 대통령직을 다시 수행할 수 있어야 할 것이니 오로지 임기의 단절 없이 연임만 가능하도록 하는 것은 지나치게 작위적이다. 대통령의 권력남용을 방지하기 위하여 임기를 4년으로 단축하고 현직 대통령에 대해 책임을 물을 기회를 가지기 위하여 연임제를 택한다고 하지만, 현직 대통령이 가지는 선거에서의 압도적 우위를 생각하면 이 제도는 8년 단임제로 흐를 가능성도 적지 않다.

국회의원과 대통령의 임기를 일치시킨다는 구상은 더 문제다. 반드시 그렇게 된다고 단정하기는 어렵지만, 두 선거가 동시 또는 비슷한 시기에 실시될 경우 의회와 행정부가 동질적으로 구성되기 쉽다. 이는 우리 정당의 행태를 생각할 때 대통령의 권한행사에 대한 의회 견제기능의 실종으로 이어질 가능성이 크다. 대통령제에서 대통령의 권한이 큰 만큼 의회의 견제기능도 강화되어야 하는데 이 제도에서는 그러한 의회의 모습을 찾기 더 어려워질지 모르겠다. 더구나 이 제도를 구상한 것이 국회와 대통령의 동질적 구성을 추구하려는 것이라니 더욱 문제이다.

문제 해결의 열쇠는 디테일에 있다

세상의 문제를 모두 하느님께 맡기고 다 그분의 뜻으로 여기며 사는 것도 지혜로운 일이다. 그러나 사람의 탓으로 생긴 문제나 사람이 풀 수 있는 것마저 하늘에서 풀어 줄 때까지 기다리는 것을 지혜롭다고 할 수는 없다. 우리가 겪는 현실적인 문제 가운데는 헌법 탓으로 생기는 것도 적지 않지만 대부분의 문제는 헌법보다는 법률 또는 정치의 관행이나 현실 때문에 생긴다. 극단적으로 비유하자면, 집안일이 잘

안 풀린다고 하여 그것이 가훈 탓은 아닌 것이다.

어쩌면 우리 정치에서 겪고 있는 많은 문제의 원인은 법률에 있다. 거대 정당에 훨씬 유리한 선거제도와 정치자금제도, 중앙선거관리위원회의 편향성과 권한남용을 초래하는 애매모호한 공직선거법 규정들, 대통령의 권력을 뒷받침하는 정보기관과 검찰, 비민주적인 정당의 공직선거 추천제도 등의 문제는 국회에서 법률을 개정하면 문제 해결의 큰 줄기는 잡을 수 있지 않을까? 이러한 시도조차 제대로 하지 못하는 형편에서 과연 정부형태만 바꾼다고 자연스럽게 문제가 풀릴까? 공직선거법, 정당법이나 정치자금법, 검찰청법, 국가정보원법 등을 개정하는 것은 국회의 몫이며 국회가 할 수 있는 일이기도 하다. 그러나 국회는 그러한 노력을 충분히 기울이지 않고 있다. 국회의원선거구 획정에서도 현재의 정치세력의 판도를 근본적으로 변화시키려 하지 않고, 도대체 무엇이 허용되고 금지되는지를 법률의 문언만 보아서는 알 수 없는 공직선거법의 규정도 방치하고 있다. 현직 국회의원이나 정치인에게 압도적으로 유리한 선거운동 제한 규정도 개정하려 하지 않는다. 검찰이 권력을 가지고 있느냐 여부에 따라 법적용을 달리 하는 것도 검찰 자신의 문제도 있지만 법률규정이 명확하지 않은 것 때문이기도 하다.

헌법보다도 법률이 문제이고 법률의 개정이 헌법의 개정보다 더 중요하고 문제 해결에 도움이 되는 것이다. 국회가 할 일이 많은데 그걸 제대로 하지 않고 있다. 2015년에 여야 합의로 국회법 제98조의2를 개정하여, 대통령령 등이 법률의 취지에 반하는 내용을 담은 경우 국회 소관상임위원회가 그 수정을 요구할 수 있는 제도를 마련하고도 대통령이 이를 거부하자 국회는 아무런 대응도 하지 못하였다. 그러면서도 대통령이 거부권을 행사할 것이 뻔히 예상되는 국회법 개정안(세칭 상시청문회법)을 곧 임기가 종료할 시점에서야 의결하였다. 정말 국회가 국회의 권한을 강화하는 방향으로 국회법을 개정할 작정이었으면 임기 종료 전에 절차가 마무리될 수 있도록 입법을 서둘러야 했을 것이다. 정말 국회는 법률을 개정하고자 한 것이었을까?

물론 헌법을 바꾸면 이에 따라 정치도 변화하고 우리가 예상하지 못한 좋은 결과가 있을지도 모른다. 제도마다 장점과 단점이 있으니 장점이 많은 제도가 나을 법도 하다. 그러나 헌법의 개정은 아무 것도 없는 백지상태에서 이것과 저것을 비교하고 조금 더 나은 것을 택하는 문제가 아니다. 오히려 지금 이미 강고하게 자리 잡은 제도의 문제를 해결하고 새로운 제도에서 예상되는 문제가 지금의 문제보다 덜 심각하다고 여길 때 비로소 바꾸는 것을 생각할 수 있는 것이다. 비유하자면, 헌법은 성긴 그물과 같다. 나머지 빈 부분은 법률이나 다른 규범으로 채워야 한다. 빈 곳을 잘 채우려 하지 않고 그물만 바꾸자고 하는 것은 문제의 본말을 혼동한 것이다. 과연 선거제도나 정당제도의 변화 없이 헌법개정만으로 정치의 변화가 가능할까?

정작 개정해야 할 내용은 따로 있다

항간의 헌법개정 논의가 권력구조에 집중되어 있지만, 우리 헌법에서 손을 봐야 할 부분은 다른 곳에도 있다. 사법부의 문제가 대표적이다.

흔히 대통령의 권력집중을 얘기하지만, 대법원장이 법원 조직을 완전히 장악하는 것도 그에 못지않게 중요한 문제이다. 대법원장은 '사법부의 대통령'이라 일컬어도 무방할 것이다. 대법원장은 국회의 동의를 받아 대통령이 임명하는데, 자신을 제외한 대법원 구성원인 대법관 13명을 임명해 달라고 대통령에게 제청할 권한이 있다. 대등한 지위를 가지는 법관으로 구성되는 합의부에서 그 장이 구성원 전원의 임명에 주도권을 가진다면 이렇게 구성된 기관의 구성원이 어떻게 대등하다고 할 수 있으며 어떻게 합의부라 할 수 있겠는가? 이렇게 대법원을 구성하는 것은 세계적으로 그 유례를 찾아보기 힘들다. 이런 임명방식 아래에서는 대법관의 자격을 갖춘 법관이 대법관이 되고자 한다면 대법관 임명의 제청권을 가진 대법원장과 대립하는 경우를 예상하기는 어려울 것이다.

게다가 대법원장은 모든 법관에 대한 인사권도 가지고 있다. 심지어 대법원장은 심지어 국회가 제정한 법률까지 무효로 선언할 수 있는 권한을 가지는 헌법재판소 재판관 3인을 '승진 또는 전보발령'할 수 있다. 헌법 제111조 제3항은 헌법재판관 9인 중 3인은 대법원장이 '지명'하는 자를 대통령이 임명하도록 하고 있다. 국회법 제65조의2 제2항 제3호에서는 대법원장이 지명하는 헌법재판관 후보자에 대해 인사청문회를 실시하도록 하고 있지만, 국회에서 대법원장의 지명이나 대통령의 임명에 동의를 하는 것은 아니다. 대법원장이 헌법재판관 후보자를 지명하는 것은 곧 대통령의 임명으로 이어진다는 점에서 대법원장의 재판관 지명을 '전보 또는 승진 발령'이라고 표현할 수 있을 것이다. 그 결과 법원은 대법원장, 대법관, 법원장, 고등법원 부장판사, 지방법원 합의부 부장판사, 배석판사에 이르는 법관의 서열화와 관료화로 귀결된다.

법원의 현실이 이러하니 대법원장이 어찌 사법부의 대통령이라는 이름이 어울리지 않을까? 이러한 법원의 모습은 결국 각 법관의 독립성을 내부로부터 잠식하게 되고 그 끝은 국민의 권리보호의 문제로 이어지게 된다. 우리 사법부 역사에서 보듯이 수많은 정치적 사건에서 법원은 어떻게 그렇게 일사불란하게 판결을 할 수 있었을까? 왜 정치인들은 대법원장의 권력분산을 말하지 않는가?

물론 어떠한 개헌도 절대적으로 안 된다는 뜻은 아니다. 그러나 헌법을 개정하고자 한다면 그것이 국민의 인권보장에 기여하는 것이어야 하며, 헌법을 개정하여 해결하고자 하는 문제의 원인이 헌법에 있을 때 다른 것을 바꿔서는 목적을 달성할 수 없고 헌법의 개정만이 그 해법인 경우에 한정하여 이뤄져야 한다. 헌법을 개정하려는 것보다 우선 국회가 공직선거법이나 정당법 등 정치관계법을 바꾸고 대통령 견제기능을 제대로 수행해야 한다. 개헌보다 그게 우리 정치를 바꾸는 길이다.

대통령 임기변경과 선거일정 조정만을 위한 개헌은 무모하다

느닷없는 개헌 논의

2007년 노무현 대통령이 느닷없이 개헌 얘기를 꺼냈다. 단순한 화제거리가 아니라, 여론 수렴을 거쳐 헌법개정안을 곧 제안하겠다는 것이었다. 개정하고자 하는 내용은 두 가지였다. 대통령 임기를 4년 중임으로 하고, 국회의원과 대통령의 4년 임기와 그 개시 시점을 일치시키겠다는 것이다. 개헌해야 할 여러 쟁점이 있지만 다른 것은 일단 배제하고 이 두 가지 쟁점에 집중하여 개헌을 추진하겠다는 구상이다. 제안된 헌법개정안은 20일 이상 대통령이 공고하고, 공고된 날로부터 60일 이내에 국회에서 의결된 후 국민투표에 붙여진다. 국회의결 이후 국민투표까지 30일 이내의 시간이 소요되므로 개헌안을 제안하여 90일 이내에 헌법개정이 완료되니 대통령 선거에 결정적인 장애는 되지 않는다고 한다.

대통령의 임기연장 또는 중임변경을 위한 헌법개정은 그 헌법개정 당시의 대통령에 대해서는 효력이 없다(헌법 제128조 제2항)고 하고, 노 대통령에 대한 국민의 지지율도 바닥이므로 노 대통령이 자신의 중임을 위하여 추진하는 것이 아님은 분명하다. (물론 임기연장 또는 중임변경을 위한 헌법개정이 이뤄질 경우, 현행 헌법의 이 조항이 새로운 헌법에도 계속 규정되지 않는 이상 임기연장 또는 중임변경 조항이 개정안 제안 당시의 대통령에 대하여 효력이 있는지에 대해서는 논란이 있을 수 있다.) 이러한 개헌구상은 대통령이 '국민에게 드리는 말씀'에서 말한 바와 같이 새로운 시대정신에 부합하는 규범을 만들고자 하는 의도를 가진 것이라고 할 수 있겠지만, 정국의 주도권을 장악하여 임기 이전에 가시적인 정치적 성과를 내고자 하는 의도도 가진 것으로 보인다.

모든 세대는 자기 세대의 헌법을 만들 권리를 가진다

노 대통령의 말처럼 시대가 변하면 새로운 시대정신에 부합하는 규범을 만드는 것은 필요하다. 그러나 문제는 1987년 헌법이 담고 있는 가치나 정신이 개헌을 얘기할 만큼 변했는가 하는 점이다. 특히 초점은 개헌구상의 핵심으로 얘기되는 대통령 4년 중임과 국회의원 임기와 대통령 임기의 일치를 논의하는 것이 어떠한 시대정신의 변화를 반영한 것인가 하는 점이다. 적어도 이 두 가지 내용의 개헌과 관련해서는 거창하게 시대정신을 얘기할 문제가 아니라 정치권의 필요에 의한 것이라고 하는 것이 더 솔직한 표현일 것이다. 1987년 헌법의 정신과 가치에서 몰아내야 할 정신과 가치는 여전한 군사문화의 잔재와 사법특권을 옹호하는 제도이며, 새로이 헌법에 담아야 할 시대정신과 가치는 더욱 강화된 기본적 인권의 보장이 아닌가?

대통령 임기 5년 단임제

노 대통령은 1987년 개헌과정에서 장기집권을 제도적으로 막고자 마련된 5년 단임제는 이제 그 사명을 다했고, 오늘날 오히려 부작용이 나타나고 있다고 한다. 책임정치를 훼손하고, 국정운영의 일관성과 연속성을 어렵게 한다고 한다. 옳은 지적이다. 국민의 대표를 선출하면서 국정수행능력이나 내용을 묻지 않고 임기를 딱 한 번만 수행하게 하는 것보다 잘하면 더 오래 할 수 있도록 하는 것이 나을 것이라는 점은 누구나 수긍할 수 있을 것이다. 단임제는 지나치게 작위적이라고 비판받을 수 있다. 선진국에서 단임제를 택한 경우도 찾아보기 어렵다. 과거 군부독재에서 이뤄진 장기집권의 가능성도 거의 사라졌다고 볼 수 있다. 유능한 정치인에게 장기적 국가과제를 설정하고 일관되게 국정을 추진할 수 있도록 하려면 중임을 제한하는 제도는 바람직하지 않다. 그런 점에서 4년 중임제는 5년 단임제보다 객관적으로 나은 제도라고 생각한다.

그러나 5년 단임제는 역사적 맥락이 1인 장기집권의 가능성을 차단하려 한 의도를 가진 것이지만 장점이 없는 것은 아니다. 우선 재집권을 염두에 두지 않고 소신 있는 국정의 구상과 운영이 가능할 수 있다는 점이다. 재선을 위한 선거 과정에서 어떤 평가를 받느냐를 의식하지 않고 국정을 운영할 수 있다는 점에서 오히려 책임정치가 가능할 수 있다. 물론 전두환, 노태우의 사례에서 보듯이 무책임정치도 또한 가능하다. 반드시 좋은 것만은 아니겠지만, 새로운 비전을 제시하는 새로운 정치인을 선택할 기회도 많아진다. 모든 제도에는 장점과 단점이 공존한다. 단임제는 반드시 단점만 가진 제도는 아니라는 점이다. 중임제를 주장하는 입장에서 근거로 드는 단임제의 단점은 중임제의 경우에도 근본적으로 다르지 않다. 두 번째 임기에는 단임제와 동일한 문제가 발생하는 것이다. 중요한 것은 제도의 문제가 아니라 운영의 문제라고 생각된다. 또 단임제는 장기적인 국정과제를 일관성 있게 추진하는 데도 문제가 있다고 한다. 그러나 국정운영이 대통령 한 사람에 의해서가 아니라 대통령이 소속된 정당이 차지하는 비중이 늘면 늘수록 정책은 정당 차원에서 구상되고 추진되기 때문에 대통령의 단임에 의해 크게 영향을 받지 않을 수 있다.

국회의원과 대통령의 임기 일치?

국회의원과 대통령의 임기를 일치시키는 구상도 문제가 있다. 이런 주장은 이미 학계에서도 제기된 바 있다. 수시로 치러지는 선거, 여소야대與小野大의 국회에서 겪는 대통령의 괴로움을 모르는 바 아니다. 사회적 갈등이 일상화되고 선거비용도 만만치 않다고 한다. 대통령과 국회의원의 임기와 임기 개시 시기를 일치시키면 문제는 없는가? 이 경우 대부분 여대야소與大野小 정국이 형성될 것이다. 지방자치단체의 장 선거와 의회의원 선거는 언제나 여대야소인 것을 보면 알 수 있다.

의회다수당을 차지한 여당에 의해 뒷받침을 받은 대통령은 국정을 수행하기가 한결 쉬울 것이다.

그러나 여대야소의 정국에서 우리는 어떤 경험을 했던가? 이성적 토론이 실종된 국회, 타협에 의한 합리적 방안의 도출은 포기되고 일방적 관철이나 목숨을 걸었다는 '결사저지'가 다반사 아니었던가? 우리의 의회는 이제 변하였는가? 변화의 조짐은 보이지만 변했다고 하기엔 아직도 멀었다. 이런 현실에서 여대야소 구도는 여당의원들에 의한 대통령 국정운영의 일방적 지지로 나타날 가능성이 높다. 사안에 따라 합리적 대안이 제시되고 이성적 토론이 이뤄지기보다는 자기 정파에 대한 무조건적인 지지와 반대파에 대한 무조건적인 결사저지가 나타날 수 있다. 헌법이 권력분립주의를 택한 근본적 이유가 적절한 견제를 통하여 국민의 기본권보장에 기여하게 하려는 것이라면 이러한 견제와 균형의 원리는 더욱 약화될 수밖에 없는 것은 아닐까?

수시로 이뤄지는 선거는 주기적으로 또는 수시로 국민의 의사가 표출되는 과정이며, 국정운영에 국민의 의사가 반영되는 기회라고 볼 수 있다. 비용이 많이 드는 선거문화를 바꿔 나간다면 사회적 비용의 발생도 굳이 걱정할 것은 아니라고 생각된다. 금권정치가 문제이지, 선거가 자주 있는 것이 문제는 아니다. 4년이라는 오랜 시간이 경과한 뒤에 국회의원총선거와 대통령 선거가 치러진다면 그 과열양상은 상상 이상일 것이다. 4년이라는 시간은 결코 짧지 않다. 미국 연방의 대통령 임기는 4년이지만, 의회 하원의원 임기는 2년, 상원의원은 6년이다. 상원의원은 2년마다 3분의 1씩 개선되어 2년마다 의회선거를 통하여 대통령의 정책수행에 대한 중간평가가 이뤄진다. 수시로 이뤄지는 선거를 좀 더 긍정적인 방향으로 발전시키고 또 생각할 수는 없을까?

대통령 임기를 4년 중임제로 바꾸고, 국회의원과 대통령의 임기를 일치시키는 것은 현재의 제도보다 나은 부분도 있다. 하지만 반드시 그 장점만 나타나고 단점이 나타나지 않으리라고는 장담할 수 없다. 제도를 바꾼다고 현재의 제도가 가진 문제점을 불식한다고 할 수도 없다.

무엇을, 어떻게 개정해야 하나?

개헌은 단순히 문구를 수정하거나 조금 더 나은 제도로 만들고자 하는 단순한 발상에서 이뤄질 것은 아니다. 개헌은 그 대상이 헌법의 중요한 사항에 대한 것이어야 하고, 그 내용을 개정하지 않으면 안 되는 필요성이 있어야 하며, 그 사항에 대한 국민의 합의가 있어야 한다. 이러한 내용으로 개헌을 하는 과정에서는 부수적인 내용의 개헌도 함께 이뤄질 수 있는 것이겠지만, 개헌을 추진하려면 우선은 이러한 중요한 대상과 그 개헌의 필요성이 있어야 할 것이다. 대통령 임기와 선거일정의 조정이 다른 것보다 앞서서 개헌을 해야 할 만큼 그렇게 중요한 의제일까?

정치를 직업으로 하는 사람들에게는 다를지 모르지만, 국민의 기본권보장을 가장 중요하게 생각하는 국민들에게 대통령 임기와 선거일정 조정 등의 문제는 부차적인 것이라고 생각한다. 개헌논의에서 정말 중요한 것은 헌법이 가지는 기본권 제약요소를 찾아내고, 국민이 보다 평화롭고 행복하게 살 수 있는 제도를 확보하는 것이다. 군사문화의 잔재라 할 수 있는 일반국민에 대한 광범위한 군사재판 권한(제27조 제2항), 평등권을 침해하는 군인·군무원 등의 국가배상청구권 제한(제29조 제2항), 법관의 관료화·서열화를 초래하는 법원구성의 방법인 대법원장의 대법관임명제청권(제104조 제2항), 국민의 세금으로 이뤄지는 정당국고보조(제8조 제3항) 등의 조항을 폐지 또는 개정하는 것은 몇 가지 예이다.

국민의 기본권보장에 정말 중요한 조문들의 개정이 없이, 그 장점이 나타난다고 장담할 수 없는 내용만을 위한 개헌이라면, 대통령이 그토록 우려하는 사회적 비용을 생각할 때 별 필요가 없다고 생각된다. 대통령 4년 중임제는 5년 단임제보다는 낫다고 생각한다. 그러나 4년 중임제로 바꾸면 5년 단임제가 나타내는 문제점을 없앨 수 있는가? 과연 다른 것을 미루고 그 내용을 바꿀 현실적인 필요성이 있는가? 좀 더 임기를 계속해서 수행하지 않으면 안된다고 생각할 만한 정치인을 우리는 가졌던가? 단임제가 초래하는 정치왜곡이 그리도 심각한가? 국회와 대통령의 임기를 일치시켜 두 기관을 균질화하는 것이 그리도 필요한가? 오히려 국회의 의정활동의 내용을 바꾸는 게 먼저 필요한 게 아닌가?

우리가 지금 가지고 있는 헌법은 여러 문제점들이 있지만, 그래도 잘 손질하고 적절하게 메꾸면 우리 시대의 삶을 담아내는 데 큰 문제는 없다. 헌법을 바꾸면 정치가 바뀔 것이라는 안이한 환상은 금물이다. 일반적으로 헌법의 개정은 정치의 변화에 의해 이뤄지는 것이다. 지금 굳이 개헌을 하자면 우선 국민의 기본적 인권의 보장을 먼저 생각하여야 한다. 정치적 계산은 그 다음이다.

대통령제의 조건

승자독식의 제도

선거라는 게 모두를 만족시킬 수 없는 치열한 싸움(?)이어서 일이 끝나고 난 뒤 패자가 느끼는 허탈감이나 분노는 쉽게 가라앉지 않는다. 어쩌면 선거가 끝나고 난 뒤 시민들의 마음을 잘 얻는 것이 정말 필요한 정치가 아닐까 한다.

흔히 대통령제도를 승자독식의 제도라고 한다. 51:49로 이기든 70:30으로 압승을 하든 대통령에 당선된 자가 엄청난 권력을 장악하고 행사하게 된다. 대통령은 말이 대통령이지 선출된 군주의 실질을 가지고 있다. 4년이나 5년마다 국민들의 신임을 얻는 과정을 거쳐 선출된다는 것만 다를 뿐 대통령으로 재임하고 있을 동안 군주가 가질 만한 권력을 행사하는 것이니까. 그래서 과연 대통령제가 군주와 뭐가 다를까 생각되기도 한다. 이 때문에 대통령의 권력을 분산시켜야 한다는 주장도 제기된다. 대통령이 군주와 다르기 위해서는 몇 가지 조건이 충족되어야 한다.

대통령제는 군주제와 무엇이 다른가?

첫째, 대통령은 국민주권주의에 기초한 민주국가에서 가능한 제도이다. 권력의 기초가 국민에게 있고 대통령의 권력 또한 국민으로부터 온다는 것을 인정하는 경우에만 대통령이 대통령일 수 있다. 오랜 기간 동안 왕을 모시고 살아온 국가에서 하루아침에 왕정이 무너지고 대통령제가 채택되더라도 국민들의 의식 속에 대통령을 '나랏님'이나 '임금'과 같이 생각하는 한 대통령은 양복만 입은 임금일 뿐이다.

둘째, 대통령은 자신과 같은 시민 가운데서 민주적 절차에 따라 선출되어 일정한 기간 동안만 대통령으로 봉사하고 임기가 끝나면 다시 자신의 생업으로 복귀하는 존재이다. 장차 왕이 될 왕자로 탄생하여 왕이 되기 위한 교육을 받고 왕이 되면 죽을 때까지 왕으로 사는 것과 다르다. 선거가 부정과 돈의 힘으로 치러지면 어느 시민이 국민들의 신임을 받아 일정한 임기 동안만 직을 수행하는 것은 껍데기에 불과하고 사실상 왕과 같은 지위에 서게 된다.

셋째, 대통령은 국회나 법원에 의하여 그 권한행사에 통제를 받는다. 따라서 국회가 대통령의 영향력 아래 있거나 법원이 제 구실을 하지 못하면 국가의 모든 권력을 한 손에 넣고 못할 게 없는 권력자의 지위에 서게 된다. 과거 유신시대에서처럼 대통령이 국회의원의 3분의 1을 임명하다시피하거나 대통령의 권한행사에 도장이나 찍어 주는 기능밖에 못하는 경우가 대표적인 예라 할 수 있다. 이 당시 법원은 대통령이 저지른 무수한 인권침해에 대해 거의 '정찰제 판결'을 했다는 비아냥을 듣기도 했다. 사건의 내용이나 진실 여부에 불구하고 법원이 거의 예상되는 형량을 선고했다는 뜻이다.

진정으로 대통령이 국민의 자유와 권리를 옹호하는 입헌국가의 기관이기 위해서는 국민이 스스로 국가의 주인이라는 것을 인식하여야 한다. 왕정이 무너지거나 식민지에서 독립한 국가에서 대통령제가 위험하다는 것은 바로 이 때문이다. 국민주권주의나 민주주의에 대한 인식 수준이 낮기 때문이다. 일제시대에 우리가 입은 손해 가운데 하나는 바로 우리가 급변하는 세계 속에서 민주주의를 훈련할 기회를

40년 가까이 갖지 못했다는 것이다.

대통령의 권력을 어떻게 통제할 것인가?

대통령의 권력은 적절하게 통제되어야 한다. 1948년 헌법을 만들 때 대통령제가 가지는 위험을 인식하고 둔 것이 실권을 가지는 국무총리였다. 지금도 국무총리는 국무위원을 임명할 때 제청권을 가지고 있으니 대통령이 이 권한만 존중해 주면 대통령의 권력도 적절하게 제어될 여지는 있다. 물론 대통령이 국무총리를 임명하고 면직까지 시킬 수 있으니 국무총리가 소신껏 일하기는 어렵겠지만. 흔히 책임총리제라고 하는 것이다. 이건 대통령이 스스로 하지 않으면 아무 쓸모가 없고 국회도 대통령이 실력자인 정당으로 연결되어 있으니 국회의 통제도 크게 기대하기 어렵다. 결국 언론과 시민의 단결된 힘밖에 없는 것 아닐까?

오늘 필요한 권력분립론은?

절대권력은 절대적으로 부패한다

권력은 부패한다. 절대권력은 절대적으로 부패한다는 것이 역사의 가르침이다. 절대왕정을 붕괴시키고 수립된 국민주권국가 역시 권력을 구성하면서 이 평범하지만 엄연한 진리 앞에 고심하였다. 어떻게 부패하지 않는 권력을 구성할 것인가? 여기에 선거에 의하여 주기적으로 권력자를 교체하는 것에 더하여 권력의 분립이 등장한다. 권력은 부패하기 마련이니 권력을 통제하려면 권력의 자제에 호소해서는 목적을 달성할 수 없고 이에 상응하는 또 다른 권력으로 견제하여야 하는데 국가권력에 상응하는 권력을 찾을 수 없으니 결국 국가권력을 몇으로 나누고 이들의 담당자를 달리하여 서로 견제하게 함으로써 어느 권력도 남용되지 않도록 하자는 구상이다. 대체로 국가의 기본적 운영방향을 정하는 입법권, 이를 충실하게 집행하는 집행권, 구체적 분쟁사건에 법률을 해석·적용하여 이를 해결하는 사법권 등으로 국가권력을 나누게 된다. 물론 여기에서 중심에 서는 것은 국민에 의하여 대표로 선출된 이들로 구성되는 입법부이다. 입법부가 중심이 되어 국가의 중요한 사항을 논의 결정하고 집행권은 이를 충실하게 집행한다는 것이다. 또한 시민혁명 이전 남용되었던 법관(법복귀족)들의 패악을 견제하기 위하여 법관의 재판은 입법부의 법률을 충실하게 해석·적용하도록 하였다. 기계적으로 권력을 나누고 서로 견제하게 하면 국민의 자유와 권리가 보장될 것으로 기대한 것이다.

집행권의 강화

그러나 이후 복지국가의 이념이 등장하면서 국가기능 가운데 국민에게 일정한 급부를 하는 집행권이 부각되고 여기에 복지에 관한 정보와 전문인력 등이 집중되면서 의회는 오히려 제대로 된 입법기능을 수행하지 못하게 된다. 20세기에 들어서서도 두 차례에 걸친 세계전쟁은 전쟁을 수행하는 집행권을 더욱 키우게 된다. 또한 대중민주주의 시대가 펼쳐지면서 정당의 비중이 증가하게 되었고 한 정당을 통하여 의회와 집행권의 결합이 발생하게 되었다. 여당이라는 것은 집행권의 수장에 속한 정당이니 여당이 다수당이 되면 기계적인 권력분립에서 추구하였던 의회와 집행권의 견제관계가 무의미해지게 된다. 오늘날 보듯이 당정협의라는 것을 통해 정부가 여당과 정책협의를 하고 여기서 결정된 사항을 국회는 그대로 통과시켜 주게 된다. 이런 상황이 되면 권력의 남용을 막기 위한 권력분립의 구상은 상당 부분 훼손되게 된다.

새로운 권력분립의 구상들

여기에서 뭔가 다른 권력분립의 구상을 하게 된다. 의회-행정부-사법부의 기관구분이 아니라 기능중심으로 국가권력을 정책결정권-정책집행권-정책통제권 등으로 나눠 실질적으로 견제가 되어야 한다고 말한다. 여당과 야당의 분립, 심지어는 정치권력과 직업공무원 사이의 분립이 그것이다. 그렇긴 해도 우선 추구하여야 할 것은 의회가 제자리를 찾는 것이다. 의회가 적절한 입법을 할 능력을 갖추고 정부의 권한행사를 통제하여야 한다.

돈의 권력화

그러나 우리가 결코 가볍게 여겨서는 안 되는 부분은 무엇보다 새로운 권력이 등장하고 있다는 점이다. 재벌은 엄청난 돈의 힘을 배경으로 입법, 집행, 사법할 것 없이 전체 제도권력을 조정하고 있는 모습으로 나타난다. 소설가 조정래 선생이 쓴『허수아비춤』이라는 제목의 책에는 돈의 힘이 얼마나 국가권력을 농락하고 있는지를 보여 준다. 몇 년 전 김용철 변호사가 쓴『삼성을 생각한다』라는 제목의 책도 그렇다. 재벌이 고위직 국가공무원들에게 떡값을 돌렸다는 의심을 확신으로 바꿔준 삼성 X파일 사건도 같다. 엄청난 돈을 배경으로 재벌은 언론마저 장악하고 있다.

이러한 상황에서 과연 권력분립원리는 무엇을 말할까? 오늘날 입법-집행-사법의 국가권력은 하나의 거대한 권력이 되어 있고 언론과 재벌이 다른 지점을 차지하고 있는 실정이다. 이런 상황에서 필요한 것은 국가권력이 국민을 위한 것이 되도록 돈을 감시·통제하는 것이다. 돈을 감시하도록 국가권력을 시민권력이 감시하여야 한다.

협치의 조건

협력적 정치

문재인 정부 출범 후 이뤄지는 첫 개각을 앞두고 청와대 대변인이 야당에 대해 협치를 제안하였다. 야당은 한 목소리로 이를 무례한 제안이라고 하면서 반대의 뜻을 밝혔다. 자유한국당도 당연히 반대했지만, 대변인이 자유한국당을 염두에 두고 협치 발언한 것은 아님이 분명하다.

정당이나 정파 사이의 협력적 정치라는 의미의 협치가 이뤄지는 예는 적지 않다. 우선 대통령 선거 과정에서 당선을 위해 정당 간의 협력이 이뤄지는 경우가 있다. 김대중-김종필(DJP) 연합이나 노무현-정몽준 연합(선거 직전 깨졌지만)이 그 예이다. 또한 이번처럼 국회의원 선거에서 어느 정당도 국회 과반수의 의석을 차지하지 못한 경우 국회 안에서 정당 간의 협력은 국회, 나아가 국정의 안정적인 운영을 위하여 필수적이다. 특히 앞으로 국회의원 선거에서 비례대표제가 더욱 강화되면 국회에서 과반의 의석을 차지하는 정당이 등장하는 것은 매우 이례적인 일이 될 수 있다. 그런 점에서 국정의 안정적인 운영을 위하여 다른 정당이나 정파 사이에 협력적 관계를 형성하는 것은 필수적이다. 이제 협치는 시대적 과제가 되고 있다. 국회도 국회의장과 부의장 그리고 상임위원장의 배정에서 일정한 협치의 관행을 가지고 있다. 그게 자주 바뀌어서 관행이라고 하기엔 이르지만.

정치세력 간의 야합일 수도

하지만 말이 좋아 협치이지, 협치라는 게 달리 보면 정당 간의 야합인 경우도 있다. 1990년 3당이 합당하여 민주자유당이라는 거대 정당을 만든 것도 안정적 국정운영을 꾀한다는 미명 아래 이뤄진 협치라고 하겠지만 그 실상은 국민의 뜻을 배반한 것이었다. 국회의 의석분포를 국민의 뜻과 달리 변화시키면서 대표관계를 왜곡시키고, 국민이 의도한 권력통제 구상을 무력화했다. 또한 그 정도까지는 아니더라도 여러 정당 사이에 도대체 어떤 걸 주고 받았는지도 알 수 없고 정책을 어떻게 할 것인지도 알리지 않고 몇 정당이 밀약을 맺고 연합을 하는 일은 협력적 정치라기보다는 반민주적 행태이다. 대표랍시고 선출만 되면 국민이 알지 못하는 영역에서 권력과 이익 배분을 둘러싸고 정당 간에 이합집산이 이뤄지는 것이 민주주의일 수는 없는 것이다. 협치는 대개 내각의 구성에서 장관직의 배분 등의 외형을 가지지만, 마냥 장관만 배정하는 것은 겉치레에 불과하기 쉽다. 다른 정당에서 추천되어 임명된 장관이 정책수립과 수행에 관하여 독자성을 갖지 못한다면 그것은 단순히 자리 나눠먹기가 될 것이기 때문이다.

국민의 동의

협치를 위해서는 우선 이에 관한 국민의 명시적인 또는 묵시적인 동의가 필요할 것이다. 그런 점에서 선거 과정에서 정당의 정책이 명확하게 제시되고 이에 대해 진지하게 검토하는 과정이 필요하다. 선거 후 유사한 공약을 제시했거나 서로 동의할 수 있는 정책 방향을 가진 정당끼리의 연합이 일상화되면 다음 선거를 통해 구성된 국회에서 몇 개의 정당이 연합을 결성하고 국정을 운영할 것이라는 예측도 가능하게 될 것이다. 물론 예상 외의 정당 사이에 연합이 이뤄지는 경우도 배제하진 못한다. 특히 의원내각제의 경우는 더 그러할 것이다. 정당 간의 연합을 위해서는 전국민적 동의는 아니어도 적어도 당해 정당 지지자들의 동의는 필요하다. 정당의 민주적 의사결정이 이를 뒷받침해야 할 것이다.

공식적이고 공개적인 합의가 필요

제대로 된 협치가 이뤄지기 위해 더 중요한 것은 정당 간 연합이 합의의 형태로 공식화되어야 한다는 점이다. 정당 간의 협상을 통하여 정당연합협약이라는 문서를 통하여 어떠한 정책을 시행하기로 합의한 것인지가 확인되어야 하고 이에 따라 정당 간의 담당 부처도 배분될 필요가 있다. 그리고 각 정당의 동의를 얻은 후 협약 내용은 일반국민에게 공시되고 언제라도 열람할 수 있어야 한다. 그래야만 정당 간의 연합이 야합이 아니고 민주주의에서 가능한 정당 간의 협력적 정치행위로 인식될 수 있을 것이다. 독일의 경우에도 인터넷 사이트를 통해 이런 협약문서를 확인할 수 있다. 청와대 대변인의 협치 제안이 좀 더 성숙한 협력적 정치의 사례를 만드는 계기가 되었으면 좋겠는데, 시간이 필요한 이 일을 당장 개각을 앞두고 제안하는 걸 보면 앞의 조건을 갖춘 협치가 되기는 어려워 보인다.

사면은 권력자의 잔치판인가?

경축일을 맞아 특별사면이 단행되는 경우가 많다. 부처님의 은공, 그리스도의 은혜인지 너무나 억울하게(?) 옥살이를 하고 있던 대통령의 측근들이나 유력한 정치인들이 그 혜택을 입는다. 종종 대통령의 사면권을 제한하기 위한 법률개정안이 제출된다.

사면권이란 무엇인가

사면권은 대통령이 형 선고효과의 전부 또는 일부를 소멸시키거나, 형의 선고를 받지 않은 자에 대하여 공소권을 소멸시키는 권한을 말한다. 예를 들면, 6년 징역형을 선고받고 3년간 복역한 자에게 잔형집행면제를 하여 석방하는 것이 사면에 해당한다. 좀 더 넓게 보면, 형의 면제까지는 아니더라도 선고된 형을 감형하거나 박탈 또는 정지된 공법상의 선거권, 피선거권 등을 회복시키는 복권도 포함하여 말하기도 한다. 이러한 사면권은 헌법 제79조에 대통령의 권한으로 규정되어 있다.

보통 중·고등학교에서도 배우는 내용이지만, 사면에는 일반사면과 특별사면이 있다. 일반사면은 특정한 법률 또는 법률조항 위반자 전부에 대하여 행하는 사면이며, 특별사면은 특정인을 대상으로 하여 행하는 사면을 말한다. 특정법률 위반자에 대한 일반사면은 실제 법률의 효력을 변경하는 의미가 있기 때문에 국회의 동의를 받아야 한다. 사면법에서는 일반사면은 죄를 범한 자에 대해서, 특별사면은 형의 선고를 받은 자에 대해서, 복권은 형의 선고로 인하여 법령의 정한 바에 의한 자격이 상실 또는 정지된 자에 대해 행한다고 규정하고 있다. 일반사면은 형의 선고의 효력이 상실되며, 형의 선고를 받지 않은 자에 대해서는 공소권이 상실된다. 특별사면은 형의 집행이 면제된다. 특정인에 대한 감형은 형의 집행을 감경하게 된다. 복권은 형의 선고로 인하여 상실 또는 정지된 자격을 회복하게 한다.

그 동안의 사면에서 나타나는 문제점

대한민국이 건국된 후 지금까지 여러 차례의 사면이 행해졌지만, 두드러지게 나타나는 문제점으로는 다음과 같은 것을 들 수 있다.

첫째, 권력자가 자기 또는 자기측근에 대해 논공행상처럼 사면을 행하여 국가법질서의 정의를 훼손하고 있다는 점이다. 법이란 본래 국민의 의사가 집결된 것으로서 국회에서 제정하면 엄정하게 시행되어야 하는데도 권력자가 이를 위배하고 엄정한 법질서를 침해하는 데 앞장선다는 것이다. 단지 권력자의 관심과 배려의 대상이 되어 법집행을 벗어날 수 있다면, 어떻게 국민들에게 법을 준수하라고 요구할 수 있겠는가? 결국 권력자는 형을 받지 않고 힘없는 자만 형을 받게 된다는 인식이 퍼져 법이라는 것이 정의가 아니라 강자의 지배도구라는 인식을 일으키게 되어 결국 법질서의 엄정한 확립에 반한다고 할 수 있다. 단언하건대, 헌법적 한계를 넘는 사면은 법질서에 대한 부정이라 할 수 있다.

둘째, 특별사면을 하면서도 사실상 일반사면과 다를 바 없이 특정한 범죄 위반자를 폭넓게 사면하는 경우가 많았다. 이를테면 법률은 그대로 둔 채 시국사건 관련자를 대거 사면하는 것은 사실상 특정한 법률을 배제하는 것과 다를 바 없기 때문에 국회의 동의를 받아야 할 사안임에도, 특별사면이라는 형식을 빌려 국회의 동의를 받지 않은 채 행해져 왔다. 물론 시국사건 관련자에 대한 사면이 잘못되었다고 말하는 것은 결코 아니다.

셋째, 사면권은 헌법에 정한 대통령의 권한이기 때문에 헌법적 한계를 가지는데 그 한계를 제대로 지키지 않았다. 사면권이 대통령의 고유권한이라고 하여 사면권행사를 모두 정당하다고 주장하는 입장도 있지만 사면권은 국민주권주의를 바탕으로 하는 헌법상의 제도로서 헌법적 한계를 가지고 있다. 즉 사면권을 행사한다 하더라도 헌법적 한계를 넘어서는 안 되는 것이다. 예를 들어, 법원의 판결 후 얼마 지나지 않아 사면을 하는 것은 사법권에 대한 침해가 될 수 있는 것이다.

넷째, 기념일마다 사면이 이뤄진다는 것도 문제이다. 사면은 법질서에 대한 부정이 될 수도 있기 때문에 법집행이 제대로 된다면 사면은 예외적으로만 이뤄지는 것이 정상이기 때문이다.

대통령이 가지는 사면권의 목적은 무엇인가

역사적으로 보면, 본래 사면권은 국왕이 국가의 경사를 축하하거나 민심을 수습하기 위해 행한 은사권이라고 한다. 권력자가 백성에게 은혜를 베풀어 군주의 권위를 세우고 백성의 복종을 유도하고자 한 것이라고 할 수 있다. 그밖에도 내전이 일어난 경우 사면을 통해 화해를 추구하고 새로운 국가건설의 출발점으로 삼는다거나, 사면을 받은 이들을 식민지 경영에 이용한다거나, 사면을 하면서 돈을 벌어들인다거나, 군대에서 병력을 유지하면서 법집행을 위해 범법자 10명에 1명만 처형하는 등의 예들을 찾을 수 있다. 분명히 사면을 통해서 정치적 목적을 달성한 것은 분명하다. 그러나 헌법에 규정된 사면권은 왕이 베푸는 은사로서 이해되어서는 안 된다. 사면권의 역사가 군주제에 뿌리를 두고 있고, 앞서 지적한 것처럼 남용되고 있다고 하여도 사면권은 국민주권주의에 입각한 헌법상의 제도로서 의의를 가진다.

우선 사면권은 대통령의 권한이므로 대통령의 권한행사와 관련해서 "국민의 자유와 복리의 증진"을 목적으로 국가 또는 국민 전체의 이익의 차원에서 행사되어야 하는 제도이다. 또한 입헌주의 국가의 헌법에서 법률은 국민의 총의의 표현이기 때문에 엄정하게 집행되어야 하는 것이고, 사면에 의하여 법의 효력을 부인 또는 변경시킬 수 있는 것이므로 사면권은 법체계의 문제점을 시정하기 위하여 최소한으로만 행사되어야 하는 것이다. 예를 들면, 헌법재판소에서도 합헌이라고 결정한 적이 있지만 병역법상 양심적 병역거부를 인정하지 않아 유죄판결을 받은 경우나, 종교인의 범인은닉행위를 형법위반으로 처벌하지만 종교인의 투철한 의무의 이행이라는 점에서 사면하는 것과 같이, 법으로 표현된 현재의 공동체적 가치와 그에 어울릴 수 없는 또 다른 법외적인 가치의 충돌을 완화하는 등의 목적으로 매우 제한적으로 행사되어 법체계의 문제점을 시정하는 장치가 될 수 있다.

또한 법제도는 입법의 문제 또는 미비, 시대의 변화에 따르지 못하는 법률 등의 문제가 발생한다. 이와 같이 시대의 변화에도 불구하고 과거의 문제 있는 법이 개정되거나 폐지되지 않고 그대로 있을 경우 국회의 동의를 얻어 일반사면을 함으로써 법제도의 문제를 바로잡을 수도 있는 것이다.

사면권에 한계는 있는가

사면권을 대통령의 고유권한이라고 하면서 어떠한 사면도 가능하다고 주장하는 이들이 있다. 그러나 이것은 옳지 않다.

사면권은 형 선고의 효과 등을 상실 또는 감경함으로써 엄격한 법집행의 예외를 만들고 법원의 판결의 효력을 부인 또는 감경하는 것이므로 입법권과 사법권에 대한 침해를 초래할 수 있다.

법률은 국회가 만들고 만들어진 법률은 엄정하게 집행되어야 한다. 따라서 사면권을 행사하여 특정 법률위반자를 사면하는 것은 국회의 동의를 받아야 하지만, 사실상 특별사면이라고 하면서 특정 법률위반자를 사면하는, 일반사면 같은 특별사면을 하는 경우가 있는데, 이것은 입법권을 침해한 사면이다.

또한 현재의 사면법과 같이 사면을 하려면 법원에서 형을 선고해야 하기 때문에 법원의 판결을 기다렸다는 듯이, 판결이 내려지자마자 사면을 하는 것도 사법권을 침해하는 것이다. 여기에 법집행을 무력화할 수 있는 예고된 사면도 금지된다. 프랑스에서 대통령선거공약으로 범칙금위반자에 대한 사면을 내걸자 그해의 교통위반자가 증가하고 교통사고 사망자도 증가하였다는 뉴스를 들은 적이 있다. 이는 실질적으로 법률에 대한 부정으로서 입법권을 침해하는 것이라고 할 수 있을 것이다.

결국 대통령의 사면권은 그것이 정치적 기능을 어떻게 하느냐와는 관계없이 헌법적 권한으로서 헌법적 목적과 한계를 가지는 권한이라고 보아야 할 것이다. 헌법적 한계를 넘어선 사면권의 행사는 대통령이 직무수행상 헌법을 위배한 것이 되어 탄핵소추의 사유가 될 수 있다.

사면법의 개정을 향하여

2004년에 탄핵소추 의결 후 사면법개정안이 의결되었다가 고건 대통령 권한대행이 거부권을 행사한 적이 있다. 대통령에 대한 탄핵소추 후 국회가 후폭풍을 맞아 맥을 못추고 있을 때이기도 하지만 임기 말이기도 하여 별다른 논의 없이 흐지부지되고 말았다.

과거 여러 차례 사면법에 대한 개정 논의가 있었음에도 불구하고 이제껏 개정이 되지 않았던 것은 사실 야당도 그 수혜자였다는 점 때문인 것으로 보인다. 제한이 없는 사면권은 여당에 대한 특혜를 줄 수 있지만, 여야의 타협을 통해 야당도 적지 않은 혜택을 입었다는 점은 그동안의 사면에서 확인되기 때문에 여당이나 야당의 주장이 본질적으로 다르다고 보기에는 어려움이 있고 정도의 차이가 아닐까 생각된다. 부디 야당이 주장한 법률안이 통과되든 통과되지 않든, 혹시나 집권을 하게 되어도 사면권을 헌법적 한계 내에서 행사하게 되길 바랄 뿐이다.

사면법의 내용 가운데 행사요건을 명확히 하고, 사면금지대상을 규정하자는 주장이 제기된다. 그러나 사면제도는 적절하게 행사되면 오히려 실질적인 정의에 기여할 수 있는 제도이고 사면이 필요한 경우가 쉽게 예측하기 어려운 경우도 있을 수 있으므로 지나치게 엄격하게 그 요건을 정하면 역으로 정의에 기여하는 사면이 어려워질 수도 있으므로 지나치게 엄격한 규정을 만드는 것이 바람직하지는 않을 것이다. 그렇지만 적어도 사면의 목적과 한계에 대한 일반적인 원칙은 규정을 해 두고, 판결 직후의 사면이나 일반사면과 같은 특별사면, 예고된 사면 그리고 임기말 사면 등은 금지하고, 사면 전에 국회와 대법원에 의견을 반드시 묻도록 규정을 해야 할 것이다.

헌정질서파괴와 같은 범죄처럼 사면금지대상범죄를 제한하자는 주장도 일리가 있다. 그러나 예를 들면, 과거 5·18광주민중항쟁도 헌정질서파괴범죄의 하나인 내란죄로 평가되었다는 점에서 보면 단순히 죄명이 무엇이냐만 가지고 제한할 것은 아니라고 생각된다. 물론 탄핵을 받은 자에 대해서는 사면이 금지되어야 한다. 또한 사형을 대체하는 사면금지대상 범죄를 정하는 것도 가능하다고 생각된다.

요새 권력구조의 개편과 관련하여 4년중임제의 대통령제로 개헌이 추진되면서 사면과 관련해서도 개헌을 주장하는 소리도 들린다. 그러나 그런 개헌의 필요성은 없다고 생각된다. 앞서 말한 사면권의 목적과 한계를 명확히 하여 사면법을 개정하면 족할 것이다.

대통령은 자기 형님을 사면할 수 있나?

정의와 재판을 팔지 아니하며

영국 역사에서 시민혁명 첫머리에 등장하는 마그나 카르타(대헌장, 1215년)에는 이런 구절이 있다. “짐은 어느 누구에게도 정의와 재판을 팔지 아니하며, 또한 어느 누구에게도 정의와 재판을 거부하거나 지연시키지 아니한다." 귀족들의 압력으로 존John왕이 이 문서에 서명하지 않을 수 없었던 사정을 보면, 당시 왕이 정의와 재판을 돈을 받고 파는 예가 많았던 것 같다. 돈을 받고 사면을 하는 것도 정의와 재판을 판 경우에 해당한다. 여러 왕들은 사면의 대가로 적게는 2실링에서 많게는 1만 6천 파운드를 받았다고 한다. 그 무렵 고급저택(성)을 짓는 데 1천 파운드가 안 들었다고 하니 사면을 받는 데 많게는 고급저택 20채 값이 제공된 셈이다. 사면으로 왕이 두둑하게 챙기던 시대의 이야기다.

사면의 목적

사면은 나라를 세우거나 왕이 즉위할 때, 세자를 책봉하거나 도성을 축조할 때 등 여러 경우에 행해졌다. 민심을 수습하기 위한 목적으로 사면을 하기도 했다. 대체로 사면은 군주가 은전을 베풂으로써 정의가 자비롭게 보이도록 하여 궁극적으로 군주의 권력을 강화하는 데 사용되었다. 자비는 왕권을 보전케 하고 사면으로 왕권이 강화된다는 것이다. 잘못한 학생에 대한 선생님의 용서는 선생님의 권위를 높이는 것과 마찬가지이다. 이처럼 사면은 군주에게 필수적인 속성이고 그만큼 국민이 주권을 가지는 시대에는 이것이 과연 적절한 것인가에 대한 비판이 많다.

법률의 부정, 사면제도

우선 국민주권주의에 기초한 질서에서 법률을 엄정하게 집행하여 유죄판결을 받은 자를 사면하는 것은, 국민의 대표기관에 의해 만들어지는 법률을 부인하는 것이 되고 나아가 사면하는 자가 마음대로 처벌하지 않는다는 법률을 만들어 내는 꼴이 된다는 것이다. 결국 사면권을 행사하면 엄정한 법집행을 불가능하게 하고 법률을 위반해도 처벌이 제대로 이뤄지지 않을 것이라는 그릇된 기대를 사람들이 갖게 함으로써 결과적으로 법률로 범죄를 억지하려는 의도가 제대로 달성되지 못하게 된다. 게다가 권력자는 얼마나 사면을 남용하던가? 그밖에도 이러저러한 반대의 이유가 많지만, 그럼에도 불구하고 사면권이 대통령의 권한으로 우리 헌법에 자리 잡고 있는 것은 무엇 때문일까?

법제도의 한계

그것은 법제도 자체가 근본적으로 완벽할 수 없다는 한계 때문이다. 어떠한 법도 항상 최선의 것일 수 없으며 시대의 변화를 좇아가지 못한다. 그래서 때로는 법을 엄정하게 집행하다 보면 지나치게 가혹한 처벌을 할 수밖에 없고 이러한 가혹함을 덜어 주는 것이 사면권일 수 있다. 잘못된 재판을 하기 때문이기도 하다. 또 때로는 법제도와 법 이외의 가치 사이에 갈등이 초래되는 경우도 있다. 예를 들면, 천주교 신부가 교회법을 충실하게 지키고자 성당으로 도피한 범죄인을 숨겨 주면 형법 제151조의 범인은닉죄로 처벌을 받는다. 3년 이하의 징역 또는 500만 원 이하의 벌금에 해당된다. 천주교 신부는 교회법도 지켜야 하고 시민으로서 국가법도 지켜야 한다. 그러나 과연 이 신부가 범죄를 범했다는 이유로 비난을 할 수 있을까? 그렇다고 형법상 무죄도 아니다. 이럴 때 사면권은 국가법과 교회법의 갈등을 조절하는 장치가 될 수 있다. 이처럼 국민주권주의에서 사면권은 아주 제한적인 범위에서만 정당화될 수 있다.

대통령의 사면은 권력자의 은혜에 의한 행위가 아니다

대통령은 자신의 재임 중에 권력의 도움이나 묵인을 받아 범죄행위를 한 형님을 사면할 수 있을까? 우리 헌법의 해석으로는 그럴 수 없다. 사면권은 권력자의 은혜에 의한 행위가 아니기 때문이다. 권력자가 자기 마음대로 권력을 행사하는 것은 국민이 결정한 의사인 법률을 무시하는 것이고 자기 멋대로 또 다른 법률조항을 만들어 내는 것이 되어버린다. 또한 권력자가 권력을 장악하고 있는 기간 중에 자신 또는 자기의 정치세력에 속하는 자들이 범한 범죄에 대해 사면권을 행사하는 것은 적나라한 권력의 행사 그 이상도 이하도 아니기 때문이다. 이는 국민 전체의 이익을 위하는 것일 수도 없으며, 국민주권주의 시대에는 받아들일 수 없는 군주시대의 사면의 모습 그대로이다.

유권자 대비 득표율 33%로 당선?

득표율과 의석수의 괴리 현상

2007년 대통령 선거에서 상대 후보를 압도적 표차로 이기고 당선된 이명박 대통령의 득표율이 얼마인지 아는 분은 많지 않을 것이다. 그는 전체 유효투표 총수의 48.67%를 득표하였지만, 전체 유권자 총수 대비 득표율은 겨우 30.52%에 불과했다. 대통령으로 당선되긴 하였는데 전체 유권자의 3분의 1의 지지도 받지 못한 셈이다. 이러한 현상은 1987년 이후 치러진 여러 차례의 대통령 선거에서 큰 차이 없이 나타나고 있다. 역대 대통령 선거에서 당선자들은 각각 32.6%(노태우), 33.91%(김영삼), 31.97%(김대중), 34.33%(노무현)의 전체 유권자 대비 득표율을 보였다.

대통령 선거에서 득표율이 50%를 넘은 후보는?

전체 유권자 대비 득표율이 낮다고는 해도 유효투표 가운데 과반의 득표만 하면 그래도 문제가 없을 것 같은데, 1987년 헌법 아래서 치러진 대통령 선거에서 유효투표 가운데 과반의 득표를 한 사람은 박근혜가 유일하다. 그것은 대통령이 국회의원 선거처럼 단 한 차례의 투표에서 가장 많은 표를 얻은 사람이 당선되는 방식이고 다수의 후보가 경쟁하기 때문이다. 같은 방식으로 국회의원이 선출되는 게 아무 문제가 없듯이 대통령도 그럴 수 있다고 생각할 수도 있다. 또 실제 가장 많은 득표를 한 사람이 당선되는 현재의 제도에서 후보의 단일화가 매우 역동적으로 이뤄져서 대개 여야의 양자대결 구도가 되니 득표율도 과반은 아니더라도 이에 근접하는 수치를 보이기도 한다.

반복되는 후보 단일화

하지만 현재의 제도에서 매번 겪는 일은 여당을 제외하고 제1야당 이외의 경우 야권의 표를 분산시키니 대선 승리를 위해서는 후보를 단일화해야 한다는 것이다. 그것은 군소정당에게는 양보를 의미하는 말이기도 하다. 선거를 통하여 국민에게 직접 설득할 기회를 가지지도 못한 채 매번 단일화를 명분으로 후보조차 내지 못하게 된다. 그 결과 상당수의 국민이 선거에 관심을 가지지 않게 되고 이는 투표율의 저하로 이어진다. 투표율이 낮아지는 것은 국민이 정치에 대한 염증을 느끼기 때문이기도 하겠지만 대통령선거의 후보자가 난립(?)할 수 없게 하는 현행 헌법의 대통령선거제도 때문이기도 하다.

현행 헌법의 대통령 선거제도는 한 번의 선거에서 가장 많은 득표를 한 사람이 당선되고 한 번만 5년의 임기를 수행한다. 이 제도가 절대 안 되는 제도라고 할 수는 없다. 반드시 개헌의 대상이 되어야 한다고만도 할 수 없을 것이다. 제도 자체의 문제는 역동적인 정치과정을 통하여 나름 시정되기도 하니까. 하지만 다음과 같은 문제가 있다. 첫째, 선거 과정에서의 후보 단일화를 통한 관심의 저하로 투표율이 낮아지게 된다. 둘째, 그 결과 전체 유권자 가운데 득표율이 3분의 1에도 미치지 못하게 되는 일이 발생한다. 이는 심지어 선거에서 과반의 득표를 한다 해도 마찬가지이다. 셋째, 대통령이 전체 유권자의 3분의 1의 지지도 못 받는다, 또는 과반의 득표도 하지 못한다는 것은 대통령에 당선되었다 해도 지지자보다는 반대자가 많다는 것이고 그만큼 민주적인 정당성도 약하게 된다. 넷째, 민주적 정당성이 약하면 권한이라도 적어야 하는데, 대통령은 현대판 군주와 다를 바 없는 막강한 권력을 가지고 있어 정당성이 약하면서도 권한은 강한 모순이 발생한다.

대통령 선거 결선투표제

이런 문제점을 해결하는 방안으로 대통령 결선투표제가 주장되고 있다. 대통령 선거를 2차로 나눠서 실시하고 1차 투표에서 과반의 득표를 한 사람이 없으면 가장 많은 득표를 한 두 사람을 대상으로 2차 투표를 실시하여 대통령 당선에 투표자의 과반의 지지를 확보하게 하는 방법이다. 언론을 통해 이렇게 하는 프랑스의 예를 들어본 적이 있을 것이다. 2018년에 문재인 대통령이 제안한 헌법개정안에서도 결선투표제를 채택하고 있다. 현재의 제도보다 조금은 번거롭고 시간이나 비용도 그만큼 더 들겠지만 대통령제를 유지하는 동안은 그 권한에 맞는 국민의 지지를 확보하여 취임할 수 있도록 하여야 한다는 점에서 더 나은 제도라고 생각한다.

투표 마감 시간 오후 6시: 투표를 하지 못하는 사람들

보통선거의 원리

우리 헌법은 공동체의 구성원이 자신들의 대표를 선출하는 선거에 관해서 보통·평등·직접·비밀선거의 원리를 채택하고 있다. 이는 정당한 대표를 선출하기 위한 것이다. 이 가운데 보통선거는 공동체 구성원 가운데 신분이나 재산 등을 묻지 않고 사회적(정치적) 성년이라 할 수 있는 나이를 넘은 구성원에게 특별한 경우가 아니면 모두 선거에 참여할 자격을 인정하는 것이다.

보통선거의 원리는 과거 신분 또는 재산에 의한 참정권 차별을 타파하는 것이며 오늘날 큰 문제 없이 구현되고 있다고 할 수 있다. 2020년부터는 18세 이상의 국민이면 선거권 제한사유가 없는 한 누구나 선거권을 가지기 때문이다. 하지만 아직도 보통선거의 원리에 위배되는 것이 아닌가 하는 의문이 제기되는 경우가 있다. 예를 들어, 사회적으로 이미 성년이나 다를 바 없다고 할 수 있는 17세 청소년들은 아직 선거권을 가지지 못한다. 외국에 거주하는 재외국민은 등록을 하여야만 선거권을 행사할 수 있다. 물론 얼마 전까지만 해도 재외 국민의 대부분은 선거권을 행사할 수도 없었으니 일정한 절차를 거쳐 선거권을 행사하게 된 것만 해도 장족의 발전임은 분명하다만……. 또한 투표시간이 오후 6시까지여서 직장 때문에 선거권을 제대로 행사할 수 없는 사람들이 적지 않은 것도 가볍게 넘길 수 있는 문제는 아니다.

총선거일은 임시공휴일

공직선거법에 의하면 국회의원 총선거나 대통령 선거는 수요일에 실시한다. 관공서의 임시공휴일에 관한 규정에서는 이 날을 임시공휴일로 하고 있다. 또한 근로기준법 제10조에는 사용자에 대해 근로자가 근로시간 중에 선거권 등 공적 직무를 집행하기 위하여 필요한 시간을 보장하도록 하고 있다. 나아가 사용자가 이 조항을 위반하면 2년 이하의 징역 또는 1천만 원 이하의 벌금에 처하도록 하고 있다. 이러한 법률조항을 가지고 있으니 국회의원 선거나 대통령 선거의 투표마감 시간을 오후 6시로 한다고 하여 큰 문제가 생기는 것은 아니라고 할 수 있다. 선거일이 휴일이고 설사 근무를 한다 해도 투표를 할 시간이 보장되니까. 그래서 헌법재판소는 투표시간이 오후 6시까지여서 투표를 못 하는 것은 개인의 문제거나 법률위반일 뿐 헌법 위반이라고는 보지 않을 듯하다.

그래도 투표장에 갈 수 없는 사람들

하지만 현실은 다르다. 선거일이 임시공휴일이지만 관공서가 쉬는 것일 뿐 모든 사기업의 휴일이 되는 것은 아니다. 아침 일찍 투표를 하고 출근하는 게 쉽지만은 않다. 출근시간에 쫓기기 때문이다. 더구나 아침시간 투표장은 일찍 투표를 마치고 놀러 가려는 사람들로 붐빈다. 퇴근하면 이미 투표시간이 지난 상태이다. 집과 직장이 떨어져 있어서 투표를 하는 데 소요되는 시간이 4~5시간씩 걸리면 사용자도 노동자의 투표시간 요구를 쉽게 받아들이기 어렵다. 그렇다고 고용상태도 불안한 형편에 노동자가 투표시간을 주지 않는 사용자를 근로기준법 위반혐의로 고발하기도 어렵다. 직장에서 해고될 각오를 해야 할 테니까. 결국 근로기준법이 제대로 적용되지 않는 실정에서 임시공휴일에도 근무를 해야 하는 이들에게는 선거권은 있어도 없는 거나 다를 바가 없는 것이니 우리 헌법이 규정하는 보통선거의 원리는 제대로 구현되는 것이 아니다.

지켜지지 않는 법

사기업에서 선거권이 보장되지 않는 것을 오로지 선거인이 사용자에게 투표시간을 달라고 하지 못하는 소극적 태도 때문이라고 탓하는 것은 일하는 사람의 형편을 제대로 헤아리지 못하는 것이다. 법률이 제대로 되어 있다고 하려면 사용자가 투표시간을 보장하지 않는 것을 충실하게 단속하여야 한다. 그러나 단속에 필요한 인력이 부족하다는 것은 말할 필요가 없을 것이다. 이런 문제를 쉽게 해결하는 길은 투표시간을 오후 9시나 10시 정도까지 연장하는 것이다. 현재는 사전투표제를 규정하여 선거일 전에 투표를 마칠 수 있도록 하고 있다. 이렇게 하면 직장 때문에 투표를 하지 못한 사람들이 투표에 참여할 수 있게 될 것이다. 물론 투표관리에 인력과 비용이 더 들겠지만 일 때문에 선거권을 행사할 수 없는 사람들이 공동체의 구성과 운영에 참여하게 되는 한편 사용자에게도 부담을 덜어 줘서 더 건강한 공동체를 만드는 데 기여할 것이다.

표의 가치는 대등해야 한다

표의 가치의 차이

2014년 12월 일본에서는 총선이 실시되었다. 투표율은 1945년 이후 가장 낮은 59.3%였고 자유민주당(자민당)이 전체 480석 가운데 294석을 차지하였다. 자민당의 지역구 당선자는 237석으로 전체 지역구의석(300석)의 79%인데 유효투표수 대비 득표율은 43.1%였다. 전체 유권자수 대비로는 24.7%의 득표율이다. 민주당의 지역구 유효득표율은 22.81%(전체 유권자 대비 13.5% 득표율)인데 실제 당선의석수는 지역구 전체 의석의 9%인 27석에 불과하다. 지난 2009년 총선 때는 민주당이 지역구 유효투표수 대비 득표율 47.4%로 지역구 전체의석의 73.7%인 221석을 얻었다.

이러한 선거결과에서 보면, 자민당 후보를 지지한 유권자 43.1%는 의석수의 79%로, 민주당 후보를 지지한 유권자 22.81%는 의석수의 9%로 대표가 선출된 것을 볼 수 있다. 달리 표현하면, 자민당 지지자의 1표의 가치는 약 1.83(0.79/0.431)배 증가한 반면, 민주당 지지자의 1표의 가치는 0.39(9/22.81)로 감소한 것을 알 수 있다. 전체 유권자 수를 기초로 하면 자민당 지지 1표의 가치가 3.2(0.79/0.247)

로, 민주당 지지자의 1표는 0.67(0.09/0.135)로 감소하였다. 결국 다수의 지지를 받는 정당의 지지자인지 아닌지에 따라서 1표의 가치가 4.7배(1.83/0.39) 내지 4.8배(3.2/0.67)의 차이가 나게 된다.

소선거구제 때문에

이렇듯 지지율과 정당의 의석분포 사이에 극심한 편차와 표의 가치의 불평등을 초래하는 원인은 지역구마다 1인의 대표만을 뽑는 소선거구제 때문이다. 한 지역구마다 한 명의 의원만을 선출하므로 각 지역구마다 51:49로 한 정당이 승리하는 경우 전체적으로 그 정당이 51%의 지지만을 받고 있음에도 의석은 100%를 차지하게 되고, 반면에 다른 정당은 49%의 지지를 받고 있음에도 의석수로는 0%가 되는 것이다. 극단적인 예이지만 소선거구제는 이러한 위험을 안고 있다. 그럼에도 소선거구제를 버리지 않는 것은 국민이 자신의 대표를 직접 선출하는 제도로 소선거구제만한 것이 없기 때문이라고 생각된다. 하지만 상대적으로 다수의 지지를 받은 후보가 당선되고 다른 후보는 낙선하는 한편으로 낙선한 후보를 지지한 유권자의 표는 사표가 된다.

국민의 정치적 지지는 정당에 대한 지지로 나타나고 이에 따라 대표가 선출되어야 한다면 정당에 대한 지지율과 실제 의석분포가 확연하게 차이가 난다면 이는 표의 가치가 극심하게 왜곡되는 경우라고 할 수 있다. 선거권이나 평등권을 침해하고 평등선거의 원칙에 반하는 문제가 있다. 그래서 많이 얘기되는 제도가 독일의 선거제도이다.

지역구 연동형 비례대표제

독일의 연방하원의원 선거제도는 이렇다. 선거인은 제1투표는 지역구 후보자에게, 제2투표는 정당에 대해 투표한다. 우리와 같은 방식이다. 그러나 우리 제도와 근본적으로 다른 것은 우리나라는 지역구 246석, 비례대표 54석 가운데 정당투표에 의한 정당별 득표율에 따라 54석을 배분하여 지역구 당선자와 합산하는 데 반하여 독일은 제2투표의 정당별 득표율이 전체 의석수를 결정한다는 것이다. 즉, 전체 598석 가운데 주마다의 정당별 득표율에 따라 전체 의석수가 결정되고, 이 수치에서 지역구 당선자를 빼면 정당명부에서 당선되는 수가 결정되는 방식이다. 예를 들어, A당이 제2투표의 득표율이 20%라면 전체 119석을 차지하게 되고 지역구에서 100석 당선되었으면 정당명부에서 19석이 당선되는 것이다. 지역구 당선자가 적으면 상대적으로 정당명부의 당선자 수가 증가하게 된다. 때로는 정당 득표율이 6%여서 35석을 가지는데 지역구 당선자가 없으면 모두 정당명부에서 당선되고, 지역구 당선자 수가 37명이면 정당명부에서 당선자는 없고 전체 의석수가 2명 증가하게 된다. 이 제도에서는 표의 가치가 대등하게 평가되고 있다. 물론 후보자의 추천 등 당내 의사결정이 민주적으로 이뤄지는 정당제도가 자리 잡아야 한다는 것이 전제가 된다.

공직과 돈의 문제

기탁금 1천만 원

필자는 지난 2014년 3월 전북대학교 총장임용후보자의 선정을 위한 절차에 지원하기 위하여 학교발전재단에 3천만 원을 기부하여야 하는 총장선정규정의 관련규정(이하 '규정')에 대해 헌법소원심판을 청구한 바 있다. 이 청구 직후 학교는 규정을 개정하여 기부금을 기탁금으로 바꾸고 그 액수도 1천만 원으로 조정하였다. 이 사건에 대한 결정은 청구한 지 4년 만인 2018년 4월 26일 선고되었다. 규정 가운데 3천만 원 기부금 부분에 대한 청구는 규정이 이미 개정되어 권리보호이익이 없다는 이유로 각하되었고, 1천만 원 기탁금 부분은 공무담임권을 침해하는 것으로서 위헌이라고 결정되었다.

"이 사건 기탁금조항에 따른 기탁금 액수가 1,000만 원이라는 점, 이 사건 기탁금조항이 추천위원회의 최초 투표만을 기준으로 기탁금 반환 여부를 결정하도록 하는 점, 일정한 경우 기탁자 의사와 관계없이 기탁금을 대학발전기금으로 귀속시키도록 하고 있는 점 등을 종합하면, 이 사건 기탁금조항이 정한 1천만 원이라는 액수는 자력이 부족한 교원 등 학내 인사와 일반 국민으로 하여금 총장후보자에 지원하려는 의사를 단념토록 할 수 있을 정도로 과다한 액수라고 할 수 있"어 침해의 최소성 원칙에 위배되며, "기탁금조항을 통한 후보자 난립 방지, 선거의 과열 예방 등의 목적과 공무담임권의 제약 정도를 비교할 때, 이 사건 기탁금조항으로 달성하려는 공익이 제한되는 공무담임권 정도보다 크다고 단정할 수 없으므로, 이 사건 기탁금조항은 법익의 균형성 원칙에도 위배된다."라는 것이다. 재판관 전원일치 결정이다.

위헌 결정에도 불구하고

하지만 의외로 이 결정의 반향은 미약하다. 이 위헌규정을 가지고 있던 전북대의 경우만 해도 2018년 실시되는 총장선거를 앞두고 마련한 규정에서 1천만 원 기탁금조항을 그대로 유지하고 있으며, 1~3천만 원의 기탁금을 납부하도록 하고 있는 다른 대학교의 경우도 사정은 다르지 않은 듯하다.

그 이유로는 우선 이 결정이 이른바 '간접선거'를 치르던 시절의 규정에 대한 판단이므로 총장 '직선제'를 실시하는 경우에는 적용되지 않는다는 인식을 들 수 있다. 총장후보자를 선정하는 것은 대학의 자율성의 문제이므로 대학 규성원이 자율적으로 결정할 문제라는 것이고, 또한 돈을 통해서라도 '후보자의 난립'을 막아야지 다른 방도가 없다는 인식도 있는 것으로 보인다. 또 총장임용후보자 선정을 위한 절차에 지원하는 당사자들로서는 '쩨쩨하게' '돈 몇 푼(?)' 문제 삼다가 진짜로 '쩨쩨한' 사람으로 취급될까 봐 문제 삼지 못하고, 다른 구성원들로서는 선거 때마다 몇 천에서 억대의 발전기금이 들어오니 이를 마다할 리가 없는 사안이 되었다. 공직선거법의 기탁금 반환 규정을 본따 대체로 총장 임용후보자 선거에서 15% 이상 득표하면 기탁금을 전액 반환하고, 10%~15% 득표하면 반액을 반환한다고 한다. 그러나 이미 상당한 지지세를 확보한 사람이 아니면 기탁금을 날릴(?) 각오를 하지 않는 한 선거 절차에 참여할 엄두를 내기 어렵다. 어떠한 선거에서든 15% 이상 득표하는 후보의 수는 대개 3명 남짓이다.

돈 문제에 너무나 둔감한

이렇듯 고액 기탁금제도에 대해 너그러운 것은 근본적으로 공직을 바라보는 관점 자체가 잘못되어 있기 때문이 아닌가 생각된다. 공직을 하려는 사람은 욕심이 많고 직을 수행하여 많은 이익을 누리려 하고 또 실제 그러하니 돈을 가지고 통제하려는 것이 무슨 잘못인가 하는 식의 생각이다. 물론 이러한 인식은 실제 현실적인 판단이기도 하다. 그러나 이처럼 돈으로 통제하는 제도 때문에 돈이 없으면 선거에 참여하기 어렵게 되고 결국 돈 있는 사람만이 공직을 수행할 엄두를 내게 된다. 공직을 제대로 수행하자면 공직자 개인이 사적 이익을 취할 수도 없고 공적인 목적으로 개인적인 삶의 많은 부분을 포기해야 하는 것인데도 말이다. 공직선거에서 고액 기탁금을 요구하는 나라는 우리나라와 일본뿐이다. 두 나라 모두 금권정치가 판치는 나라라는 공통점이 있다. 옳고 맑은 뜻을 가진 사람이 공직 선거절차에 참여할 생각을 포기하는 것은 공동체를 위해서도 불행한 일이다. 정치혐오가 혐오할 정치를 만든다. 소수의 대학에서 기탁금을 폐지한 것은 그나마 다행이다.

시 · 군 · 구 의원 선거 입후보에 정당의 공천을 금지할 수 있는가?

지방선거에서 후보가 정당추천을 금지하려는 시도

2012년 대통령 선거에서 주요 정당의 후보는 지방자치단체 가운데 기초자치단체인 시·군·구의 장과 의원선거에서 정당공천을 폐지하겠다고 하였다. 정당의 기득권을 포기한다는 것이다. 그런데 아무리 기초자치단체에 한정해서라지만 정당에게 선거에서 공천을 하지 말라고 하는 것이 가능한 것일까?

흔히 기초자치단체라고 하는 시·군·구의 장과 의원 선거에 정당이 후보자 공천을 해서는 안 된다는 주장의 근거는 이렇다. 첫째, 지방자치단체의 선거를 하는데 후보자를 중앙당이 관여해서 공천하는 것이 적절하지 않다. 둘째, 각 지역의 국회의원이 중앙당에서 힘을 가지고 있기 때문에 공천권을 실질적으로 행사하고 때로는 공천을 둘러싸고 비리가 발생하기도 한다. 셋째, 영남이나 호남의 경우 특정 정당이 공천한 후보자가 자치단체 장과 의회를 모두 장악하게 됨으로써 주민들의 직접선거는 허울로 전락하고 자치단체 장과 의회 사이의 견제관계도 제대로 이뤄지지 않는다. 이런 이유이다.

고래 싸움에 새우 등 터지는 격

다 일리가 있다. 그래서 두 거대 정당이 지방선거 정당 공천제도를 없애려 하는 것이겠다. 하지만 문제는 선거에 공천도 하지 못하는 정당이 정당이냐는 것이다. 정당을 나쁘게 보지 말고 말뜻 그대로 일정한 정치적 이념에 동조하는 다수의 사람들이 모여 정치적 여론을 형성하고 공직선거에 후보자를 추천하여 대표로 선출되도록 함으로써 자신의 정치적 이념을 실현하고자 하는 조직이라고 한다면, 민주적 절차에 따라 당원이 참여하고 의사가 결정되는 정당이야말로 우리 헌법이 예정하는 정당이고 이러한 정당이 대통령, 국회의원, 지방자치단체의 장과 의원 선거에 후보자를 공천하는 것은 너무나도 바람직한 일이다. 그런데 이러한 정당의 공천을 금지하여야 한다고 하는 지경에 온 것은 공천제도 자체가 나쁘기 때문이 아니라 특정 정당, 물론 우리나라의 경우에는 주로 두 거대 정당의 공천과정의 문제 때문이라고 할 수 있다. 작지만 내부의 의사결정이 당원의 총의를 모아 민주적으로 결정되는 정당에서는 공천권의 사유화나 공천비리가 발생하기도 쉽지 않다. 거대 정당에서 지방자치단체 선거와 관련하여 문제가 많다면, 당분간 두 정당 스스로 지방자치단체 선거의 경우 공천을 하지 않겠다고 하는 것이 바람직한 방법이 될 것이다. 그렇지 않고 자기 정당의 문제를 일반화해 모든 정당이 지방선거에 공천을 해서는 안 된다고 하는 것은 문제의 본말을 호도하는 것이다. 특히 작지만 민주적으로 운영하는 정당에 피해를 주는 일이다. 소정당의 경우 그 소속 후보자는 정당보다도 더 알려지지 않아 선거운동에서 거대조직을 가진 정당에 속한 후보와는 공정한 경쟁을 하기가 어렵다. 정당의 특권을 내려놓겠다는 약속을 이행하기 위해서 하는 것이라면, 군소정당에게 피해를 주는 이런 시도는 하지 않는 게 좋지 않을까?

거대 정당 운영의 민주화가 절실

공천과정에서 비민주적인 결정이 이뤄지고 심지어 공천비리까지 발생한다고 하여 아예 공천 자체를 하지 말라고 하는 것은 정당의 활동을 지나치게 제약하는 방법이라 할 수 있다. 헌법적으로 표현하자면, 정당활동의 자유를 지나치게 제한하는 것이다. 정당의 후보자 결정이 비민주적이라면 공직선거후보자의 입후보를 취소하는 것이 정도이며 비리가 있다면 공직선거법 위반으로 처벌하여 해결할 문제이다. 또한 주민들이 스스로 깨우쳐서 그릇된 정당 운영에 대해 판단하고 선거를 통해 의견을 표출하여 심판하도록 하여야 한다. 결국 선택은 주민의 몫이다. 풀뿌리 민주주의를 말하면서 풀뿌리에 해당하는 지방자치단체 선거에서 정당을 배제하는 정치는 해서는 안 되며 또 성공할 수 없다. 정치의 주요 과정을 정당이 담당하고 있기 때문이다.

제8장

사람을 위한 법원

대통령 발의 개헌안에 담긴 대법원의 구성 방식과 자기조직의 위험

2018년 대통령 개헌안 발의

2018년 3월 26일 대통령이 개헌안을 발의하였다. 이 개헌안에 대해서는 긍정적 평가가 주를 이룬다. 기본권 보장을 강화하고 권력분산을 추구하고 있으며 특히 지방분권과 지역균형발전을 위한 중요한 제도 변화를 담고 있다는 점 때문이다. 아직까지 국회가 개헌안을 논의하지 않고 국민투표법도 개정하지 않아 6월 지방선거와 동시에 개헌 국민투표를 실시하는 것은 어려워 보인다. 개헌이 되지 않더라도 이 개헌안은 앞으로의 논의에 좋은 자료가 될 것이다.

예상치 못한 대법원 구성 방법

그렇다고 개헌안의 모든 부분이 마음에 드는 것은 아니다. 가장 문제가 되는 것은 대법원 구성 부분이다. 개헌안 제104조는 대법원장은 국회의 동의를 받아 대통령이 임명한다(제1항)고 규정한다. 대법관은 대법관추천위원회의 추천을 거쳐 대법원장의 제청으로 국회의 동의를 받아 대통령이 임명하는데(제2항), 대법관추천위원회는 대통령 지명 3명, 대법원장 지명 3명, 법률로 정하는 법관회의 선출 3명 등 9명의 위원으로 구성된다(제3항). 제왕적이라 할 수 있는 대법원장의 권한을 일부 축소하였다는 평가를 할 법도 하다. 그러나 대법관 임명에서 비록 추천위원회를 통한다고 하지만 대법원장의 제청권을 유지하는 이 제도는 호의적으로 평가하기 어렵다. 이러한 방식은 당초 대통령 개헌안 마련을 위한 자문기구(정책기획위원회 국민헌법자문특별위원회)에서 대법원 구성방법으로 전혀 예정하지 않았던 방안이다.

우선 제도 구성의 이론적 근거가 매우 약하다. 헌법 제2조는 "주권은 국민에게 있고, 모든 권력은 국민으로부터 나온다."라고 선언하고 있다. 사법권 역시 국민으로부터 나온다. 특히 사법권은 국민으로부터 선출되지도 않고 그만큼 국민에 대해 책임을 질 기회가 없기 때문에 이러한 '국민으로부터 유래하는 정당화의 계기'가 확보되는 것은 더욱 중요하다. 법원 구성에서 민주적 정당성은 대체로 국회의 동의와 대통령의 임명에 의해 어느 정도 확보된다. 하지만 대법원장이 추천하는 후보자 결정에서 법원은 3분의 2의 결정권(대법원장과 법관회의의 위원구성권)을 가진다. 지금의 제도와 조금 달라졌지만 근본적인 변화는 아니다.

더구나 대법관 후보자의 추천과정에서, 대통령은 추천위원회 구성에 관여하는 반면 국회는 아무런 권한을 갖지 못한다. 그 이론적 근거가 뭔지 모르겠다. 게다가 대법원장이 합의기관인 대법원의 동료 구성원을 임명하는 절차에 추천위원회 위원의 3분의 1인 3명의 위원을 지명한다. 현재의 제도도 대법원장이 대법관 임명제청권을 행사하게 되면서 법원의 서열화와 관료화의 폐해가 나타나고 있다는 평가를 받기도 하는데, 비록 이보다 완화된 형태라고는 해도 대법원장이 대법관 임명절차에 상당한 영향력을 행사하도록 하는 것은 구성원의 대등성을 요소로 하는 합의기관의 구성방법으로 어울리지 않는다. 이렇게 해서는 법원의 관료화와 서열화의 문제가 제대로 풀리기 어려울 것이다.

법관회의가 대법관후보와 추천에 관여?

대법관후보자의 추천과정에 법관회의가 관여하는 것도 바람직하지 않다. 최근 판사 블랙리스트 사건 때문에 법관회의가 매우 긍정적으로 보이는 활동을 하고 국민의 신뢰를 얻고 있어서 법관회의가 관여하는 것이 꽤 괜찮은 방법으로 보일 여지는 있다. 그러나 이것은 환상이다. 우선 재판을 담당하지 않는 법관회의가 헌법적 수준의 행정조직으로 등장하게 되는데, 이것을 만들 필요가 무엇인지 의문이다. 또한 법관회의 구성원인 법관 가운데서 대법관이 될 이들이 있고, 법관들 가운데서 임명되는 대법관의 몫을 키우기 위해서라도 법관회의가 자신들의 이해관계에 초연하여 활동할지도 의문이다. 아마 법관회의의 추천위원 선출과정에서 복잡한 득표활동이 벌어질 법하다. 이러한 추천과정을 거쳐 대법원을 구성하는 것은 대법원 조직구성의 대부분의 힘이 이미 조직된 법원으로부터 유래한다는 것을 말한다. 이는 대법원이 상당 부분 사법부 내부적으로 조직되는 것이니 셀프self 조직 방식이라 할 수 있다. 국회의 동의가 형식으로 전락하면 국민주권주의에 위배될 소지가 많은 국가기관구성 방법이다. 이처럼 국민으로부터의 정당성에 의해서보다는 내부순환적으로 구성되는 조직이 보수적이 되지 않을 수 있겠는가, 국민을 바라보겠는가?

서열화, 관료화된 법원의 개혁을 바란다

사법부의 변화가 필요하다

해방 이후 한국사회의 큰 변화의 흐름은 민주화라 할 수 있다. 하지만 이러한 흐름으로부터 상대적으로 자유로운 영역이 있으니, 군대와 학교 그리고 법원 등이다. 요즘이야 군대와 학교도 거센 민주주의의 흐름을 거역하지 못하고 많은 내부적 변화가 일어나고 있다. 법원도 변해야 한다. 법원의 문제로 이야기하는 서열화와 관료화의 문제는 특히 1972년 유신헌법의 시행 이후 뚜렷해졌다. 이 시기는 대법원장이 대법관(또는 대법원판사)의 임명제청권을 가진 시기와 겹친다. 조금 과장하자면 산행도 서열에 따라 줄지어 한다는 이 '조직'에서 아직도 서열은 뛰어넘기가 쉽지 않은 요소다. 2017년 새로운 대법원장의 지명 이후 나온 언론의 반응이 현 대법원장보다 연수원 기수가 13기나 아래라는 것이다. 재판에 30년 이상 종사했고 곧 환갑이 되는 사람을 두고 연수원 기수를 따질 만큼 서열은 법원의 조직에서 중요한 요소이다. 그리고 이 서열을 바탕으로 각 법관마다 그리고 하나 또는 여러 법관으로 구성될 법원의 독립성에 해를 미칠 수 있는 요소가 관료화이다.

“모든 법원은 대등하다.”

웬 말인가 하겠지만, 필자는 모든 법원은 대등하다고 생각한다. 대법원이나 1심을 담당하는 지방법원 지원의 단독판사도 대등하다. 법조 경력이 차이가 있고 다루는 사건의 규모가 다를지 모르지만, 각 소송당사자에게는 어느 법원이라도 자신의 운명을 결정할 권한을 가지는 점에서 다르지 않고, 아무리 1심이라 해도 그 판결이 확정되면 바로 집행할 수 있게 된다는 점에서 다르지 않은 것이다. 다만, 1심이나 2심의 판결에 대해서는 상급법원에 불복할 수 있으니 그 한도에서는 대법원이나 항소심을 담당하는 법원이 우월한 권한을 가지겠지만, 그렇지 않은 나머지 사건에 대해서는 대법원이라고 하여 지방법원 단독판사에게 행사할 어떠한 권한도 없는 것이다.

그런데 왜 대한민국에서 우수하다고 평가받는 법관들은 그 강고한 관료주의의 틀에 편입되게 되었을까? 그것은 대법원장의 인사권 때문이다. 그리고 각 법원장이 가지는 인사에 관한 평정권 때문이다. 인사권과 인사를 하기 위한 평가는 조직의 운영에서 필요하다. 그러나 어떠한 평가의 요소가 고려되는지가 문제이다. 2017년 3월에 법원 국제인권법연구회가 발표한 법관설문조사결과에 따르면 대법원장의 정책에 반대하면 인사상 불이익을 받을지 모른다는 의견이 무려 90%, ‘주요사건에서’ 대법원의 판례에 반하는 판결을 하면 찍힐지 모른다는 의견 47%, 정권의 입장에 반하는 판결을 해도 마찬가지다는 의견이 45.3%에 달한다. 법관 출신의 변호사가 쓴 글에 보면 대법원장이 판사를 불러 야단을 하거나, 어느 판사가 무죄판결을 하려 하는 걸 감지한 법원장이 그 판사를 불러 ‘이야기를 나누고’ 나서 무죄나 다를 바 없는 ‘소액’의 벌금형을 선고한 적이 있다는 이야기도 등장한다. 왜 과거

사 판결은 재심사건에서 줄줄이 무죄가 선고되는가? 유죄를 선고하는 데 관여한 법관들은 왜 조용히 있는가? 왜 재벌 관련 사건은 그리도 피고인에게 우호적인가?

서열화, 관료화의 끝은 시민들의 끔찍한 피해

법관의 서열에 기초한 관료화의 끝은 끔찍하다. 그건 조직의 파탄이 아니다. 그렇게 강고하게 만들어진 조직이야 어디 파탄 나겠는가? 그건 억울하게 피해를 입은 시민들이 속출한다는 것이다. 힘 센 놈과는 싸워 봐야 별 수 없다, 법원은 기대할 게 없다는 인식에 이르게 되면, 우리 헌법의 핵심적인 원리인 법치주의는 설 자리가 없다. 그것은 헌법의 몰락이다. 대한민국이라는 나라가 끝장이라는 얘기다. 법원은, 거기 가면 모든 것이 다 드러나서 권리가 구제되는 파라다이스가 되어야지, 거기까지 가면 더 이상 희망이 없는 블랙홀이 되어서는 안 된다.

"연수원 13기 아래" 기수의 다음 대법원장 후보자

김명수 대법원장 임명을 둘러싸고 항간에서는 대법원장 양승태보다 연수원 기수가 무려 13기나 아래라는 점을 강조하고 있다. 모든 경우에 다 그런 것은 아니었지만, 서열에 익숙한 조직에서는 후배가 승진하면 선배가 후배들에게 길을 열어 주기 위해 '용퇴'한다는 식의 '미담'이 존재해 왔다. 그런 맥락에서 보면 대법원장의 임명이 파격인 것만은 분명하다. 그리고 읽기에 따라서는 앞 기수의 법관들에게 용퇴를 요구하는 것으로 이해될 수도 있다. 그러나 대통령의 의도가 거기까지 이른 것은 아니라고 본다. 다만, 그동안 기수에 기초하여 서열화된 법원의 분위기를 바꾸고자 하는 것은 분명하다고 본다. 특히 서열이 관료화된 법원을 만드는 데 기여한 것이니, 서열을 파괴할 수 있다면 분명 법원의 관료화의 문제에도 적지 않은 영향을 미칠 것이다.

법원행정처 또는 대법관의 경력 없는 후보자

사법부의 문제를 누구보다 잘 아는 대통령으로서는 법원행정처를 거치지 않은 법관이나 법률가를 후보자로 고려했을 것으로 본다. 특히 보수적 대법원장이 주를 이뤘고 법원행정처는 이러한 서열화, 관료화된 법원을 지탱하는 기둥이었으므로 법원행정처의 활동이야 그 방향과 내용을 짐작할 수 있고 그러한 조직에서 일한 경력이 어떠한 의미인지 알 수 있다. 대법관을 안 해 본 사람이 대법원장을 잘할 수 있겠느냐는 의문도 제기된다. 그러나 대법원장과 '뜻을 같이하'지 않는 사람이 대법관으로 제청될 리도 없으니 대법관 경력 있는 자만이 대법원장이 될 수 있다는 것은 보수적 사법부를 계속 유지하라는 말로밖에 해석되지 않는다.

분명 김명수 대법원장의 경력은 의미가 있다. 그러나 걱정은 그것이다. 아무리 법원행정처나 대법관의 경력을 가진 것은 아니지만 그토록 서열화, 관료화된 법원에서 30년을 살아온 사람이, 때로 법원의 전체적인 경향과 다른 의미 있는 판결을 했다고는 하나 이러한 조직에 익숙해지지 않았을까 걱정되기 때문이다. 분명 사법부의 쇄신을 기대하고 그러한 시대적 소명을 완수하길 바라지만, 법원 내부의 인사가 그러한 과업을 얼마나 수행할 수 있을지는 지켜보아야 할 듯하다. 이 과정에서야말로 새로운 대법원장의 정치력이 필요하다. 이용훈 전 대법원장도 사법부 과거사의 청산을 외쳤지만, 제대로 된 결실 하나 맺지 못하고 말로만 끝나고 말았다. 그의 '영令이 서'지 않았다고 한다. 법원 내 주류와 적당한 타협이 아니라 근본적인 개혁을 하려면 정말 정치력이 필요하다고 생각된다.

대법원 구성의 근본적 변화를

대법원은 대법원장과 13명의 대법관으로 구성된다. 그리고 대법원장은 13명의 대법관의 임명과정에서 제청권을 행사한다. 이제 대법관의 임기가 끝날 때마다 새로운 대법관을 임명하면서 대법원의 구성이 서서히 질적으로 변화할 것으로 보인다. 그렇다고 곧 진보대법원이 도래할 것으로 낙관할 수도 없다. 아직 국회의 의석분포가 이러한 경향을 순순히 지지하지 않으려 할 것이기 때문이다. 그리고 모든 여당 의원이 다 그렇게 진보적 법원 구성에 동의하리라고도 생각되지 않는다. 진정으로 진보 대법원이 등장하려면 진보적인 다음 국회 구성을 기다려야 할지도 모른다. 그렇다고 해도 새로운 대법원장의 지명만으로도 제법 많은 변화를 기대할 수 있으니 세상이 변하긴 했다.

법원의 공과를 평가하는 과정이 되기를

새로운 대법원장의 임명을 두고 정치적 이념을 가진 인사라고 하는 비판도 있다. 그러나 분명하게 해야 할 것은, 대법원장의 임명 또는 임명과정은 법적 행위이자 정치적 과정이라는 점이다. 법과 정치가 무관한 게 아니다. 그리고 법적으로 사법부에 대한 국민의 책임 추궁이 어려운 구조로 되어 있으므로 국민과 법원이 통하는 유일한 길은 대법원의 구성이다. 이미 촛불혁명이라 불릴 정도의 시민참여에서 시민의 뜻이 드러났고, 그 동안의 사법부의 활동에 대한 평가도 내려진 것으로 본다. 새로운 대법원장 후보자의 지명은 바로 그러한 시민들의 평가에 기초하여 법원의 새로운 민주적 정당성을 부여하고 법원에 대한 책임을 묻는 것이기도 하다.

새 대법원장은 즉시 전임 대법원장에게도 타격이 될 법관 블랙리스트 사건을 규명하여야 한다. 엄정한 조사를 하면 누가 다칠지, 그게 법원 전체에 나쁜 결과를 낳지나 않을지 등의 고민은 버리고 오직 무엇이 사실이었는지, 누구에게 어떠한 책임이 있는지를 명확하게 밝혀야 한다. 그리고 그것은 새 대법원장의 임기 동안 어느 정도의 사법개혁이 가능할지를 가늠하는 사건이 될 것이다. 그러나 취임 후 2년이 넘은 지금 그러한 기대는 거의 수포로 돌아간 듯하다.

법원의 인사제도 개혁

헌법에서 대법원장의 대법관 제청권을 삭제하지 않는 한 대법원의 구성은 대법원장이 주도권을 가지고, 대법관회의의 의결을 거쳐 대법원장이 법관에 대한 인사권을 행사한다. 법원을 하나의 거대한 조직으로 통일하는 데 기여하는바, 대법원장이 관심을 가지는 '주요사건'에서 무난한 판결을 하였는지, 대법원 판례에 벗어나는 판결을 하였는지가 인사와 인사평정에 반영될 것이라는 우려를 불식할 수 있는 명확하고 객관적인 인사시스템을 만들어야 할 것이다. 서열에 바탕을 둔 관료화된 법원의 분위기를 깨지 않고는 진정으로 독립된 법원을 기대할 수 없다. 이미 오래 전 법원에 대한 외압은 사라졌고 이제 남은 것은 내부적인 압력이 아닐까 생각된다. 아마 지금은 압력이라고 느끼지 못할 정도로 익숙해진 분위기를 벗어나려면 법원 외부의 시민의 눈으로 문제를 바라보는 작업도 필요하다.

장기적으로 법원을 개혁하려면 새 대법원장은 법관 충원 시스템을 근본적으로 바뀌야 한다. 법관으로서의 전문성은 비단 법지식과 논리의 정치精緻함에만 있는 것은 아니다. 문제의 본질에 들어가 당사자의 아픔을 공감하고 무엇이 인권을 침해할 수 있는 것인지를 예민하게 감지하는 인권감수성도 법관에게 요청되는 전문성의 한 내용이 되어야 한다. 노동사건에서 사용자에게 유리한 법적 판단이 이어지는 것도 노동현실에 대해 문제를 공감하지 못하거나 노동자와 사용자 사이에 사고의 균형이 잡혀 있지 않기 때문이다. 단지 좋은 직장으로서 법원을 택하는 것이 아니라 불법과 불의에 맞설 수 있는 기개를 갖춘 판사들이 법원 조직에 계속 들어오도록 해야 한다. 그리고 이러한 사람들이 소신껏 재판할 수 있도록 하여야 한다. 그렇게 하면 30년(?)쯤 뒤에는 정말 좋은 법관들로 가득한 법원을 볼 수 있지 않을까?

누구도 자기 사건의 재판관이 될 수 없다

재판을 거래한 양승태 대법원

2017년 5월 29일 KTX 해고승무원들이 대법원 대법정에서 농성을 벌였다. 자신들의 해고사건 재판이 정치적 거래의 대상이 되었을지도 모른다는 의심을 할 만한 법원행정처 문서가 공개되었기 때문이다. 법학교수와 변호사들도 대법원 앞에서 재판거래에 항의하는 농성을 벌였다. 법원노조원들도 농성을 하고 있다.

"어느 누구도 자기 사건의 재판관이 될 수 없다(Nemo debet esse

judex in propia causa).” 이는 불편부당 또는 편견 배제에 관한 원칙이라 할 수 있다. 공정한 청문에 관한 “양 당사자에게서 들으라(Audi alteram partem)”는 것과 함께 정의에 이르기 위한 절차에서 필수적인 원칙이다.

그러기 위해서는 자기가 재판하는 사건의 당사자와 관련이 있으면 재판에서 배제되어야 한다. 재판에서 제척, 기피, 회피 제도를 두는 것이 그러하다. 재판관은 어느 당사자로부터 뇌물을 받아서는 안 된다. 재판관이 자신이 재판하는 사건의 당사자와 일정한 관계가 있는 경우뿐만 아니라 이해관계가 있다는 의심을 받을 수 있는 상황이면 당해 사건의 재판에서 배제되는 것이 옳다. 제 아무리 훌륭한 재판을 한다고 해도 재판에 대해 초래되는 의혹을 피할 수 없기 때문이다. 그리고 이 원칙은 재판관이 사건의 재판에 어떠한 이해관계가 있으면 재판에서 배제되어야 한다는 것을 포함한다. 헌법에서도 법관의 독립을 규정하고 있으니 공정한 재판은 재판관이 당사자로부터만 독립하면 되는 게 아닌가 생각할 수 있지만, 재판을 어떻게 하느냐가 법관과 이해관계가 있는 것이라면 그 재판이 결코 공정할 수는 없다. 설마 그럴 리가? 그런데 우리는 그러한 현실을 마주하고 있다.

거대한 음모 속의 재판

2017년 5월 25일 ‘사법행정권 남용의혹 관련 특별조사단’에 제출한 조사보고서에는, 법관이 자기가 재판하는 사건에 관하여 사건 당사자가 알지도 못하는 이해관계가 있을 수 있다는 점을 보여 주는 수많은 사례가 등장한다. 법원행정처가 판사들의 활동을 감시하거나 뒷조사를 하는 것뿐만 아니라 특정 사건 재판부의 동향을 파악하고, 심지어 재판에 관여한 것으로 보인다. 원세훈 전 국정원장의 공직선거법 위반 사건에 관해서는 "대법원 판결 조속한 시점에 선고. 상고심을 최대한 조속히 진행하여 만일 결론에 재고의 여지가 있는 경우에는 최대한 조속히 선고하는 것이 바람직함."이라고 하고 "우병우 민정수석이 향후 결론에 재고의 여지가 있는 경우 전원합의체에 회부해 줄 것을 희망한다."라고 기재되어 있으며, 이 사건은 실제 대법원 전원합의체에 회부되었고 전원일치 판결이 내려졌다. 통상임금에 관하여 신의칙까지 적용하여 소급적용을 제한한 판결의 경우에도 "재판과정에서 대법원이 정부와 재계의 입장을 최대한 파악하고 이해하려고 노력한 것"으로 보며, "판결 선고결과에서도 대법원의 정부와 재계의 고민을 잘 헤아리고 이를 십분 고려하여 준 것으로 받아들임."이라는 내용이 담긴 문건도 발견되었다. 대법관들은 법원행정처의 문서에 그렇게 적혀 있다고 하여 자신들이 재판거래를 한 것은 결코 아니라고 한다. 그러나 적어도 겉으로 드러난 것은 적어도 대법원장이 정부와 재판을 가지고 거래를 하였을지 모르고 대법관들도 이와 무관하지 않을 것이라는 의심이 합리적이다.

공정성, 객관성 없는 진상조사

이 조사결과도 충격적이지만, 이 조사결과가 사건의 진상을 있는 그대로 드러냈다고 믿기에는 한계가 있다. 법원행정처의 재판 관련 권한남용의혹을 법원 관련인사로만 구성된 '특별조사단'에서 조사하였다. 현 법원행정처장이 단장이 되고 지방법원장, 윤리감사관, 전국법관대표회의 당시 의장, 전산정보관리국장, 사법연수원 교수 등 6명이 참여하였다. 법원 내부의 문제에 대한 법원의 자체조사라는 입장이다. 그러나 법관이나 법원 나아가 대법원에 대한 의혹이 제기되고 있는 사안에 관하여 조사하는 방식으로는 결코 공정하다고 할 수 없다. 조사를 제3의 기관에 맡긴 것도 아니고, 내부조사단을 구성한다고 해도 좀 더 공정성을 담보하기 위해서 신뢰받는 외부인사가 참여할 수도 있었는데 그렇지 못하였다. 조사대상인 컴퓨터의 디지털포렌식 작업을 담당한 곳은 의혹의 핵심에 있는 임종헌 전 법원행정처 차장의 친형과 관계가 있는 기관이었다. 공신력을 가진 기관으로서 택할 수 있는 최선의 선택이었다는 반론도 있으나 하필 임 전 차장의 컴퓨터에서 손상되거나 복구할 수 없는 파일이 유난히 많은 것은 어떻게 설명할 것인가. 누구도 자기 사건의 재판관이 될 수 없다는 원칙에서 보면, 조사 자체도 결코 공정하지 못했다고 할 수 있다.

이제 양승태 전 대법원장과 법원행정처를 포함하여 대법관까지 수사를 받고 재판을 받고 있다. 디지털포렌식 분야에서 최고의 기술을 가지고 있는 검찰이 제대로 진상을 규명하고 법관이라도 범죄를 범했으면 엄중하게 처벌받을 수 있게 되기를 바란다. 잘못된 재판도 바로잡아야 할 것이다.

콜럼버스가 아메리카 대륙을 발견한 해는?

1492년

이 질문에 대한 답은, 물론 1492년이다. 1392년 조선의 건국, 1592년 임진왜란 등과 함께 우리가 오래도록 기억하는 해이기도 하다. 갑자기 이런 질문을 던지는 것은 이 질문을 한 어느 판사 때문이다. 우리나라에서가 아니라 미국에서의 일이다.

> 미합중국의 시민이 되려고 노력하는/사람들을 심사하는 로스엔젤레스의 판사 앞에/이탈리아 식당주인도 왔다. 진지하게 준비해 왔지만/유감스럽게도 새 언어를 모르는 장애 때문에 시험에서/수정헌법 제8조의 의미를 묻는 질문을 받고/머뭇거리다가 1492년이라고 대답했다./시민권 신청자에게는 국어에 대한 지식이 법으로 규정되어 있으므로/그의 신청은 기각되었다. 3개월 뒤에/더 공부를 해가지고 다시 왔으나/물론 새 언어를 모르는 장애는 여전했다./이번에는 남북전쟁에서 승리한 장군은 누구였는가 하는/질문이 주어졌는데, (큰 소리로 상냥하게 나온) 그의 대답은/1492년이었다. 다시 기각되어/세번째로 다시 왔을 때, 대통령은 몇 년마다 뽑느냐는/세번째 질문에 대하여 그는/또 1492년이라고 대답했다. 이번에는/판사도 그가 마음에 들었고 그가 새 언어를/배울 수 없음을 알아차렸다. 그가 어떻게 살아가는지 조회해 본 결과/노동을 하면서 어렵게 살고 있음을 알게 되었다./그가 네번째로 나타났을 때 판사는 그에게/언제 아메리카가 발견되었느냐고 물었다. 그리하여, 1492년이라는 그의 정확한 대답을 근거로 하여/그는 마침내 시민권을 획득하였다.

민주적인 판사

베르톨트 브레히트Bertolt Brecht라는 독일 시인이 1943년에 미국에 건너와서 어렵게 살 때 쓴 〈민주적인 판사〉라는 시(김광규 옮김, 『살아남은 자의 슬픔』, 한마당, 1985, 119-120면)이다. 참고로 미합중국 헌법 수정 제8조는 "과다한 보석금을 요구하거나 과다한 벌금을 과하거나 잔인하고도 비정상적인 처벌은 금지된다."라는 내용이고, 남북전쟁에서 승리한 장군은 나중에 미국의 제18대 대통령이 되는 율리시즈 그랜트Ulysses Grant(1822-1885)이다. 이 시를 읽으면서 어떤 생각이 들지 궁금하다.

헌법과 법률을 해석 · 적용해서 분쟁을 해결하는 국가기관인 법원

사회생활에서 발생하는 분쟁을 해결하는 방법은 여러 가지가 있다. 예를 들어, 갑이 을에게 돈 백만 원을 빌려줬는데 을이 제 날짜에 갚지 않을 경우 어떤 해결 방법을 생각할 수 있을까? 을을 달래든지, 어르든지 하는 방법을 사용할 수 있을 것이다. 또 을이 워낙 사정이 좋지 않을 경우에는 돈을 더 빌려줘서 위기를 넘기게 하고 나중에 다 받는 방법도 있다. 두 사람 모두 동의하는 제3자를 중재자로 택해서 그 사람의 결정에 따를 수도 있을 것이다. 법원을 이용하는 것도 한 방법이다. 분쟁을 해결하는 방법으로 제일 많이 떠오르는 방법이기도 하지만 사실 사용하기 그리 쉬운 방법은 아니다. 시간과 돈이 많이 들기 때문에 주저하지만 법원의 판결이 있으면 집행이 쉽기 때문에 강력한 방법이긴 하다. 물론 을이 돈이 없으면 법원 판결을 받아 봐야 별 뾰족한 수가 없다.

이처럼 법원이 하는 일은 헌법과 법률을 적용해서 분쟁을 해결하는 것이다. 법원은 여러 가지 분쟁해결 방법 가운데 국가기관이 헌법과 법률을 적용해서 판결을 함으로써 강력한 집행을 뒷받침한다. 이런 법원이 분쟁을 잘 해결하기 위해서는 어떠한 요건을 갖춰야 할까? 우선 헌법과 법률을 적용해서 재판을 하기 때문에 법관이 헌법과 법률에 대해 잘 알아야 한다는 점은 굳이 강조할 필요가 없을 것이다. 우리나라의 법관은 국민들이 선거하지 않고 오랜 동안의 재판경험을 통해 전문성을 확보하도록 하고 있다.

공정한 재판

법원에게 가장 중요한 점 가운데 하나는 공정성이다. 분쟁에는 언제나 대립하는 이해관계에 있는 둘 이상의 당사자가 있기 때문에, 법률을 적용해서 분쟁을 해결하고 그 분쟁이 다시는 재발하지 않도록 하기 위해서는 재판을 담당하는 판사가 어느 편을 들어서는 안 될 것이다. 우선 어느 쪽 편을 들었다면 재판에서 진 쪽은 판결에 불복하기 마련이고 판결을 이행하더라도 두고두고 불만을 가지게 될 것이다. 실제 공정하게 재판을 했다고 해도 겉으로 보기에 어느 한쪽 편을 든 경우에도 재판에서 진 당사자는 불만을 가지게 되고 법원에 대해서는 믿음을 가지지 못하게 된다. 이러한 불신이 계속 쌓이게 되면 법원의 재판은 분쟁을 해결하는 기능을 제대로 수행하지 못하게 될 것이다. 불신을 받는 법원이나 법관이 진행하는 재판은 신속하게 진행될 수도 없다.

법관이나 법원이 공정하기 위해서는 어느 당사자로부터 뇌물을 받는다거나 어느 쪽을 이기도록 하기 위해 법률을 왜곡하는 것은 당연히 금지된다. 법원의 공정성을 해치는 행위이기 때문이다. 한편 법원이 실제 아무리 공정해도 겉모습이 공정하지 않다면 아무리 옳은 재판이나 판결이라 해도 상대방을 설득할 수 없기 때문에 공정성의 겉모습을 갖는 것이 중요하다. 재판을 담당하는 판사가 사건의 당사자이거나 한쪽 당사자와 가까운 가족이거나 이해관계를 가지는 경우 당연히 재판에서 배제되거나 자신이 원하면 재판을 담당하지 않아도 된다. 제척이나 회피제도가 그것이고, 사건의 당사자가 공정한 재판을 기대하기 어려운 경우 특정 법관의 재판을 기피할 수도 있다.

우리의 법원은 얼마나 공정한가?

우리 법원이 얼마나 공정하다고 생각하는가? 법원이나 경찰서는 가보지 않고 사는 게 좋은 것이니 법원의 재판을 받지 않은 분들이야 법원이 공정한지 어떤지 알 바가 아닐 수도 있다. 그렇지만 범죄를 범하지 않더라도 분쟁이 생겨 법원에 가야 할 일도 있으니 결코 남의 일만은 아니다. 몇 년 전 어느 월간지가 판사를 그만두고 개업한 변호사를 대상으로 조사한 결과가 있다. 이들 가운데 3명 중 1명꼴로 판사 시절 재판담당 변호인과의 친소관계가 재판 결과에 영향을 미친 편이었다고 응답했고, 5명 중 1명꼴로 사회·경제권력의 압력으로 재판에 영향을 받은 경험이 있다고 답했다. 판결에 영향을 미칠 만한 유혹을 받은 적이 있다는 응답은 58.5%에 달한다. 판사와 사건을 담당한 변호사의 친소관계가 영향을 '미쳤다'고 답하는 것은 사실은 아주 심각한 것이다. 어느 사건인지 특정하지 않았으니 소송에서 패소한 경험이 있는 분은 모르는 게 아예 속이 아프지 않겠지만, 법관과 친분이 있는 변호사가 대리한 사건의 상대방은 법적인 이유 아닌 다른 이유 때문에 패소했거나 또는 승소하긴 했어도 본래 받을 수 있는 것보다 덜 받게 된 것이다.

국민의 믿음을 받는 법관은?

신영철 전 대법관은 서울중앙법원장 재직 시절에 이 법원의 판사들에게 재판에 관해 영향력을 행사하였는데, 이에 대해 대법원 공직자윤리위원회에서 경고나 주의를 권고하는 결정을 해서 젊은 판사들이 반발한 적이 있다. 법원과 판사에 대한 여론도 좋지 않다. 우리 법원은 공무원조직처럼 관료화되어 있다는 평가를 받는데, 법원장이 재판에 관해 요구를 하고 판사가 이에 따랐다면 누군가는 억울하게 옥살이를 하거나 채무를 지게 된 것이다. 판결이 사람의 운명까지 좌우할 수 있는 것이라면 판사라는 직업을 가진다는 것은 얼마나 엄숙해야 하는 것인지는 두말할 필요가 없을 것이다.

법을 해석하는 데는 서릿발처럼 엄정해서 국민의 믿음을 받는 법원을 우리는 언제쯤 가질 수 있을까? 법에서 사람의 온기를 느끼고 눈물을 흘릴 수 있는 따뜻한 가슴을 가진 법관까지는 아니더라도 말이다.

화살은 왜 부러졌나?

부러진 화살

〈부러진 화살〉이라는 제목의 영화가 인기를 끈 적이 있다. 어느 사립대학 수학과 교수가 대학입시 출제문제의 오류를 지적하면서 비롯되는 학교에서의 재임용 탈락, 소송제기와 패소, 그리고 판결을 잘못했다고 생각하는 판사에게 석궁을 들고 가서 항의하다가 화살이 발사되어 진행되는 형사재판 그리고 구치소생활 등, 수학자로서 촉망받던 한 연구자의 편치 않은 인생 이야기가 펼쳐진다. 이 영화 속의 내용이 사실과 어느 정도 일치하는지에 대해서도 말이 많다. 오죽하면 법원에서 법원의 재판이 잘못되지 않았다고 하면서 영화가 가지는 문제점을 지적하는 보도자료까지 배포했을까? 영화를 영화로 보면 그만인데.

이 영화가 그토록 사회적 관심사가 되는 것은 영화의 재미도 재미지만 국민들의 사법에 대한 불신 때문이 아닐까 생각한다. 모든 판사가 그런 것도 아니고, 모든 재판이 그런 것도 아니지만 소송에서 억울함을 구제받지 못했던 경험, 상대방이나 그 변호사가 강한 탓에 소송에서 져 본 일들, 굳이 소송 때문이 아니더라도 법원에 일을 보러 갔다가 겪은 불친절이나 황당함에 대한 분노 등이 복합되어 나타난 것일 것이다. 사실 사람이 평생 법원에 몇 번이나 가 볼까만, 갔을 때 겪은 편치 않은 경험이 좋은 기억으로 남을 리 없다. 법원에 가는 게 좋은 일이 아니라 분쟁이나 범죄 혐의 때문이니 잘돼 봐야 본전이고 누명을 쓰게 되면 억울할 수밖에.

재판에서 사실관계를 밝히는 것의 어려움

재판을 하면서 법관은 사실관계를 밝히게 된다. 그러나 여기에는 한계가 있을 수밖에 없다. 우선 재판을 사람이 한다는 것이고, 법관의 인식에도 한계가 있다. 그의 경험의 폭이나 사람에 대한 이해의 정도에 따라 과도하게 평가하거나 인식하지 못하는 사실도 있다. 그것은 재판을 담당하는 사람이 아무리 성실해도 갖게 되는 근본적인 문제이다. 그러니 재판관은 항상 자신을 돌아보고 자신의 한계 때문에 자신도 모르게 범하는 잘못과 억울함이 없는지 살펴야 하는 어려운 의무를 지고 있기도 한다.

또한 실제의 사실과 법정에서 재구성되는 사실이 다를 수도 있다. 재판은 재판의 당사자가 법정에서 펼쳐 놓는 주장에 기초하여 진행된다. 당사자가 어떤 사실을 놓치기도 하고, 엇갈리는 서로의 주장을 재구성하다 보면 실제의 사실관계와 다른 모습으로 나타나기도 한다. 법률에 위반되는 방법으로 증거를 수집하였으면 유력한 증거라도 재판과정에서 아예 없는 것으로 취급되기도 한다. 그러면 확실히 죄가 있는 사람도 증거부족으로 무죄가 선고되기도 한다. 이는 미국에서 유명한 미식축구선수 오제이 심슨O.J. Simpson이 자기 아내를 살해하였다고 기소된 사건에서처럼 무죄판결을 받았으나 사람들은 유죄라고 보는 예에서도 알 수 있다. 이것은 법제도의 한계라고도 할 수 있을 것이다.

사실을 외면한 법관들

그러나 법관이 사실관계를 제대로 밝히지 못하는 것이 그 자신의 문제로 돌려질 수 있는 경우가 많다. 독재정권 시기에 고문으로 조작된 증거를 바탕으로 많은 사람들이 억울한 옥살이를 하기도 하고 사형을 당하기도 하였다. 고문을 당했다고 제 아무리 주장해도 들은 체도 안 하고 심지어 몸에 난 고문의 상처까지 보여 줘도 외면하면서 오로지 검찰의 기소 내용만 반복하는 법원의 판결은 공정한 것이었을까? 그동안 간첩으로 오랜 징역생활을 한 사람들이 최근에야 무죄판결을 받은 예가 적지 않다. 하늘이 알고 땅이 알고 두 당사자가 다 겪은 사실을 한 당사자가 부인하고 법원도 받아들이지 않을 때, 알고 보니 상대방의 변호사가 재판을 담당한 법관과 함께 근무하던 부장판사 출신이었다면 그 재판에 대해 어떻게 생각하게 될까?

재판에 대한 문제가 제기된다 하여 그것이 반드시 법관의 잘못 때문만은 아닐 것이다. 그리고 실제 성실하고 인격적으로도 훌륭한 법관도 만날 수 있다. 그러나 법원이 국민의 신뢰를 받으려면 한 점의 불공정함도 나타내지 않으려는 노력이 필요하다. 재판은 공정해야 할 뿐만 아니라 공정하게 보여야 한다. 대법원장이 이 영화를 사법의 현실을 돌아보는 계기로 삼겠다고 한 것은 그나마 다행이다.

화살은 계속 부러지고 있다

정직함의 대가는?

시작은 시험문제였다. 어느 사립대학의 학부 신입생을 선발하는 입시문제였다. 나중에 세계적인 학술지에 그 문제가 실렸을 정도로 명확한 오류가 있었다. 이 대학 수학과 김 교수는 이 문제를 지적하였다. 그러나 이 대학은 문제 자체의 오류는 인정하지 않고 채점의 혼란을 막기 위한 모범답안을 제시하여 이를 수습하고자 했다. 김 교수는 그 해 '연구소홀' 등을 이유로 부교수 승진에서 탈락하여 1996년 2월 학교를 떠났다. 구제를 해 달라고 소송을 제기하였으나 패소하였다. 그리고 한국을 떠났다. 몇 년 뒤 사립학교법이 개정되자 귀국하여 교수

지위의 확인을 구하는 소송을 제기였으나 또 패소했다. 항소심 재판부의 재판장 집에 항의하러 석궁을 들고 갔다가 상해죄로 기소되어 징역 4년을 살고 출소하였다.

김 교수가 재임용에 탈락한 그해 제기한 소송에서 제1심 재판부는 대한수학회와 고등과학원에 전문가의견을 제출해 달라고 요청하였으나 이들 단체는 이를 거부하였다. 전국 44개 대학 수학과 교수 189명은 김 교수가 문제 제기한 입시문제는 '문제 자체가 성립하지 않으며, 이 대학에서 제시한 모범답안도 문제가 잘못되었다는 것을 호도하기 위한 방편으로 보인다.'라는 의견을 법원에 제출하였다. 이들은 '자타가 공인하는 세계정상급 저널에 학술논문을 여러 편 발표하기도 했던 김 교수가 연구 소홀이라는 이유로 재임용에서 탈락한다면 국내의 수학자 가운데서 부교수로 승진할 수 있는 수학자는 별로 없을 것'이라고도 했다. 세계적인 과학학술지인 『사이언스*Science*』(1997. 9. 5.)에는 「올바른 답의 비싼 대가(The High Cost of a Right Answer)」라는 제목의 기사가 실렸다. 수학 분야의 국제학술지인 『매써매티컬 인텔리전서*Mathematical Intelligencer*』에도 「정직함의 대가?(The Rewards of Honesty?)」라는 제목의 편집장에게 보내는 편지에서 이 문제가 지적되었다. 캠브리지 대학의 마이클 아티야Michael Atiyah 교수 등 저명한 수학자가 그를 위해 의견을 제출하였다.

시험문제의 오류 지적이 부러진 화살로?

이 이야기에 바탕을 두고 만들어진 영화 〈부러진 화살〉을 많은 사람들이 봤고, 사법부에 대한 비판이 높아지고 있다. 법원을 다녀 본 사람들은 충분히 공감한다. 하지만 왜 정작 문제의 발단이 된 대학과 학계에 대해서 비판을 하거나 자성하는 소리는 잘 들리지 않는다. 왜 그 사립대학 입시문제 출제 교수들은 나중에 오류가 들통날 것을 감추어야 했을까? 오류를 인정하면 자신이나 학교의 명예가 떨어진다고 생각했을까? 그 분야의 중심이 되는 학회는 왜 법원에 의견 제출을 거부했을까? 영화는 영화일 뿐이라지만 영화 속의 김 교수가 현실의 김 교수라면, 또 재임용 관련 소송의 판결문에 나타난 '심한 말'을 한 것이 사실이라면 그는 꽤 '까칠한' 사람이겠지만, 그것이 입시문제오류에 대한 근본적인 문제제기 이후 벌어지는 비지성적 행태 때문이었다면, 또 그런 문제제기 때문에 비로소 문제가 되었던 것이라면 과연 비지성적인 것은 용인되면서 그 까칠함만이 재임용을 거부할 구실이 될 수 있을까?

대학 안의 반지성反知性

대학은 진리의 전당이다. 진리를 탐구하고 가르치는 곳이다. 사회의 어느 부분에서도 누리지 못하는 자유가 보장되는 것도 이러한 역할 때문이다. 그래서 대학 내에서 문제를 푸는 방식도 그에 부합하는 것이어야 한다. 하지만 현실은 영 딴판인 경우가 많다. 문제를 가리기에 급급하고, '거친' 문제제기에서 그것이 '거친' 것이었다는 이유로 제재를 가한다. 내부에서 올바른 문제 해결을 기대할 수 없어 외부의 도움을 구하면 그것 때문에 비난을 받는다. 정작 문제를 일으킨 사람은 아무 탈이 없다. 편 가르기와 내 편의 수, 인간적 관계가 우선하는 경우가 적지 않다.

필자도 몇 해 전 교수인사 문제로 힘든 시간을 보냈다. 결론을 정해놓고 진행되는 절차 속에서 문제제기는 '거칠었다'. 거칠다고 해 봐야

회의에서의 격론, 외부감사청구와 언론보도 요청 정도였지만……. 이미 '공표'된 공채지원자의 논문의 표절 여부를 가리는 심사에서는 논문 필자가 새로 제출한 논문과 공표된 논문의 내용이 다르니 표절을 주장하는 사람이 이를 입증하라고 하고, 당사자가 교원공채 지원을 철회했다는 이유로 표절 여부에 대해서는 판단하지 않고 종료하는 반면, 같은 공채에 지원한 다른 사람에 대해서는 본인에게 표절 심사를 하는지 통지도 하지 않고 아무런 소명기회도 당연히 주지 않고 단 두 줄로 표절이라는 판단을 하였다. 사리만 분별할 수 있는 사람이면 누구나 문제라고 할 수 있는 이런 일에 대해 이 절차의 책임자는 심사위원회 구성이 바뀌면 결과도 달라질 수 있는 것 아니냐고 답한다. 반지성의 극치가 아닐 수 없다.

필자가 김 교수와 다른 점이라면 국립대학에 근무하고 있고, 필자를 이해해 주는 이들이 대학 내에 적지 않았다는 것뿐이 아닐까. 화살은 사법부뿐만 아니라 반지성의 행태를 보이는 대학사회의 곳곳을 향해 발사되어야 한다.

그들만의 사법부의 기원

사법농단사건 주범들 정직 6월

2018년 12월 사법농단사건에 관련된 법관 13명에 대해 징계가 이뤄졌다. 그 가운데 가장 중한 것이 정직 6월이니 그들이 저지른 일에 대한 징계치고는 매우 가볍다. 막장드라마 같은, 아니 그보다 더한 일이 법원에서 백주대낮에 벌어질 수 있었던 것은 무엇 때문이었을까? 한결같이 '잘 나가던' 법관들이 양승태의 말을 고분고분 따르는 힘은 무엇이었을까? 어떻게 사법부는 그 권력이 나온다는 국민의 뜻과 동떨어져서 자신들만의 영토를 만들어 올 수 있었을까? 이러한 의문에 대한 답 가운데 하나는 법원의 인사시스템에서 찾아야 한다.

당장 대법관의 임명이 대법원장의 제청에 달려 있다는 점이 문제이다. 헌법상 대법원장의 대법관 임명제청권이 가지는 문제는 오래 전부터 지적되어 왔다. 합의기관인 대법원의 구성원을 동료의 지위에 있는 대법원장의 제청에 의하여 충원하는 예는 세계적으로도 찾기 힘들다. 이것이 사법부 전체의 서열화와 관료화의 원천이 된다. 대법관이 주는 명예와 전관예우로 얻을 수 있는 돈은 승진의 꿈을 가지는 법관을 길들이는 힘이다.

누가 법관이 되는가?

여기에 우리가 소홀하게 생각할 수 없는 것이 있다. 바로 법관의 충원 부분이다. 현행헌법에 따르면 대법원장과 대법관이 아닌 법관은 대법관회의의 동의를 얻어 대법원장이 임명한다. 대법관회의 이전에 법관인사위원회의 심의를 거친다. 법관인사위원회는 법관 3명, 법무부장관이 추천하는 검사 2명, 대한변호사협회 회장이 추천하는 변호사 2명, 법학교수회 회장과 법학전문대학원협의회 이사장이 각각 1명씩 추천하는 법학교수 2명, 학식과 덕망이 있고 각계 전문분야에서 경험이 풍부한 사람으로서 변호사 자격이 없는 사람 2명 등 11명으로 구성된다. 위원은 대법원장이 임명하거나 위촉한다. 판사 임용은 대상자에 대해 "서류심사, 필기시험, 면접시험 또는 그 밖의 적당한 방법으로 법관적격 여부를 심사"하며, "법률지식 및 법적사고능력, 공정성, 청렴성, 전문성, 의사소통능력, 품성, 적성, 공익성 등을 참작하여 법관 수급 사정에 따라 임용 여부를 결정한다."

법관에 필요한 자질의 심사 등은 법관인사위원회에서 하나, 위원회 간사를 맡고 있는 법원행정처 인사총괄심의관이 필요한 기초자료의 작성을 담당할 수밖에 없다. 게다가 법관인사위원회가 형식적이 되면 될수록 법원행정처의 기능이 중요하게 될 수밖에 없다. 법관의 임용은 법원 스스로에 맡겨지는 셈이다. 회사가 신입사원을 알아서 뽑듯이 법원이 신임법관을 알아서 뽑는 것이 문제가 아니라고 생각할 수 있다. 법관으로 적격인 사람을 알아보는 눈은 같은 일에 종사하는 사람이 제일 잘 아니 법원의 판단이 맞을 수도 있다. 자신의 조직에 누가 되지 않을 '때를 덜 탄' 적임자를 선택하는 데도 제격일 수 있다. 대법원장이 대법관 이외 법관의 임명권을 가지는 것은 법원의 전문성과 독립성을 강화하는 면을 가진다.

법관에게 민주적 정당성을 보충하는 방법은?

그러나 법원이 회사는 아니다. 주주총회에서 직원 인사권을 가지는 사장을 선임하고 사장에게 알아서 책임경영하라 하듯 할 수 있는 것이 아니다. 법원은 대법원장이 정점에 있는 일사불란한 조직체가 아니다. 수많은 법원이 제각기 사법권을 행사하고 어느 법원의 판결도 상소에 의하여 다투지 않는 한 최종적일 수 있다. 모든 법원은 독립되어 있다. 인사를 담당하는 법원행정기관부터 독립되어야 한다.

사법권은 국민으로부터 유래하는 것이고, 그만큼 법원의 구성원인

법관은 민주적으로 정당한 절차와 방법에 따라 충원되어야 한다. 만들어진 법원이 스스로 법관을 선택하여 충원하는 한 법원은 국민과 동떨어진 그들만의 사법부가 안 될 수 없다. 아무리 헌법에서 대법원장에게 법관의 임명권을 부여하였다고 해도 민주적인 정당성이 강화될 수 있는 방식으로 제도를 개선하여야 한다. 법관의 임명과정에서부터 국민의 민주적인 관여가 필요하다. 법관인사위원회 정도의 기구로는 형식적일 뿐이다. 법관임용심사대상자의 평가과정에서부터 법원 외부의 참여가 확대되어야 한다. 이 부분에 대해서는 헌법개정도 필요하다.

법관은 10년 계약직 공무원인가?

"가카새끼짬뽕"

40대 초반의 판사인 A는 자신의 페이스북에 항간에 퍼져 있는 사진 한 장을 올리면서 "트윗에서 본 신종라면 2가지이다. 저만 처음 본 건가요?"라는 댓글을 달았다. 그가 올린 사진에는 "'풍부한 꼼수와 비리로 우려낸 역겨운 매국의 맛 시커먼 땟국물 꼼수면; 가카가 쳐말아먹은 비릿한 바로 그 맛! 가카새끼짬뽕 BBK명박" 등의 내용이 담겨 있었다. A판사가 사회적 반향을 일으키는 판결을 자주 하는 터라 언론사 기자들이 그의 '페북친구'로 등록되어 있어, 그가 이 사진을 올리자마자 바로 언론의 기사가 되었다. 그는 법관윤리강령 위반으로 서면 경고를 받았다. 한편 대법원 공직자윤리위원회는 페이스북과 트위터 등에서의 표현과 관련한 가이드라인을 만들 것을 권고하였다. 그러자 다른 판사 B는 이것이 언론통제 지침이라고 비판하면서 "방통위는 나의 트윗을 적극 심의하라. 앞으로 분식집 쫄면 메뉴도 점차 사라질 듯. 쫄면 시켰다가는 가카의 빅엿까지 먹게 되니"라는 트윗을 날렸고, 그는 그가 속한 법원의 법원장으로부터 '구두경고'를 받았다.

이후 B판사는 재임용에서 탈락하였고, A는 재판의 합의결과를 법원 내부망에 공개하였다는 이유로 정직 6월의 징계를 받았다. 대법원은 B가 10년 동안 '하' 5회, '중' 2회, 'B' 1회 등의 평가를 받았다고 하면서 재임용탈락이 트위터 등 SNS(사회적 관계망 서비스) 활동에 대한 보복이 아니라고 강조하였다. 그러나 B의 사건처리율이나 종국률(사건 당사자가 항소를 하지 않아 사건이 종결되는 비율)은 전국 판사의 평균보다 높았다. B는 몇 년 전 촛불시위 당시 서울중앙지방법원장으로 근무하면서 시위 관련자의 재판을 담당하는 판사에게 압력을 가한 적이 있는 신영철 대법관의 퇴임운동을 주도한 적이 있었다. B의 재임용 탈락과 A에 대한 징계가 있자, 서울중앙지방법원 등 여러 지방법원의 판사들은 판사회의를 개최하여 법관 재임용심사, 법관근무평정 등의 기준과 절차가 법원의 독립을 위협하는 것이라면서 법관인사제도를 개선해 달라고 대법원장에게 건의하였다.

법관에 대한 신분보장

법관은 헌법과 법률에 의하여 양심에 따라 독립하여 재판한다. 대립하는 이해관계에 있는 당사자 사이의 법적 분쟁을 해결하는 법원에서 재판을 하는 법관은 헌법과 법률에 관한 전문성을 가져야 할 뿐만 아니라 어느 당사자로부터도 독립되어야 한다. 어느 법관도 자신의 재판을 할 수 없다. 또한 독재정권 시절에 자행되었던 것처럼 정치적 압력을 받지 않아야 한다. 이런 이유로 법관은 탄핵 또는 금고 이상의 형의 선고에 의하지 아니하고는 파면되지 않는다. 현직 법관에 대해 금고 이상의 형을 선고하는 것은 우리나라 법원의 정서상 거의 불가능한 것이기도 하니, 법관에 대해 매우 강한 신분보장이 규정되고 있다 할 수 있다.

법관 임기제의 악용

한편 신분보장이 가지는 문제는 법관이 타성에 빠지고 사회적 흐름에 뒤처질 수 있다는 것이다. 조직에 활력을 불어넣기 위하여 헌법은 판사의 임기를 10년으로 하고 있다. 법관의 임기제가 법관의 독립성을 반드시 침해하는 것이라고는 할 수 없다. 오히려 명확한 임기보장을 통하여 헌법과 법률에 의하여 양심에 따라 재판할 수도 있다. 하지만 우리 역사에서 법관의 임기제는 부적격 법관을 걸러내는 장치로 작용하기보다는 대법원장을 정점으로 하는 위계질서에서 윗사람에게 순종적인 법관을 만들어 내는 데 기여했다. 따라서 판사가 재임용되고 '승진'을 할수록 더 보수적인 성향을 가지게 되었다고 지적하고 있다. 법원장이 소속 법관에 대해 평가를 하는데, 별 뚜렷한 기준도 없이 평가를 하고 그 결과를 공개도 하지 않는데, 어느 누가 정 맞을 모난 짓을 하겠는가? 헌법이 법관의 임기를 규정하고 있다지만, 법관 평가제도의 기준이나 절차가 자의적이어서 법관이 독립적으로 재판할 수 없게 된다면 그 재임용 제도나 임기제도는 헌법에 위반된다고 할 수 있다. 그 동안의 법관 재임용 관행을 볼 때, B판사의 경우도 페이스북에 쓴 글만 아니라면 무난하게 재임용되었을 것이라고 생각된다. 앞에서 소개한 정도의 발언으로 법관이 재임용되지 않는 것은 아무리 생각해도 지나친 것이다. 오죽하면 판사도 비정규직이 되었다고 탄식을 했을까? 법관 재임용을 제대로 하는 것도 법원이 신뢰를 확보하는 길이다.

우리는 어떤 헌법재판관을 원하는가?

국회의 인사청문회 제도

국회의 인사청문회는 항상 요란하다. 여당과 야당의 공방이 오가고 인사청문보고서의 채택을 둘러싸고 갈등을 빚는다. 그 결과 공직자의 임용이 늦어지는 경우도 허다하다. 헌법재판소의 경우는 재판관 9명이 헌법재판을 하기 때문에 퇴임 전에 후임자가 임명되어야 한다. 그런데 재판관 4명이 임기만료로 퇴임하였는데 후임자가 결정되지 않아 재판관 9명 가운데 5명이 공석이 되는 지경에 이르렀던 경우도 있다. 헌법기관의 마비사태를 초래한 국회의 권한남용을 나무라는 분들도 있지만, 그만큼 헌법재판관이라는 자리가 중요하고 그에 상응하는 자질을 가진 분들이 임명되어야 한다는 것을 부각했다는 점에서는 의미가 있다. 헌법재판소는 법률이 헌법에 위반되는지 여부를 심사하고 공권력에 의한 기본권침해를 구제하는 기능을 수행하는 국가기관이니 그 중요성은 더 강조할 필요가 없을 것이다.

헌법재판관은 어떤 사람들이 임명되어야 할까? 오랜 법률가의 경력이 있으면 족할까? 특히 법원이나 검찰의 고위직을 지낸 분들이면 더 적합할까? 공안검사를 지낸 분이 재판관으로 2명이나 재직하게 되면 좋은 일일까? 오랜 변호사, 판사 또는 검사 생활을 한 법률가만이 헌법재판관이 되는 것은 당연한 것일까?

헌법재판관의 전문성

헌법재판관은 헌법재판에 관한 전문성이 있어야 한다. 특히 헌법적으로 무엇이 옳고 그른지를 명확하게 밝혀 판단할 수 있는 능력이 필요한 것은 당연하다. 또 헌법재판과정에서 다른 국가기관이나 정치적 압력으로부터 독립되어야 한다. 재판관이 특정 세력이나 이익만을 대변하면 분쟁의 당사자가 헌법재판소의 결정에 동의하지 않고 그만큼 새로운 분쟁이 일어날 가능성이 높아진다. 나아가 헌법재판관은 국민으로부터의 민주적 정당성을 가져야 한다. 국민의 대표기관인 국회와 대통령을 거쳐 임명되는 것도 민주적 정당성을 얻기 위한 것이다. 헌법재판권이 하늘에서 떨어진 권력이 아니라 국민들로부터 위임받은 것이니까. 요약하자면 헌법재판관은 헌법재판의 전문성, 독립성과 민주성을 가져야 한다.

이런 관점에서 보면 헌법재판이 '헌법적 분쟁'을 헌법을 해석하고 적용하여 해결하는 것이니 법관처럼 당연히 법률가여야 한다고 생각할지 모르겠다. 현재의 제도는 변호사(판사 또는 검사) 15년 이상의 경력을 가져야 한다고 한다. 하지만 헌법적 분쟁은 일반 민사나 형사사건과 달리 사건이 매우 복잡하고 국가 전체의 정치적 상황과 관련이 있으며 헌법이 가진 이념적 성격만큼 고도의 가치판단이 필요한 것이라는 점에서 민사나 형사분야에서 오랜 경력을 가진 법률가라고 해도 당연히 전문성이 있다고 하기 어렵다. 오히려 변호사 자격을 가지지 않아도 일정 기간 이상 법률을 가르쳤거나 정치학, 경제학 등 오랜 기간 동안 국가적 차원의 사안을 연구해 왔거나 시민운동을 한 사람들이 헌법적 분쟁을 해결하는 데 필요한 전문성을 가지고 있다고 할 수도 있다. 사실 순수한 법률적 판단이나 재판절차 진행에 필요한 지식은 헌법연구관 등 보조인력의 도움을 받을 수 있지만, 공동체가 어느 방향으로 향해야 하는지 또는 어떤 내용을 가져야 하는지에 대한 판단은 단순히 법률지식만으로 되지 않기 때문이다.

헌법재판관의 인권감수성

또 헌법재판관은 분쟁이 되는 사안이 인권을 얼마나 침해하는 것인지를 민감하게 느낄 수 있는 인권감수성이 풍부해야 한다. 오로지 자기의 기준이나 경험에만 갇혀 있으면 분쟁 당사자가 느끼거나 제기하는 문제를 실감하기에는 어려움이 있다. 보다 열린 눈으로, 사물을 온전히 바라볼 수 있는 자세를 가진 사람이라야만 헌법적 분쟁을 해결하는 데 자격이 있다고 생각된다. 사회의 소수자가 겪는 아픔을 함께 느낄 수 있어야 소수자의 권리보호가 가능하기 때문이다.

아울러 헌법재판소 재판관의 구성이 다양해야 한다. 헌법적 분쟁은 결국은 사회적 갈등이 반영된 것이다. 이러한 분쟁의 해결 주체인 헌법재판소가 특정 세력과 이익만 반영하면 독립성에 대한 의심을 받게 되고 결국 그 결정조차 존중되지 못할 수도 있다. 재판관 1명이라도 소수의 이익을 대변하는 것은 단지 9분의 1의 영향력을 가지는 것이 아니라 사회에 소수자의 목소리가 존재하는 것을 보여 주며 다른 재판관을 설득할 기회를 얻게 되어 보다 설득력 있는 결정을 내리게 되고 판례의 변경을 바라볼 수도 있게 한다. 그것이 소수자 보호를 핵심으로 하는 민주주의의 구현이기도 한다. 이런 점에서 공안검사 출신이 2명이나 재판관으로 임명되는 것은 마땅히 피해야 할 일이다.

헌법재판소에 대한 오해와 진실

헌법재판소의 맹활약

그 동안 헌법재판소가 해 온 역할은 아무리 낮게 평가해도 결코 작은 게 아니다. 국회가 개정하지 못하는 수많은 법률을 위헌으로 결정하였고, 관행처럼 여겨져 온 국가의 기본권침해행위를 시정하였다. 한 예로 호주제 헌법불합치결정은 얼마나 의미 있는 일이었던가. 그 결과 국민들이 헌법재판소에 거는 기대는 당연히 높아졌으며 나아가 수많은 정치적 문제까지 담당하게 되었다. 분명 헌법재판소는 민주주의 정치과정에서 나타날 수 있는 다수의 횡포를 헌법적 가치의 관점에서 판단함으로써 정치를 헌법적 규제 아래 둘 수 있다는 점에서 매우 긍정적인 역할을 수행한다.

정치의 사법화라는 문제

그러나 문제는 정치적 사건을 지나치게 헌법재판소의 판단에 따라 해결하고자 하는 경향이 있다는 것이다. 이것은 몇 가지 오해에서 기인

한다. 첫째, 헌법재판소가 공정하고 객관적인 헌법적 가치를 선언하고 실현할 것이라는 믿음이다. 최종적인 헌법해석기관인 헌법재판소는 마땅히 그래야 한다. 그러나 아무리 헌법재판소가 객관적이고 공정하다고 해도 한계가 있을 수밖에 없다. 재판관이 가지는 인생관과 세계관, 정치적 신조 등에 의해 헌법해석은 다양하게 전개되며 그러한 다양성에 바탕을 둔 의견이 다수결에 의하여 헌법재판소 결정이나 법원의 판결의 형식으로 헌법해석이 되는 것은 누구나 아는 일이다. 미국의 인종차별문제의 해결과정에서 등장하는 플레시 대 퍼거슨Plessy v. Ferguson 사건에서는 흑백분리정책을 합헌이라고 선언하였는데 이 판례에서 단 한 사람의 대법관만이 반대의견을 냈다. 그러나 이 판례는 50여 년 뒤에 전원일치로 변경되었다. 재판관 역시 사람으로서의 편견과 자신의 정치적 견해로부터 완전히 자유로운 것은 아니다. 정치적 사건에서 법해석의 차이는 실상 정치적 견해의 차이이기도 하다. 헌재의 다수의견은 지금 여기에서의 다수 재판관의 헌법해석이다. 시간이 흐르고 상황이 변화하면 다수도 바뀔 수 있는 것이다. 작년 초 한 재판관이 퇴임사에서 "헌법재판소의 결정은 지고지선의 결정"이므로 헌재의 결정을 비판하는 정치권과 시민단체를 '지각없는 행위를 자행하는 사람들'이라고 비판했다는 것은 재판관이 그러한 편견으로부터 자유롭지 못함을 역설적으로 말해 준다.

정치과정의 한복판에 있는 헌법재판소

둘째, 헌법재판소가 정치적으로 중립적이라는 오해이다. 그러나 헌재는 중립적이라기보다는 정치과정의 한가운데 있다. 전체적인 정치과정에서 보면 헌법재판소는 유권적 결정을 내릴 수 있는 헌법적 권한을 가지고 정치적 사건의 논의와 해결과정에 참여한다. 즉 그러한 정치적 과정의 일부가 되는 것이다. 따라서 정치적 사건을 헌재에 해결해 달라고 요구하는 것은 넓게 보면 정치적 투쟁과정에서 우군을 찾으려는 행위이고 그 결과는 매우 강력한 정치적 힘이 된다. 그러나 헌법재판소는 국민으로부터 선출되지 않고 매우 간접적인 대표성만을 부여받고 있으므로 자신의 정치적 관점에 따라 국회와 대등한 지위에서 정치적 논의과정에 참여하려 하면 궁극적으로 민주주의적 정치과정에 위험을 초래할 수 있을 뿐만 아니라 정치적 편향성으로 인하여 그 동안 쌓아 온 국민의 신뢰를 잃을지도 모른다.

때로는 정치적 논쟁을 심화시키기도

셋째, 정치적 문제를 헌재가 궁극적으로 종결시킬 것이라는 기대이다. 그러나 헌재가 일정 부분에서는 정치적 논의를 종결시킬 수는 있지만, 어느 누구도 양보하지 않는 팽팽한 정치적 긴장관계 속에서 헌재의 결정은 또 다른 정치적 공격이 되어 논란을 더욱 부채질하게 될 수도 있다. 국가보안법에 대한 헌재의 합헌취지의 결정에도 불구하고 위헌론이 강하게 주장되고 있지 않은가? 헌재가 자신의 정치적 입장을 강하게 드러낼 경우 문제 해결은커녕 문제를 더욱 복잡하게 만들 수도 있다.

물론 이러한 정치적 성격에도 불구하고 헌법재판소의 결정은 그것이 국민주권주의 원리에 입각한 국가기관의 결정으로서 모든 국가기관과 국민에 의해 존중되어야 한다. 그러나 헌법재판소의 권위와 힘은 헌법적 가치에 충실하게 국민의 기본적 인권보장에 기여하는 데 따라 자연스럽게 형성되는 것이지 스스로 지고지순의 결정이라고 강

변하고 존중하라 하여 얻어지는 것은 아니다.

이미선 헌법재판관 후보자의 청문회를 보면서 느낀 것

좋은 법관을 만나기는

헌법재판관은 헌법의 해석·적용을 통하여 헌법적 분쟁을 해결하는 사법작용을 담당한다. 그렇기에 민사나 형사에 관한 법률을 다루는 법관에 비하여 헌법적 전문성을 더 가져야 한다고 할 수 있다. 헌법적 전문성의 핵심은 무엇보다도 인권에 대한 깊은 이해와 인권감수성이 아닐까 생각한다. 인권보장이 헌법에서 가장 중요한 것이기 때문이다. 또한 국가와 사회에 대한 깊은 이해와 넓은 안목도 필요하다. 헌법이 관심을 두는 인간, 사회와 국가에 관한 수많은 쟁점에 대한 관심과 그로 인한 인간의 아픔과 절망을 느끼는 것은 쉬운 일은 아니다. 특히 한국사회의 주류집단에 속한 이들에게 우리 사회의 가장 아픈 곳을 보고 고통받는 이들의 아픔에 공감하기를 기대하는 것도 쉬운 일은 아니다. 법관 정도면 그 정도는 갖추고 있을 것이라고 생각하기 쉽지만, 그렇지 않다고 할 수 있는 법관을 만나기는 그리 어렵지 않다.

헌법이 다른 규범보다도 민주주의 등의 가치를 지향하고 또 그 내용이 추상적이므로 헌법재판관에게는 우리 헌법의 근본적 가치에 대한 바른 이해와 신념이 필요하다. 또한 이에 관한 결정이란 매우 정치적 성격을 가지기 마련이므로 우리 사회와 역사에 대한 적절한 이해가 없이는 헌법적 판단을 그르칠 가능성도 있다. 헌법규범은 언제나 그 역사적·정치적 맥락에서 살아 움직이는 것이기 때문이다. 이와 함께 사법기관의 하나인 헌법재판소와 그 구성원인 재판관으로서의 독립성을 지킬 수 있는 사람인지에 대한 판단도 필요할 것이다.

여성이고 진보이면 뭐가 다른가?

2019년 4월 이미선 헌법재판관이 임명되었다. 여성이자 진보로 분류되는 재판관이어서 이제 진보적인 헌법재판소가 출범하였다고 평가하는 이들도 있다. 그런데 이 재판관의 청문과정에서 보면, 그가 정말 진보적인 사람인지도 드러나지 않았을 뿐만 아니라 헌법재판관으로 적절한지까지 의문을 가지게 하는 일이 적지 않았다.

남편이 한 것이라고 주장하는 주식거래도 작은 문제는 아니다. 아무리 주식거래를 다른 사람이 했다고 해도 법관인 부인이 명의를 빌려주었다면 주식거래로 인한 평가로부터 자유로울 수는 없을 것이기 때문이다. 더구나 소송에서 부부관계에 있으면 법관 제척도 되지 않는가? 특히 단지 명의일 뿐이라도 수 십억대의 거래를 하는 법관이라면 그 회사와 직·간접적으로 관련되는 소송당사자로부터는 재판의 공정성에 대한 의심을 받지 않을 수 없을 것이다. 남편이 주식거래를 했든 안 했든, 거래주식 관련 회사와 관련되는 소송을 담당했든 담당하지 않았든 재판의 공정성에 대한 국민의 의심을 살 만한 것이었다면 결코 적절한 것은 아니었다고 할 수 있을 것이다.

말을 아끼는 것인지, 모르는 것인지

더 심각한 것은, 그가 주요한 헌법적 이슈에 대해 답을 제대로 하지 못했다는 것이다. 생각의 옳고 그름은 차치하고라도 제대로 정리된 자기 생각을 말하지 못하는 것은 헌법재판관이 되기에는 치명적인 결함이었다. 지천명의 나이인 사람이 자기 생각이 없을 수는 없다. 특히나 법관이라면, 헌법재판을 담당할 재판관 후보자라면, 자기의 명확한 생각을 밝힐 필요가 있었다고 본다. 낙태죄나 5·18에 대한 망언 또는 혐오발언에 대해서도 자기 생각을 밝히지 못하는 태도는 실로 경악할 만한 것이었다. 그는 여성후보자로서의 감수성이나 여성에 대한 이해가 깊은 것도 잘 보여 주지 못했다. 설사 그게 반대의 빌미를 주지 않고 청문회를 잘 통과하기 위한 고도의 전술이었다고 좋게 봐주려 해도 도저히 그럴 수가 없는 일이었다는 점은 말해 두고 싶다. 대법원 판례를 충실하게 따르고 자기 생각을 밝히는 것이 조심스러운 법원에 오래 근무하였다고 하더라도, 청문회 자리는 법관이 아니라 헌법재판관이 되기 위해 심사를 받는 자리이므로 청문회에서는 헌법재판관이 되기에 적절한 언행이 기대되었기 때문이다.

그럼에도 대통령은 이미선 후보자를 재판관으로 임명하였다. 비록 면접에서는 좋지 않은 평가를 받았지만, 그 동안 법관으로 활동한 바가 재판관으로서 넉넉한 자질을 가졌다는 여러 평가 때문일 것이다. 반론도 적지 않지만, 이토록 대단한 신뢰를 받을 수 있는 것도 그로서는 큰 복이라 생각한다. 필자의 주변에서도 청문회를 보고 실망하면서도 그래도 다른 사람보다는 낫지 않겠느냐고 하는 이들도 적지 않았다. 이 재판관이 여러 사람들의 우려를 보란 듯이 씻어 주는 좋은 결정으로 응답하면 좋겠다.

제9장

사람의 군대, 사람을 위한 군대

대한민국 군대, 무엇이 문제인가?

군에서는 구타, 가혹행위, 살인이나 자살 등 사건과 사고가 많다. 군이 병영문화를 획기적으로 개선하고, 인권보장, 안전한 병영, 군기 확립 등을 모두 달성하려고 한다. 군은 진정 바뀌기를 원하는가? 군이 환골탈태하려면 무엇을 어떻게 해야 하는가?

생각 없는 군인을 만드는 '군기'

인권보장과 함께 군기도 확립되어야 한다. 맞다. 그러나 군기를 오해하고 있는 한 인권보장은 기대할 수 없다. 진정한 군기는 인권에 기초를 두고 자발적 복종이 강한 군대를 만드는 것이기 때문이다. 흔히 군대에서는 상관의 명령에 절대적으로 복종해야 하고 '까라면 까야 한다.'는 식의 얘기가 아직도 횡행한다. 부하는 상관의 부당한 명령에 따르지 않았을 경우에 이에 대해 다툴 기회가 보장되지 않으며 심지어 징계와 처벌 등 불이익을 받기도 한다. 군 내부에 대한 기대를 접고 외부에 문제제기를 하면 군인 복무규율 위반으로 징계를 받는다. 이렇게 맹목적인 명령과 복종으로 군기를 확립하고, 강한 군대를 만든다는 믿음이 군대에 강하게 살아 있다. 약 150년 전 일본 메이지 유신 이후 훈련받고 싸워야 할 동기도 없으며, 시간관념도 약했던 군인들을 통제하기 위해 군에서 사용되었던 것과 별반 다를 바 없는 '혼을 빼 놓는' 훈련방식도 돌아봐야 한다. 군에서 군인을 사람이 아닌 하나의 부품처럼 취급하는 것은 아닌지, 전투 목적에 사용하기 위해 혼을 빼고 명령에 일사불란하게 움직이는 거대한 도구로 만드는 것은 아닌지도 생각해 봐야 한다. 군에 입대하고 1년은 지나야 일을 제대로 한다고 하는데, 그것은 정신을 빼놓는 훈련과정과 호된 내무생활과 무관하지 않다. 복잡할 것도 없는 기본적 업무를 배우는 데 왜 1년이나 걸린다는 말인가?

과거에 비해 많이 줄었다고는 하나 아직도 공적 업무와 사적 영역의 분리가 명확하지 않은 것도 문제다. 사적 동원을 공식적으로 금지하고 있긴 해도 공과 사를 엄격하게 구별하는 의식의 전환에까지 이르지는 못한 것이다. 흔히 중대장은 '어머니'라고 한다. 이것은 어려운 환경에서의 생활을 보살핀다는 뜻이기도 하지만 사적 영역에 대한 간섭을 정당화하는 구실이 되기도 한다. '우리 애들'이라는 표현은 심각한 폭력성을 담고 있다. 법적 권한 범위 안에서가 아니라 모든 부분에서 사람을 지배한다는 뜻이 되지 않는가? 많은 사람을 한 공간에 살게 하는 것은 일본 메이지 유신 이후 군에 소집된 이들을 적은 비용으로 상호 감시하던 방식으로, 공적 계급을 바탕으로 되어 사적 영역에서의 상호통제를 조장하는 측면을 가지고 있다.

군 복무, 실익 없는 허송세월

2020년 병장의 월급은 54만 1천 원으로 과거에 비해 급여가 대폭 인상되었다고는 하나 현재의 급여로는 자기계발을 하기에 아직은 부족하다. 복무하는 동안 도서를 구입하고, 여가를 활용하며, 나아가 사회복귀를 준비할 정도의 보수는 지급해야 한다. 대한민국 군대의 문제는 아주 저렴한 비용으로 많은 인원을 동원할 수 있는 시스템 때문에 발생한다. 비용을 생각할 필요가 없으니 효율적인 업무수행도 강조되지 않고 내부적 혁신도 나타나지 않는다. 군 복무가 국방의 의무 이행이니 강제노동이 아니라고 하지만, 그것은 노동에 대해 적절한 보수가 지급될 때나 가능한 주장이지, 먹여 주고 재워 주는 것 이외에 보수랄 것도 없는 경우에까지 타당한 것은 아니다.

군 복무의 또 다른 어려움은 구타나 가혹행위 못지않게 허송세월하고 있다는 생각이 드는 것이다. 도서관 시설 등을 이용하는 것도 군 복무의 강도를 고려하면 쉬운 일은 아니다. 집단 내무생활은 내무반 안에서 질서유지를 한다는 명분이 병사 상호간의 명령과 통제를 낳았고, 사생활은 물론 자기계발의 기회를 원천적으로 봉쇄했다. 군 복무는 국방이라는 공적 역할을 수행하기 위한 것으로, 단순히 전인격적인 헌신이나 복종을 의미하는 것은 아니다. 의무 복무하는 병사에게도 사생활과 휴식이 필요한데 근무와 휴식의 공간이 잘 분리되지 않고 사생활이 잘 보장되지 않는다. 이것은 생활관 시설의 현대화만으로 해결되지 않는다.

'군인도 사람'으로 대우받는 제도 만들어야

군인도 생각하는 사람이다. 인권을 가지는 주체다. 제복을 입었을 뿐,

시민이라는 점도 다르지 않다. 따라서 군인이 기계적으로 또는 반사적으로 움직이기를 강요하기보다 사고하면서 행동하고 업무를 수행할 수 있도록 대우해야 한다. 이것이 자발적 복종의 출발점이고, 엄정한 군기와 강한 군대의 원천이다. 특히 부당한 명령은 불복할 수 있어야 하고 이를 뒷받침하는 근본적 의식 변화가 필요하다. 인간관계의 기본인 상대방에 대한 존중과 서로의 다름을 인정하는 것도 강조되어야 한다. 내무생활을 하더라도 인간다움이 구현될 수 있는 공간에서 사적 생활을 할 수 있는 구조가 되어야 한다. 국방부장관을 장성 출신이 아닌 시민 가운데서 임명하는 것도 고려해 볼 만하다.

군 복무에 대한 대가도 충분히 지불해야 한다. 특히 군 복무 이후 사회 복귀를 위한 준비까지 포함한다면 급여는 상당한 정도로 증액되어야 한다. 전역 시에 일정 금액을 한꺼번에 지급하는 것도 가능할 것이다. 적절한 대가를 지급하지 않는 군 복무는 그것이 아무리 국방의 의무 이행을 위한 것이라고 해도 강제노동의 성격을 띨 수밖에 없고 그만큼 보람도 느끼지 못하고 군을 기피하게 한다. 적절한 비용을 지불하면 복무관계에서 효율성과 책임성이 강조된다. 사적으로 동원될 여지도 점차 사라진다. 내무생활도 서로 간섭하지 않게 될 것이다. 또 업무효율성을 위해서라면 내무생활도 점차 편안한 휴식과 주거의 개념으로 변할 수 있을 것이다. 비용을 고려하면 불필요한 인력을 줄이게 될 것이다. '삽질'도 불가능하게 된다. 복무기간도 12개월 정도까지 단축할 수 있을 것이다. 그러면 보다 군 복무에 적합한 사람만 군 복무를 할 수 있게 되어 군 복무에 어려움을 겪는 사람들의 문제도 해결할 수 있게 될 것이다.

사진 1. "책 읽는 군대"
군 생활이 항상 대기 상태에서만 이뤄질 필요는 없다. 군대도 자신의 삶의 공간이다

군대, 까라면 까라?

환갑이 넘어서도, 이민을 가서도 꾼다는 군대 꿈

군대 갔다 온 사람치고 군대 꿈을 꾸지 않는 사람은 별로 없는 것 같다. 나이 50이 넘어서도 군대 꿈을 꾸고, 이민을 간 사람도 군대 꿈을 꾼다 한다. 좋은 기억보다는 다시 군대에 소집되어 근무하고 있는 꿈, 구타당하고 복수를 꿈꾸는 꿈 등 좋지 않은 것이 대부분이다. 꿈에서

깨어나면 기분 더럽다. 실로 20대 혈기왕성한 시절의 경험이 평생을 지배하나 보다. 제대하고 2~30년이면 잊힐 법도 한데 말이다. 그만큼 군대 경험을 잘하지 않으면 안 되지 않나 생각한다. 그런데 군대 경험을 잘하기가 어려운 게 우리 현실인 것 같다.

국방부의 불온도서 지정 사건

2010년 10월말 헌법재판소는 2008년 국방부가 불온도서 23종을 지정한 것이 군인의 기본권을 침해하지 않는다는 결정을 선고하였다. 이 '불온' 도서에는 초등학교 교과서에도 실린 『강아지똥』의 저자인 권정생 선생의 『우리들의 하느님』, 널리 알려진 경제학자인 장하준 교수의 『나쁜 사마리아인』, 인터넷 언론인 프레시안에서 펴낸 『삼성왕국의 게릴라들』, 세계적으로 알려진 석학 노암 촘스키Noam Chomsky 교수의 『미국이 진정 원하는 것』 등도 포함되어 있다. 북한과 미국 그리고 자본주의에 대한 '그릇된' 시각을 가진 도서를 불온한 것으로 지정하였다고 한다. 국어사전에 보면, 불온이란 "사상이나 태도 따위가 통치 권력이나 체제에 순응하지 않고 맞서는 성질이 있"는 것이라 한다.

무엇이 불온한가?

하지만 사상의 자유와 다양성이 핵심인 자유민주주의 국가에서는 불온을 얘기하는 것이 더 불온하다고 할 수 있다. 사람은 다 다르고 다름이 존중되어야 민주주의라고 할 수 있고, 다른 사람에게 해를 주지 않는 한 자유가 보장되어야 한다는 것이 자유주의의 핵심이니까. 이런 책을 읽어 보면 이 책들이 왜 불온한지도 모르겠다. 필자는 다 공감하는 내용들인데. 이들 책에 담긴 생각에 불안감을 느낀 이들이 내 부하들(?)은 이런 책을 읽어서는 안 된다고 생각한 것일까?

제복 입은 시민, 군인

군인도 당연히 사람이고 또한 시민이다. 그래서 군인이니까 이래서는 안 된다, 이런 책은 읽으면 안 된다는 것은 옳은 생각이 아니다. 군인도 당연히 기본권을 가지고 다만 군인의 업무를 수행하는 데 필요한 한도에서만 일반 시민들보다 엄격한 제한이 가능할 뿐이다. 예를 들자면, 비상시 소집에 대비하여 사는 곳을 부대 안이나 가까운 곳으로 제한하는 것은 필요하고 정당하다. 그러나 아예 자기의 성장을 위해 공부를 하고, 읽고 싶은 책을 읽는 것을 금할 수는 없다. 업무수행과 무관하기 때문이다. 읽고 알 권리는 인간다운 삶의 기본적 조건이다. 예로부터 군인의 자유와 권리를 매우 엄격하게 통제하기 위해 사용된 '특별권력관계'라는 개념은 이미 폐기되었다. 군인도 한 시민이자 인간으로서 권리를 가지고 있으며 이것이 침해되어서는 안 된다.

군대가 우리 사회의 핵심적 가치인 자유와 민주주의를 지키는 최후의 보루가 되려면 자유와 민주에 대해 몰라서는 안 된다. 북한과의 대치 상태와 미군이 주둔하는 의미를 잘 알아야 한다. 군에서 공식화한 견해만이 진리이니 다른 생각이나 관점은 보지도 듣지도 믿지도 말라는 것은 어불성설이다. 군대가 자유를 수호하고자 한다면 자유의 의미를 제대로 알아야 한다. 불온도서라고 지정된 책들은 오히려 객관적인 관점에서 정확한 사실관계를 보여 주고 있다. 그래서 시민들은 국방부의 금서목록을 정부추천도서라고 야유한다.

인간을 물건처럼 여기는 생각이 불온

군대라고 인간의 의식마저 통제하려는 발상은 자유민주주의의 근본을 해치는 것이다. 서로 다름과 다양성의 존중이 그 핵심가치이기 때문이다. 군대도 사람 사는 사회인 점은 다르지 않다. 맨손으로 밤송이를 까라고 해서는 안 된다. 인간을 생각도 못하는 물건처럼 여기는 그런 명령이야말로 불온한 것 아닐까? 지금 군 복무하는 사람들은 나중에 금서 읽다가 헌병에게 잡히는 꿈을 꾸지나 않을지 모르겠다.

군의 진정한 사기는 어떻게 높아지는가?

군기와 사기

군대에 엄정한 군기와 사기가 중요하다는 것을 모르는 사람은 없다. 이를 부정하려는 사람도 없다. 문제는 어떻게 군기를 확립하고 사기를 높이느냐이다.

2008년 육군은 군의 지휘 계통을 거치지 않은 군법무관들의 헌법소원 제기에 관하여 파면을 포함하는 중징계를 결정하고 국방부장관은 이를 승인하였다. 이들 군법무관들은 2008년 9월 국방부장관이 각 군에 보낸 '군내 불온서적 차단대책 강구' 지시가 장병의 기본권을 침해할 소지가 있다며 B씨 등 다른 군법무관 5명과 함께 헌법소원을 제기했는데, 국방부는 이들에 대해 복종의무 및 사전건의 의무 위반과 군무 외 집단행위 금지 위반 등을 이유로 징계처분을 내린 것이다. 군 장교가 파면될 경우 향후 5년 동안 공직취임이 금지되고 군 복무 미필로 인하여 여전히 병역 의무를 이행해야 하는 문제가 남게 된다. 한 인간의 삶의 행로가 크게 바뀌지 않으면 안 되는 중징계다. 그러나 이러한 징계는 말도 안 되는 결정이다. 첫째, 군 영내에 특정 도서를 반입하는 것을 국방부에서 금지할 수 있는가의 문제가 있다.

군에서의 인권 제한도 헌법에 따라 해야

전투와 훈련을 통한 조직력이 중시되는 조직이니 군대 내의 질서를 침해할 수 있는 문서를 소지하거나 반입하는 것이 허용되지 않는 경우가 전혀 없다고는 말할 수 없을 것이다. 논란이 있을 수 있는 부분은 그러한 제한이 어떤 경우에 가능한가이다. 그러나 군에서도 군인이 가지는 기본적 인권의 제한에 관해서는 헌법적인 원칙을 따라야 한다. 즉 비례의 원칙이다. 기본적 인권을 제한하는 목적이 정당한가, 이를 달성하기 위한 수단은 적합한가, 그리고 이 수단은 가능한 여러 가지 수단 가운데 기본적 인권에 대한 제한을 가장 적게 하는 것인가, 이렇게 제한해서 얻는 이익이 침해되는 이익보다 우월한가 등의 판단을 거치지 않으면 안 된다. 군대에서 하는 일이면 헌법과 법률의 제한을 받지 않는다고 생각하지는 않을 것이라 믿는다.

어리석은 자가 남의 어리석음을 탓하는가

둘째, 국방부는 군대 내의 질서 유지를 위하여 이를 침해할 가능성이 있는 도서를 반입하지 못하도록 하였는데, 이러한 조치는 매우 어리석을 뿐만 아니라 헌법상의 기본적 인권을 침해하는 것이다.

권정생 선생의 『우리들의 하느님』, 장하준 교수의 『선한 사마리아인』 등의 도서는 시중에서도 많은 사람들이 읽는 양서이다. 이 책들이 문제가 된 것은 군대 내 몇몇 사람들의 눈에 매우 거슬리는 내용이 들어 있었기 때문이라고 짐작된다. 그들이 보기에 이 책들을 군인들이 읽으면 특정 형태의 종교적 신앙에 혼란을 일으키고, 정부의 경제정책이나 한미관계에 비판적일 수 있을 것이고, 이러한 생각을 자신의 부하들이 가진다는 것은 참을 수 없는 것이라 생각했을 수 있다. 그러나 이러한 책을 읽고 감명을 받은 국민들이 많은 이 나라의 질서가 교란된 적도 없으며, 군 복무에 여념이 없으신 국군장병들에게는 더더욱 혼란이 닥칠 틈이 없다.

문제가 있다면 이러한 걱정을 하시는 군대 내의 고위간부들이 아닐까 생각한다. 부모가 자식을 걱정하지만 지나친 걱정을 하는 부모가 더 문제인 것과 같다. 사람은 이성을 가진 존재여서 허무맹랑한 주장에 쉽게 동조하지 않는다. 자신의 이성적 판단과 다른 사람의 의견이 교환되면서 어리석은 생각은 정리되고 제대로 생각하게 되는 존재이다. 특히 군대는 엄정한 군기를 확립하려 하기 때문에 한 사람의 허튼 생각이 가지는 위험은 더더욱 작아진다. 도저히 이해할 수 없는 이런 조치를 당한 사병들이 고위장교를 뭐라 할까? 그 말이면 충실하게 복종할 것이라 생각하는가? 군대라고 모든 군인들의 머릿속까지 지배할 수 있다고 생각하는가? 쇼핑채널에서는 '국방부추천도서'로 판매하는 걸 보면 사회의 군기를 잡아야 한다고 말할 사람들인가?

사실 이러한 도서반입금지조치는 군장병들의 지적 능력에 대한 무한한 불신에서 비롯된다. 또한 이러한 불신에 기초하여 삭막한 부대환경을 만든 것 때문에 군에서 인격발현의 기회를 가지지 못하고 지적인 성장을 이루지 못한다고 한탄하고 군을 기피하게 되는 풍조를 만드는 것 아닌가?

지휘관의 권한도 헌법과 법률이 부여한 것

셋째, 군대라고 모든 것을 명령할 권한을 가진 것은 아니다. 헌법과 법률에 의하여 부여된 한도 안에서만 명령하고 복종할 관계가 형성되는 것이다. 명령불복종이라고 하지만 헌법과 명령에 위반된 명령을 따라야 할 의무는 없다. 또한 군법무관은 군대 내의 법적 질서의 유지에 대한 의무를 지고 있으므로 헌법과 법률의 위반이나 기본적 인권의 침해에 대해서는 이를 시정할 의무를 지고 있다. 군의 상관에게 먼저 보고하여야 한다고 하지만 답은 너무 뻔한 것 아닌가. 또한 상관에게 먼저 보고할 경우에 닥칠 상황은 충분히 짐작할 수 있다. 헌법에 반하는 도서반입금지조치를 명하고 이에 대한 내부에서의 시정가능성이 없어 외부에 문제제기를 한 것이 문제가 되는가? 내부에서의 시정가능성이 있었다고 항변을 해 보라. 그러나 반입금지도서를 보면 이것을 선정한 사람들의 지적능력에 심각한 결함이 있다고 볼 정도로 한심한데 군 내부에서 시정되리라 기대하는 것 자체가 상식에 반하는 것 아닌가?

군의 위신을 정말 추락시킨 사람들은

넷째, 군의 위신을 추락시켰나? 군의 위신은 이런 어리석은 금지조치와 중징계를 하고 이를 승인한 자들이 주범이다. 군을 왜 기피하고 조롱하는가? 사실 대한민국 군대의 사병들 수준은 세계적으로 비교해도 매우 높은 수준이다. 박사가 이병으로 근무하고 석사가 즐비하다. 이들이 사회에서 어떠한 생각을 하고 어떠한 연구를 했는지, 꼭 석박사가 아니더라도 사병들이 살아온 모습을 생각이라도 해 봤나? 반입 금지도서를 읽고 현혹되어 전력이 약화되고 혼란이 생길 정도로 군을 비하하고 있는 것이라는 생각은 안 드는가 묻고 싶다. 군의 위신은 이런 자들에 의하여 실추된다. 징계위원회의 위원들과 이 징계위원회의 결정을 승인한 국방부장관이 징계를 받아야 한다. 아무리 양보한다고 해도 그게 더구나 파면까지 할 사유가 되나? 징계에도 비례의 원칙이 있다는 것은 누구나 다 아는 것 아닌가? 이런 결정을 하고도 부끄럽지 않나 진지하게 돌아보길 바란다.

엄정한 군기는 자발적 복종으로부터

다섯째, 엄정한 군기는 자발적인 복종에서 비롯된다. 사실 사회에서도 문제가 되지 않는 것은 군대에서는 더 문제가 되지 않는다. 매우 강한 규율이 존재하기 때문이다. 엄정한 군기는 자기의 부하가 존중받고 있다는 의식 속에서 자발적으로 복종할 때 가장 잘 실현된다. 부당한 명령이나 강제에 못 이긴 복종은 진정한 복종이 아니다. 오죽하면 똥별이라는 말이 있을까? 괜한 똥폼도 강한 제재도 진정한 복종을 만들어 내지 못한다. 자발적인 복종은 상대방에 대한 존중, 달리 말하면 인권의 존중과 보장에서 비롯되는 것이다. 아무리 반정부적인 생각을 가지고 있는 사람도 군대에 입대하면 말과 생각은 그래도 행동까지 막나가지는 않는다. 적어도 군대 내의 질서를 스스로 교란하려고 하지는 않는다. 왜 머릿속까지 다 개조하려는 듯이 사상을 통제하고 읽는 책까지 반입조차 금지하는지 이해하기 어렵다.

군대생활이 어려운 것 가운데 하나는 내무생활의 고단함이지만, 과거 많았던 구타나 집합 등의 문제는 서서히 해결될 징조도 보인다. 그러나 뭐니뭐니해도 군대생활을 힘들어 하는 것은 2년 정도의 기간 동안 자신이 뒤처질지 모른다는 두려움이 아닐까? 그리고 불온도서반입 금지조치는 이러한 환경 조성에 일조한다.

군 기강을 문란하게 한 것은 오히려 징계에 관여한 자들이다. 군대 내에 위헌적인 조치를 합리화하여 헌법질서를 배척하고, 헌법과 법률에 반하는 징계를 감행하고 이를 부끄러움 없이 정당화하려는 것은 당장은 군기 확립에 기여할 것 같지만 서서히 군기를 약화시키는 효과를 나타낼 것이다. 징계처분을 받았던 군법무관들은 징계 10년 만인 2018년 국방부의 강제전역처분취소결정으로 명예를 회복하였다.

제10장

사람을 위한 법학교육

로스쿨, 어디로 가고 있나? 어디로 가야 하나?

로스쿨이 시작될 때부터 예고된 문제

2007년 법학전문대학원(로스쿨) 제도가 도입되고 입학총정원이 1,500명(뒤에 2,000명으로 변경)으로 발표되었을 때, 필자는 아래와 같은 내용의 칼럼(「[시론] 입학 총정원 1500명, 이게 로스쿨인가?」, 『한겨레』 2007. 10. 18.)을 기고한 적이 있다. 길지만 그대로 인용한다.

> 교육인적자원부가 2009년 법학전문대학원(로스쿨) 총정원을 1500명으로 정하여 국회에 보고했다. 2013년까지 2000명으로 늘릴 것이라 한다. 현재의 사법시험이 2013년이나 2014년까지 실시되니 사법시험과 로스쿨을 통하여 앞으로 매년 1500명 안팎의 변호사가 배출될 것으로 보인다. 이 정도의 수를 가지고는 극소수의 대학에만 로스쿨이 설치될 것이고, 정

원도 매우 적을 수밖에 없다. 이것은 요행이 많이 작용하는 한 번의 시험에 의해서가 아니라 충실한 교육과정을 통하여 양질의 변호사를 다수 양성하자는 로스쿨의 본뜻에 맞지 않는다. 이런 로스쿨을 만들자고 참여정부의 주요 개혁입법이라 하는 사립학교법까지 양보하며 법률을 통과시켰는가 싶다.

교육부가 로스쿨의 입학 총정원을 제한하는 것은 직접적으로 직업선택의 자유를 제한하는 것은 아니다. 그러나 로스쿨 졸업자만이 변호사시험에 응시할 수 있는 자격이 주어지므로 입학을 제한하는 것은 변호사라는 직업의 선택을 사실상 직접적으로 제한하는 것이다. 안마사를 맹인이 독점하는 것마저 직업선택의 자유를 침해한 것으로 위헌이라 하는 이 나라에서 법조인의 수를 이토록 철저하게 통제하는 것이 어떻게 정당화될 수 있을 것인가? 얼마나 대단한 공익을 추구하자는 것인가?

아무리 생각해 봐도 법조인의 수를 제한함으로써 기존의 법조 집단의 이익을 수호하자는 것 말고는 다른 이유가 없는 것으로 보인다. 굳이 교육부가 입학정원을 통제하려면 그 근거는 국민의 사법서비스 수요와 로스쿨을 설치할 대학의 교육여건밖에는 없다. 대학이 일정 수준의 연구·교육능력과 시설을 갖추고 있는지 여부만이 인가의 기준이 되어야 한다. 교육부가 변호사 영업의 경쟁까지 걱정해 줄 일이 아니다.

입학정원 제한에다가 변호사시험 합격자 수마저 통제할 경우 로스쿨에서의 교육은 충실하게 이뤄지기 힘들 것이다. 합격률이 낮을 경우 제아무리 다양한 과목을 개설하고 강의를 충실하게 한다 해도 제일 중요한 것은 변호사시험에 합격하는 것이니 학생들은 시험과목 위주로 수강을 하고 학교 역시 합격률을 높이기 위해 온힘을 다할 것은 불 보듯 뻔한 일이다. 제아무리 로스쿨 취지에 맞춰 교육을 한다 해도 시험 합격률이 낮으면 그 로스쿨은 살아남을 수 없는 것이다. 고시촌이 대학으로 옮겨 온 것뿐인 결과가 될 수 있다. 로스쿨에서만 공부하는 것이 시험 합격에 유리하지 않다고 생각할 경우 새로운 변호사시험 시장이 형성될 것이다. 이런 식의 로스쿨 교육이라면 교수 30여 명이 한 학년 학생 80~100명을 가르치는 것은 아무리 생각해도 과도한 비용을 지출하는 것이다.

사법개혁의 제일 중요한 주제 가운데 하나는 법조인구의 증가이다. 법률분쟁이 많은 우리나라에서 법조인 1인당 인구 5천여 명이라는 수치로는 양질의 사법서비스를 제공받기 힘들다. 법무사·변리사 등 이른바 유사 법조직역을 포함시켜도 결론은 크게 다르지 않다. 법률문제를 가지고 변호사와 상담을 해봤거나 소송을 해본 사람은 알 것이다. 사건 수임료가 서비스와 비교할 때 과연 정상적인 것인가? 법조인구의 증가 없이는 사법개혁은 없다. '현재도 변호사 수가 많아서 갈 곳이 없다 하는데 무작정 늘릴 수는 없다.'라는 교육부는 중요한 것이 무엇인지 생각해 보라. 법조인의 생계가 중요한가, 국민의 삶이 중요한가? 대한민국은 민주공화국이지 법조공화국이 아니다. 교육부가 국회에 보고한 것은 정원을 확정하기 전에 '미리' 한 것이니 교육부는 국민을 위한 사법개혁의 취지에 맞춰 정원을 제대로 정하기 바란다.

입학총정원 발표에 이어 2010년 변호사시험관리위원회는 변호사시험의 합격자의 수를 입학정원 대비 75% 수준으로 하기로 결정하였다. 2011년에는 이른바 '학사관리강화방안'이라는 게 등장하여 지금까지도 그 틀이 유지되는 엄격한 상대평가 제도가 로스쿨에 자리 잡게 되었다. 그리고 로스쿨이 시작된 지 10년째다. 2018년에는 로스쿨별로 합격률이 공개되었다.

로스쿨에 대해서는 여러 가지 문제점이 지적된다. 아직도 3년 안에 변호사가 되는 교육이 가능한지, 로스쿨 출신 변호사가 제대로 교육이나 받았는지 하는 의문을 제기하는 이들이 있다. 변호사시험의 합격률 때문에 로스쿨에서 변호사시험을 뛰어넘는 교육을 하기가 어렵다는 하소연도 한다. 로스쿨에서 시험에 관계 없는 과목은 폐강이 되거나 수강생이 아주 적은 게 현실이다. 변호사시험 시기 탓에 3학년 2학기는 당연히 시험준비시간이다. 특성화과정이라는 게 무의미해진 것은 어제 오늘의 일만도 아니다. 좀 안정되긴 했지만 상대평가 탓에 수강생이 요동치던 시기도 있었다. 모든 로스쿨의 사정을 알지 못하는 필자로서는 말하기 조심스러운 부분이지만, 적지 않은 로스쿨의 실상은 수험학원보다 나을 게 있나 의문이 있을 정도이다. 그러고도 왜 법학전문석사라고 하는 학위를 수여할까? (전문)대학원이니까? 더 큰 문제는 앞의 인용 칼럼에서 예상했듯이 이러한 문제가 처음부터 예고된 것이었다는 것이다.

지방대학 로스쿨의 경우

지방대학 (일단 이 용어를 사용한다.) 로스쿨의 경우에 모든 로스쿨에 대해 말할 수 있는 것 이외에 다른 문제가 있는가? 교원, 학생과 교육과정의 운영, 변호사시험 합격률 등에 대해 지방대학의 독자적인 문제가 있는가? 다음과 같은 몇 가지 가설을 세울 수 있을 것이다.

1. 지방 로스쿨 교원의 법학교육능력의 양과 질이 수도권 지역 로스쿨 교원에 비하여 낮다. 2. 수도권 지역에 비하여 지방로스쿨에 입학하는 학생들의 법학 학습능력이 낮다. 3. 로스쿨의 학생선발을 제약하는 요소인 지역인재균형선발제도를 통해 입학한 학생들이 일반전형을 통해 입학한 학생들에 비하여 수학능력이 낮다. 4. 지방로스쿨에서는 로스쿨 취지에 맞는 교육이 이뤄져서 변호사시험을 준비하는데 부족하다.

이것 말고도 다양한 가설을 세울 수 있을 것이다. 그러나 어느 가설도 쉽게 증명할 수 있는 것은 아니다. 이들 가설을 뒷받침하는 나름의 자료는 찾을 수 있다. 그러나 어떠한 객관적 수치나 경험으로도 명확한 결론을 내리는 데 충분하지는 않다. 그리고 반론의 여지도 많다. 더구나 교육에서는 모든 것이 학생 탓이 되어서는 안 된다고 본다. 특히 교원을 중심으로 로스쿨의 문제를 다루는 입장에서는 문제의 원인을 학생에게서 찾는 것은 금물이라고 본다. 다만, 조심스럽게 말할 수 있는 것은 수도권 중심의 자원배분의 현실이 로스쿨의 경우에도 예외는 아니라는 것이다.

지방로스쿨의 문제가 심각하게 느껴지는 원인은 특히 변호사시험의 합격률 때문이 아닌가 생각된다. 전체적으로 합격률이 응시자 대비 50% 정도일 수밖에 없는 현실에서는 누군가는 100%의 합격률을, 또 누군가는 2~30%의 합격률을 보일 수밖에 없기 때문이고 이 합격률로는 누적합격률이 5~60%에 그친다는 점에서 로스쿨 교육 자체에 대한 회의가 생길 수밖에 없을 것이기 때문이다. 여러 사람이 제안하는 대로 변호사시험의 합격률을 응시자 대비 75% 수준을 할 경우 합격률이 아무리 낮아도 50% 내외가 될 것이고, 이 경우 5년 안에는 어느 학교의 졸업생이라도 7~80% 이상의 합격률을 보일 수 있게 된다는 점에서 지금보다는 훨씬 문제의 심각성이 완화될 수 있을 것으로 생각한다. 그리고 교원의 역량에 따라 양질의 차별성 있는 교육도 가능할 것이다.

로스쿨의 경우

어쩌면 로스쿨 문제의 근본적인 원인은 변호사시험의 합격률 자체에서 찾을 수 있다. 합격률 때문에 교육과정의 운영 자체가 변호사시험에 맞춰지고, 시험에 적합하다 싶은 과목만 살아남는다. 교육의 내용도 시험을 초월하여 실제 변호사 업무를 하면서 접할 수 있는 사안이나 진정으로 실무에 도움이 되는 것을 담기 쉽지 않다. 2008년 미국에 연구년을 갔을 때 한국에 로스쿨제도가 도입된 것을 알던 어느 미국 로스쿨의 교수가 이렇게 얘기한 것을 기억한다. '로스쿨에서 변호사시험에 대비하는 교육을 하면 로스쿨은 망하는 것'이라고.

한 번의 시험이 아니라 진정으로 과정을 중심으로 충실한 법학교육을 하자는 게 로스쿨이 아니던가? 언제부터 우리 로스쿨이라는 곳에서는 변호사시험으로부터 자유로운 영역이라는 게 없어져 버렸는가? 특히 3학년 과정은 진정으로 고도의 법적 훈련을 하는 과정이 아니라 시험 답안지 쓰고 채점하고 강평하는 과정 중심이 되어 버렸는가? 미국 로스쿨에서 하는 리걸 클리닉legal clinic은 교수에게나 학생에게나 참신하다 싶은 주제를 정하여 그야말로 작은 로펌의 경험을 하게 하고 창의적인 법적 논리를 개발하기도 하던데, 이건 우리에게는 꿈일까? 우리가 꿈꾼 게 수험학원이었던가? 여기 졸업 안 하면 변호사 될 수 없으니 다니지, 시험 공부는 역시 학원이야 하는 학생들의 마음을 넘어서는 좋은 법률가 양성교육을 하고 있다고 자부할 수 있는가?

로스쿨 문제의 해법으로 변호사시험 자격시험화라는 방향 자체는 옳다고 본다. 그러나 동시에 아니면 선행되어야 할 것은, 로스쿨이 어떠한 법률가를 교육하는 곳인지에 대해 고민할 필요가 있고 교원들의 인식 전환이 필요하다는 점이다. 변호사시험이 자격시험으로 바뀐다고 해도 시험 합격에 열을 올리는 한 로스쿨 교육은 시험준비학원의 성격을 벗어나지 못하기 때문이다. 필요하다면 모든 로스쿨이 어떻게 법학교육을, 법률가교육을 해야 하는지에 대해 진지하게 고민하고 시험 대비에 초점을 맞춘 교육을 하지 않기로 결의하는 것도 필요하다. 로스쿨평가위원회에서 이 점에 대해 엄격하게 평가를 통하여 방향을 잡는 것도 요청된다.

변호사시험의 시기도 조정되어야 한다. 지금처럼 1월 초에 시험을 보는 것은 사실상 최소한 3학년 2학기는 시험준비에 할애되는 셈이 된다. 법무부가 공식적으로 로스쿨 과정을 변호사시험을 염두에 두고 운영하라는 지침으로도 읽힌다. 이렇게 되니 대체로 마지막 학기에 개설되는 종합과목이나 첨단과목이랍시고 만든 과목이 제대로 운영될 리가 없지 않은가? 학기 종료 후 적어도 3개월의 간격을 두고 시험을 실시하고, 시험과목도 조정하여 합격자 사정을 앞당길 필요가 있다.

로스쿨에서 무엇을 어느 정도까지 가르쳐야 하느냐에 대해 진지한 논의가 필요하다. 3년 동안 변호사가 될 수 있나 하는 의문을 가지는 분들이 상당한 실무능력까지 갖출 것을 요구하는 것은 지나치다. 로스쿨에서 배워야 할 것은 실천적인 추론능력이며, 이는 단순히 이론과 실무의 이분법으로 이해할 것이 아니다. 기본적인 것 이외에 다양한 서면의 형식을 연습하는 것은 실습을 하거나 진짜 실무에 나가서 배우면 족할 일이다. 이런 점에서 기록형 시험이라는 것이 필요한 것인지 의문이다. 지금의 서술형 시험을 기록형과 절충하는 것도 해법이다. 현재의 시험유형에서 기록형을 따로 보아야 할 만한 차별성이 있다고 보이지 않는다.

로스쿨, 사법개혁을 위한 희망이 될 것인가?

로스쿨 제도의 도입

매년 11월이면 전국 25개 법학전문대학원에서는 면접과 같은 전형절차가 진행된다. 엄청난 경쟁률의 사법시험을 합격하고 사법연수원을 마친 뒤 변호사가 되는 것과 달리, 로스쿨에서는 3년 동안 법률교육을 한 뒤 대부분 변호사가 된다는 점에서 교육기간이 너무 짧다, 대충 해도 졸업하는 게 아니냐, 이렇게 해서 제대로 된 변호사를 양성할 수 있겠느냐는 비판이 있다. 그래서 변호사가 되고도 6개월 동안은 연수를 받아야 한다. 로스쿨에 대한 이런 시선은 온당한 것일까?

로스쿨은 과거 법과대학–사법시험–사법연수원을 거치는 법률가 양성이 일회적인 시험에 의해 결정되는 단점을 극복하게 위해 도입되었다. 일회적인 시험에 의해 법률가가 되는 문제는 무엇일까? 바로 치열한 경쟁에서 승리(합격)하려면 시험 점수를 잘 받는 게 제일 중요하고 그러기 위해서는 시험에 나올 문제, 득점에 도움이 되는 서술방식과 내용을 중심으로 답안을 작성하는 훈련이 가장 중요하게 되고 정작 법률가로 활동하는 데 제일 중요하다 할 수 있는 폭넓고 균형 있는 시각의 형성이나 깊이 있는 생각을 하는 훈련은 소홀할 수밖에 없게 된다. 더구나 시험에 도움이 되지 않을 분야에 대한 공부도 하지 않게 된다. 관심을 가지고 있음에도 불구하고 시험에 매달려 공부할 기회와 시간을 갖지 못하게 된다. 그리고 시험에 합격한 뒤에는 소수의 사람들에게만 주어지는 한국사회의 특권을 누리게 된다. 시험 합격으로 얻는 이익이 크다 보니 너나 할 것 없이 시법시험에 도전하게 되어 많은 인재들이 사회에서 더 나은 봉사를 할 기회를 잃게 된다. 사회적 손실이기도 한다. 하지만 이는 법률가 집단에게 주어지는 특권이 매우 클 경우 쉽게 없어지지도 않을 것이다.

새로운 변호사 양성제도

로스쿨은 법률가 양성제도의 변화를 의미한다. 법률가가 될 의지와 능력을 가졌다고 판단되는 학생들을 선발하여 3년간 충실하게 교육한다. 그리고 법률가로 활동하는 데 필요한 능력을 가졌다고 평가된 사람들은 변호사 자격을 취득하게 된다. 로스쿨에서 배출되는 변호사는 우선 그 수가 많다. 그 많은 변호사가 어딜 가느냐고 걱정하고 로스쿨 졸업생들의 취업난에 관해 보도도 되지만, 로스쿨의 도입은 변호사 시장에서의 경쟁의 도입을 의미한다. 변호사 사이의 경쟁에 대해 비판도 있지만 시민들이 저렴한 비용으로 법률서비스를 받고 더 친절한 상담도 기대할 수 있다는 장점이 있을 것이다. 이것은 한국사회 법률가 집단의 특권이 해체되기 시작했음을 의미하는 것일지도 모른다.

로스쿨은 일회적 시험이 아니라 3년 동안의 충실한 교육과정을 통해 변호사가 양성되는 방식이다. 변호사시험을 염두에 두지 않고 교육과정 중심으로 학습하고 훈련을 받게 된다. 과목도 다양하게 개설되어 자기가 나중에 활동할 분야의 공부를 충실하게 하게 된다. 이런 과정을 충실하게 이수하면 변호사시험 합격을 큰 문제 없이 합격하게 된다는 것이 본래의 구상이다.

변호사시험 합격률의 위험

그런데 지금 로스쿨은 여러 가지 어려움을 겪고 있다. 변호사시험의 합격률을 정하고 있기 때문에 교육과정을 충실하게 이수하면 변호사가 된다는 구상도 난관에 봉착하고 있다. 합격정원을 정하는 것은 아무리 실력이 뛰어나도 일정 등수 안에 들지 못하면 합격하지 못하게 되는 것이므로 변호사시험 합격이 충실한 교육과정 이수보다 더 중요한 문제가 되고 있다. 이렇게 되면 과거 법과대학–사법시험–사법연수원에 의한 법률가 양성제도와 다를 바가 없게 된다. 오히려 비싼 학비를 내고 대학원 3년을 더 다녀야만 하는 꼴이 된다. 1년 학비가 1천만 원에서 많게는 2천만 원을 넘는다.

로스쿨은 '불멸의 신성가족'이라고 일컬어지는 법률가 집단의 문제를 해결하는 계기가 될 수 있을지도 모른다. 많은 변호사가 다양한 분야에 진출하고 시민에게 더 가까이 다가갈 수 있을 것이다. 더 저렴한 비용으로 더 친절한 변호사를 만날 수 있을 것이다. 변호사끼리도 소송을 하고 법률가 집단 내부에서도 서로 견제가 이뤄질 것이다. 그러기 위해서는 로스쿨 교육이 충실하게 이뤄질 수 있도록 변호사시험이 자격시험으로 되고, 각 로스쿨이 자율적으로 충실한 교육을 해야 할 것이다.

시험 '감독'에 대해

왜 상대적인 평가를 하나?

성적평가를 엄격하게 상대평가로 하면 학생들은 자신뿐만 아니라 다른 사람의 성적에도 신경을 쓰게 된다. 평가가 상대적으로 이뤄지기 때문이다. 다른 집단에 속했더라면 다른 평가를 받았을 텐데, 우연히 어떤 집단에 들어갔다는 이유 때문에 억울한 평가를 받게 되는 경우도 있다. 답안지를 열람할 때도 자기 답안뿐만 아니라 (잘 쓴) 다른 학생의 답안지를 보여 달라고 한다. 논리적으로는 다른 모든 학생의 답안지를 보여 달라는 요구도 근거가 없는 것은 아니다. 다른 학생에 대한 채점이 공정해야 자기에 대한 평가가 정당화될 수 있다고 믿기 때문이다. 성적에 따라 장학금이 배분되고 직장 추천이나 취업이 이뤄지니 스스로의 실력 향상과 함께 내가 누구와 경쟁을 하느냐, 또는 내가 다른 사람에 비해 불리하게 평가되는 게 아니냐는 데 관심이 커진다. 그런데 이해하기 어려운 일은 학생들이 이러한 문제가 있는 상대평가를 절대평가로 전환하는 데 그리 적극적이지만은 않다는 것이다. 절대평가에서 벌어지는 성적인플레 때문에 제 아무리 열심히 해도 변별력 없는 점수만 받게 될 걱정 때문이다. 열심히 한 학생이 손해라는 것이다.

상대평가와 엄격한 시험감독의 요구

상대평가 제도에서 이러한 관심은 엄격한 시험감독을 요청하는 것으로 이어진다. 누군가가 부정한 행위를 통해 나보다 좋은 성적을 얻게 되는 일을 결코 받아들일 수 없기 때문이다. 게다가 중등학교부터 엄격한 시험 감독을 거쳐 대학에 온 사람들 아닌가? 며칠 전 고등학교 교사에게 들으니, 시험 볼 때 한 교실에 교사 두 분씩 들어가 감독을 한다고 한다.

비교육적인 시험감독

그러나 담당 과목의 선생이 직접 시험 감독에 들어가 그토록 엄격하게 감독하는 것이 과연 교육적인지는 의문이다. 학기 중에는 학생에 대한 애정과 신뢰를 바탕으로 가르치다가 시험 때만 되면 두 눈을 부릅뜨고 학생들을 언제라도 부정한 행위를 할 가능성이 있는 존재로 의심하고 의심하며 대하는 게 말이다. 시험용 법전을 참고하여 시험을 치르는 법학전문대학원에서도 누군가는 시험에 사용될지 모르는 내용을 자기 법전에 적어서 시험 중에 참고를 하는지 시험 시작 전에 법전을 모두 거둬서 다시 섞어 나눠 주라는 친절한 안내까지 등장한다. 직업윤리와 양심이 그 어느 직역보다 강조되어야 할 로스쿨에서 이러한 시험관리 방식은 스스로 자신의 윤리적 수준을 낮추는 것은 아닌지 생각할 필요가 있다.

고도의 직업윤리를 갖춰야 할 로스쿨의 시험감독

대학에서 학생을 가르친 20여 년 동안 시험 부정행위를 하다가 필자 눈에 걸린 학생은 없었다. 많은 경우 다른 자료를 봐도 답안 작성에 큰 도움이 되지 않는 문제를 낸 탓일 수도 있다. 또는 필자 나름의 교육에 대한 생각 때문에 학생들의 행동을 의심하며 바라보지 않아 '매의 눈'을 가진 이들의 시험감독 안목에 도저히 미치지 못하기 때문일지도 모른다. 그리고 이렇게 말한다. "나는 감독하러 들어온 게 아니라 출제된 문제에 대한 오류 정정이나 질문을 받기 위해 왔고, 시험에 필요한 도움을 주려는 것이다. 여러분들은 법률가가 될 사람들이니 양심적으로 시험을 보시기 바란다."라고. 그리고 필자는 그게 장래의 법률가들을 양성하는 학교의 시험방식으로 맞다고 생각한다. 시험감독조차 없애는 걸로 가야 한다. 시험의 방식에서 사람을 대하는 관점이나 태도는 사람을 그러한 모습으로 만들기 때문이다. 우리는 어떠한 법률가를 지향하는가?

그러나 학생들이 생각하는 건 다른 모양이다. 그리고 실제도 다른 모양이다. 필자의 생각이 구현되기 위한 전제조건이 충족되지 않았는지도 모른다. 교수가 시험 도중에 졸고 있는 것도, 심지어 10분 동안 보는 시험에서 20~30초를 더 쓴 걸 방임했다는 것도 국민신문고에 올릴 불만사항이다. 그러면 시험 도중에 계속 수험생과 대결하듯이 매의 눈으로 감독해야 하고 한시라도 눈길을 다른 데로 돌려서도 안 되나, 시험 종료하면 머리에 손 올리고 일어나서 나가라고 하고 시험지를 수거해야 하나, 정말 그렇게 대우받아도 그걸 아무렇지도 않게 생각하려나, 정말 직업윤리에 충실한 법률가를 양성하는 로스쿨에서 이게 답일 수 있는가.

뫼비우스의 띠

A학점은 C의 희생 위에서

며칠 전 중간고사를 봤다. 기본권을 다루는 과목이라, 최근 문제되는 자전거 헬멧(인명보호장구) 착용을 강제하는 도로교통법 관련조항에 관한 문제를 냈다. 시의적절(!)한 소재기도 하고, 인간과 국가에 관한 근본적 문제를 제기하기에 좋고, 과거 헌법재판소의 좌석안전띠 사건 결정이 참고가 될 수 있는 사안이기도 했다.

시험이 끝나고 제출된 답안지를 보니 앞면에 몇 글자 적은 답안이 있다. 그 답안을 작성한 학생은 이렇게 썼다. "최하점을 주시기 바랍니다. 살 권리뿐만 아니라 죽을 권리도 있기에, 1등을 향해 모두가 달려야 하는 것은 아니기에. 뒷부분 풀이는 수업에 대한 예의로 적습니다." 뒷면의 답안 내용은 최고는 아니어도 문제의 쟁점에 적절하게 접근하고 충실하게 작성된 것이었다. 당연히 최하점을 받을 답안은 아니었다.

가만히 생각해 본다. 이 학생은 왜 이런 글을 적었을까? 필자가 수업시간에 한 말 때문일까? 인격권을 강의하면서 농반진반으로 이런 말을 한 적이 있다. "A학점을 받은 사람들은 C학점을 받은 친구에게 감사해야 한다. A학점은 C학점을 받은 친구가 밑에서 받쳐 줘서 가능한 것이다." 나는 기본권 수업 첫머리에 조세희 선생이 쓴 『난장이가 쏘아올린 작은 공』의 한 장을 읽게 한다. 책의 첫 장 「뫼비우스의 띠」이다. 이유는 말하지 않는다. 그냥 읽어 보라 한다. 무지무지 깊은 뜻이 있어서 그런 것은 아니다. 필자가 이제껏 겪은 바로는, 인권의 문제는 주로 약자와 소수자의 문제이지만 이것이 강자와 지배자의 문제와 연결되어 있다는 필자 나름의 생각 때문이다. 이 세상 어느 누군가 아픈데 다른 사람들이 마냥 행복할 수만은 없는 것 아닌가? 두 사람이 굴뚝 청소를 하고 나왔는데, 한 사람은 얼굴이 깨끗하고 한 사람은 더러우면 누가 얼굴을 씻으려 하겠는가? 그런 일은 있을 수 없다. 굴뚝 청소를 정말 했다면 얼굴이 깨끗한 채로 있을 수는 없는 일일 테니까. 함께 사는 세상에서 고통이 고통받는 자의 것일 수만은 없다.

상대평가제도는 성적이 과대평가되어 발생하는 문제를 해결하기 위한 방법이다. 수강생의 성적을 다 잘 주면 좋을 것 같지만 그게 아니다. 우선 공정한 평가가 아니다. 학생의 학업성취 정도에 따라 성적을 부가해야 하는데, 그 정도가 낮은데도 좋은 평가를 하는 것은 결코 공정하지 않다. 잘한 학생과 못한 학생 사이에 차별성이 없어 잘한 학생이 손해를 보는 경우도 생긴다. 정당하게 평가를 해야 할 평가자의 윤리에도 위반된다. 나쁘게 말하면, 안 맞는 물건을 계속 팔기 위해 아주 잘 맞는다고 속이는 꼴이기도 하다. 학교도 돈 버는 사업체의 성격이 있으니까. 여러 과목 가운데 어느 과목만 성적을 잘 주면 그 과목으로 수강생이 몰리고 다른 과목은 폐강되는 일도 발생한다.

상대평가가 가르치는 '지혜'

그래서 상대평가라는 제도가 등장한다. 학생이 각각 독립된 개인인데도 우연히 편입되게 된 집단의 틀 안에서 다른 사람보다 잘했는지에 따라 평가한다. 서로 경쟁을 부추기고 이것이 학습효과도 낳는다. 성적 '인플레'를 막고 다양한 과목 개설에 도움이 된다. 절대평가와 그 결과가 크게 다르지 않는 경우도 적지 않다. 그러나 어떤 사람이 그야말로 나와 무관하게 형성된 어느 집단에 우연히 있었다는 사실만으로 만약 그가 다른 집단 속에 있었으면 받았을 평가와 달리 평가받았다면 이게 공정하다 할 수 있을까? 그저 학교 성적은 그런 상대평가의 틀 속에서 받은 것이라는 전제가 충실하게 지켜진다면 모를까, 일단 성적의 높고 낮음을 보는 평가의 틀이 건재하다면, 좋은 성적을 받을 수 있는 과목을 찾아가고 편입된 집단에 나보다 잘할 사람이 있는지를 살펴 과목을 변경하는 것은 약삭빠르기보다는 지혜로운 것으로 보아야 되지 않을까? 상대평가 틀 안에서는 모두가 모두의 경쟁자이고 서로 협력하는 관계형성은 힘들다. 그것이 이 제도가 가르치는 '삶의 지혜'(?)이다.

앞에서 말한 그 학생은 아마도 상대평가제도 속에서 동료와의 관계가 삭막해지고 모두를 경쟁자로 생각하는 살벌함에 고민이 깊었을 것으로 짐작한다. 누군가를 딛고 올라서야 받는 좋은 학점의 모순에 절망하고 자기 나름대로 얻은 답이 '내가 밑을 받치고 말지.'였을 듯하다. 그래도 답안 내용이 괜찮으니 소원대로 최하점을 주지는 못하겠다. 누구나 자기가 감당해야 할 삶의 몫이 있고 공부를 잘하면 그것으로 세상에 봉사할 적절한 자리를 찾아가야 하기 때문이다.

강의평가 유감

한 학기 중 제일 바쁜 때

한 학기가 마무리되면 학생들은 방학에 들어가지만 선생들은 학기 중보다 더 바빠진다. 기말고사 채점과 성적평가 때문이다. 학생들도 성적이 나오기까지는 방학 기분이 날 리 없겠지만……. 꼭 이맘때면 친구들이 전화해서 방학해서 한가해지지 않았느냐고 묻고, 필자는 그렇지 않다는 설명을 한다. 방학 중이라도 그렇게 한가해지는 것도 아니다. 선생들의 학기는, 사람마다 다르겠지만, 학생들보다 대체로 2주 정도 일찍 시작하고 또 그만큼 늦게 마친다. 강의 준비와 마무리 때문이다.

학생들의 강의평가

성적평가가 마무리되면 곧 학생들의 강의평가를 마주하게 된다. 한 학기 한 강의실에서 호흡한 학생들의 평가를 대하는 것은 한편으로는 긴장되고 또 한편으로는 얼굴을 보고 듣는 것과는 다른 진솔한 얘길 들을 수 있는 기회여서 좋다. 강의에 필자의 모든 열과 성을 다하지 못하였고 또 그렇게 감동적인 강의를 하지 못했다는 것을 스스로 알기에 좋은 평가를 기대하지는 않는다. 때로 기대 밖의 과분한 평가를 보게 되면 '누군가에게는 좋은 강의였구나.' 느끼면서 감사하게 된다. 또 때로는 전혀 예상치 못한 반응에 당황하기도 한다. 부지불식간에 튀어나왔는지, 강의실의 권력관계를 반영하는 말처럼 가르치는 사람으로서 피해야 하는 언행을 지적하는 글에는 쥐구멍에라도 들어가고 싶은 심정이 된다. 아직은 부족한 선생이기에 그렇다고 변명은 하지만 자신을 탓하기에는 이미 적지 않은 나이가 되었다. 또 드물지만, 비수처럼 필자를 찌르는 말을 대하면 여러 날 마음이 아리다. 필자의 어떠한 언행이 그런 말을 할 정도로 상처를 준 것일까 돌아보게 된다. 자신을 돌아보는 것도 스스로의 한계 안에 갇혀 있기 마련이니 때로는 억울한 심정을 느끼기도 한다. 그래서 아예 강의평가를 보지 않는 분들도 있다. 하여간 강의평가를 열람하는 것은 한 학기의 수고에 대한 보상처럼 기쁨을 주기도 하지만 때로는 당혹감을 안겨 주기도 하고 필자를 돌아보게 하는 시간을 갖게 한다.

이번 학기 강의평가에서도 같은 경험을 하였다. 그런데 이번 학기 강의평가 결과를 본 지 벌써 2주가 훨씬 지났는데도 마음이 편치 않다. 아주 날카로운 칼에 찔린 것처럼 아프고 우울하다. 어쩌면 이런 아픔을 주려고 쓴 글이었을지도 모르니 그랬다면 평가한 학생의 의도는 충분히 관철된 것 같다. 필자의 강의가 '최악'이었다는 말을 쓸 정도의 심정이었다면 말이다. 익명이기에 가능했을 말이니 누가 그런 말을 했는지를 알 수도 없고 또 알고 싶지도 않지만, 단 둘이 앉아 무엇이 그리 서운하고 분노하게 했는지를 얘기하고 싶다. 그것이 정당한 것이라면 직접 얘기하지 못할 것도 아니기 때문이다. 필자도 사람이기에 서운한 마음이 없을까만 마음에 거슬리는 주장을 했다 하여 그것 때문에 불이익을 가할 정도의 위인은 아니다. 그리고 잘못한 것이 있다면 사과하고 싶다.

변호사시험 대비 학원 강의를 요구하는 학생들

강의평가를 보면서 몇 가지 명확하게 하고 싶은 게 있다. 첫째, 법학전문대학원에서 무엇을 가르치고 배워야 하는지의 문제이다. 결코 적지 않은 학생들이 강의 내용이 변호사시험 공부에 적합한지, 이렇게 배워서 과연 시험공부를 하는 데 도움이 될까 염려한다. 법전원을 졸업해도 변호사시험에 합격하지 못하면 원하는 직업을 얻지 못하게 되니 시험에 기필코 합격해야 한다는 심정은 충분히 이해되고 남는다. 특히 변호사시험 합격률이 자꾸 낮아지니 그 불안감이 커지는 것을 바라보는 선생의 심정도 편하지 않다. 1학년 때부터 변호사시험에 매달리는 경향이 나타나는 것 같다.

하지만 법전원에서 무엇을 가르치고 배워야 하는지에 대해 확인할 필요가 있다. 또 무엇이 변호사시험을 준비하면서 배워야 하는 것인지를 알아야 한다. 시험에 나올 것을 알고 시험에 나오는 쟁점에 대해 서술하는 요령을 배우는 것이 강의의 내용이 되어야 하는 것인가? 아니면 의문에 의문이 꼬리를 물고 답을 찾아 가는 과정이 우리가 공부하는 것이 되어야 하는가? 학기 첫머리에 그런 얘길 꼭 하지만 강의가 변호사시험에 맞춰져서는 안 된다는 것은 필자에게는 양보할 수 없는 원칙이다. 그게 변호사시험을 외면하겠다는 것은 결코 아니다. 오히려 그렇게 공부하고 나면 변호사시험은 충분히 합격할 정도의 실력을 갖추게 될 것이라는 믿음이 있다.

잠시 미국에 머물면서 미국의 로스쿨이라는 제도를 체험해 보았다. 잘 들리지 않는 언어지만 꾸역꾸역 강의도 듣고 교수들과 얘기도 나누었다. 지금도 한 교수의 얘기가 뚜렷이 기억난다. 한국에서 로스쿨 제도가 도입된 것을 알고 있는, 일본에 정통한 교수였는데, 로스쿨 강의가 변호사시험을 염두에 두고 이뤄지면 제도가 실패할 수밖에 없다고 단언하였다. 그리고 한국의 변호사시험 합격률 얘기에 걱정 섞인

말을 하였다. 강의가 제대로 이뤄질 수 있겠는가고. 그런 우려를 그래도 지금 우리가 겪고 있다. 그래서 변호사시험 합격률 폐지와 변호사시험의 자격시험화는 로스쿨 정상화를 위한 과제이다.

로스쿨은 그 교육과정이 기본적인 것을 충실히 익히는 것도 중요하지만 3년이라는 기간 동안 가르치고 배울 수 있는 최대한의 교육이 이뤄져야 한다. 구체적 사례를 앞에 두고 실천적인 이론과 깊이 있는 논의가 이뤄져야 한다. 판례만 공부하는 곳도 아니고 이론만 공부하는 곳도 아니다. 구체적 사례를 바탕으로 문제 해결에 집중된 이론적 논의가 깊이 있게 이뤄져야 하는 곳이다. 그래야 실무에 나가 로스쿨에서의 공부가 쓸모가 있을 것이므로. 변호사시험에 합격하는 것도 중요하지만, 문제는 시험합격에 맞춰 한 공부는 합격하고 나면 그렇게 쓸모가 있지 않다는 것이다. 사실 극단적으로 말하자면 웬만한 학생들은 3년간 혼자 공부해도 또는 인터넷 강의를 들으며 공부해도 변호사시험에 합격할 수는 있다. 그런데 굳이 학교 나와서 강의실에서 선생과 얼굴을 맞대고 공부를 하는 방식으로 교육을 하는 것은 그것이 가장 효율적인 내용의 교육을 하기 때문이다. 그러면 어떠한 교육이 이뤄져야 하겠는가? 변호사시험에 맞춰진 공부를 하고 교육을 하기엔 한 학기 500만 원이 넘는 학비가 너무 비싸지 않은가?

사람의 한계

둘째, 성적평가의 공정성에 대한 불만이다. 평가를 서술형으로 할 경우 채점기준이나 채점결과에 이견이 있을 수 있다. 또 항간에 농담처럼 떠도는 말처럼 배고플 때 채점한 거하고 배부를 때 한 게 차이가 있다는 주장도 반드시 터무니없는 것만도 아니다. 채점자도 사람인지라 한계가 있기 마련이고 그만큼의 오류나 편차의 가능성도 있다는 것을 부인하진 못한다. 그러나 단정할 수 있는 것은 선생들이 어떠한 오류도, 허용될 수 없는 편차도 없는 채점 결과를 얻으려고 노력한다는 사실이다. 그래서 채점결과를 열람하고 얘기도 나누는 것 아니겠는가. 우니까 점수 올려주더라, 여학생만 예뻐하더라는 식의 평가는 받아들이기 힘들다. 그래도 받아들이기 힘든 게 있다면 얘길해 주면 좋겠다. 필자도 아직은 부족한 사람이니까.

독설도 세련되게

셋째, 말의 문제이다. 화법이라고 할까? 앞으로 상대방을 설득하고 자신이 원하는 결과를 얻기 위해 변론을 하여야 할 변호사라는 직업을 희망하고 있다면 강의평가도 좀 세련되게 썼으면 좋겠다. 일부러 상대방 마음 긁으려, 일부러 고약한 단어 고르지 말고, 좀 우아한 용어를 썼으면 좋겠다. '최악의 강의'라는 말보다 '아직까지 더 나쁜 강의를 보지 못하였다.'라는 식으로 써 줬으면 이렇게까지 우울하지는 않을 것 같다. 이런 말을 하는 필자를 보고 있노라면 필자 자신이 학생들에게 일부러 고약한 말을 골라 학생들이 심리적 열세에 있음을 악용하여 한 학기 동안 힘들게만 한 것은 아니었는지 생각한다. 농담처럼 '악마'처럼 1학년들을 가르치겠다고 했지만 천성 탓에 그렇지 못했다고 생각했는데, 말이 씨가 되었는지 누군가에게는 너무 힘든 시간을 만들었던 것은 아닌지 돌아본다. 그런 말을 했던 이유는 3학년 졸업시험 제도를 도입하는 과정에서 어쩌면 '격렬하다'는 표현이 맞을 정도로 심하게 반대했고, 그 대안이 1, 2학년 때 열심히 가르치는 방법밖에 없다는 생각이었기 때문이다. 그러니 1학년 수업을 힘들게 하였다고 하여 단지 괴롭히기 위해서 또는 악마여서 그런 것이 아니었음을 너그럽게 이해해 주시기 바란다.

논리적 글쓰기

넷째, 자기 생각과 다른 견해를 적으면 점수를 안 좋게 준다는 지적도 있었다. 아무래도 선생의 생각에 동의하고 답안을 쓰면 좋게 평가받을 거라는 생각을 하지만 그건 그렇지가 않다. 아무리 필자와 같은 견해에 찬사를 보내도 충실한 근거가 없으면 박한 평가를 받기 마련이다. 또한 필자와 다른 견해를 주장해도 근거가 충실하면 좋은 점수를 받는다. 물론 필자가 출제하기 좋아하는 주제가 있긴 하다. 그리고 이 쟁점을 포함하는 서술이 필요한 문제를 내는 것은 필자의 의도가 담긴 것이기도 하다. 그렇지만, 이런 문제에서 필자와 다른 견해를 썼다고 나쁜 평가를 받았다고 오해하지 말기 바란다. 이런 유형의 문제에서는 필자가 의도하는 것은 일반적으로 받아들여지는 견해가 여러 가지의 흠이 있으니 이런 점을 잘 알고 균형잡힌 시각을 가지기를 바라고 이 점을 이해하고 있는지를 평가하기 위함이다. 그렇다면 일반적으로 받아들여지는 주장을 지지하더라도 반론이 있다는 점을 인식하고 이에 대해 언급하면서 자신의 주장을 해야 하는 것 아닐까? 이에 비해 일반적 견해와 다른 주장을 하는 경우는 일반적 견해와 함께 이에 대한 근거를 제시한 비판이기 쉬우니 오히려 충실한 근거가 제시된 서술이라고 할 수 있을 것이다. 이런 문제에서 점수가 나쁜 이유는 출제자와 견해가 다른 결론을 택해서가 아니라 근거가 부족한 성급한 결론 때문이었다고 할 수 있을 것이다.

다섯째, 공부할 과제가 너무 많았다고 하는 불평도 있었다. 그러나 졸업하고 돌아보시기 바란다. 학생 때보다 변호사 일을 할 때 얼마나 더 많이 일하고 잠을 못 자는지. 지금 공부하는 것보다 훨씬 많은 양을 공부할 수 있었다는 것을 생각하게 될 것이다. 양이 많아 자료를 다 읽을 수 없고 또 공부할 시간이 부족하다고 하지만 강의보다 자신의 프로그램에 따라 공부하고 나머지 시간에 수업 준비하느라 그랬던 것은 아닌지도 돌아봤으면 좋겠다. 아니라면 좋겠지만 그랬다면 중고등학교 때 영어시간에 수학하고 수학시간에 영어하는 식의 공부가 될지도 모르겠다.

길어야 3년인 사제관계

길어야 3년이면 선생과 학생의 공식적인 관계는 끝난다. 졸업하고 변호사가 되면 때로는 소송의 상대방이 되어 서로의 흠을 파고드는 논리를 만들어야 할지도 모른다. 필자는 변호사가 아니므로 직접 소송에서 만날 일이야 없겠지만 다른 방식으로라도 가능한 일이다. 필자에 대한 불만이나 분노가 있다면 그걸 기초로 필자를 넘는 논리를 만들어 보시기 바란다. 논리는 뜨거운 가슴에서 나오는 법이니까. 졸업하고도 필자를 선생으로 존중해 주면 감사할 일이겠지만 그렇지 않아도 변호사답게 잘 살아가는 모습을 보는 것만으로도 한 때 필자가 먼저 배운 지식을 가지고 함께 공부했던 기억으로 흐뭇할 것이다.

어느 로스쿨 선생의 번뇌

10년 전의 야무진 꿈

벌써 10년이 넘었다. 법학전문대학원(로스쿨) 제도라는 게 도입된다고 발표되고 날밤을 새우면서 인가신청 준비하던 때, 필자는 앞으로 우리 법학교육이 가야 할 모습을 그렸다. 꿈도 야무졌다. 공허하지 않는, 정말 실천적인 이론교육을 하고 싶었다. 세상의 복잡다단한 요인 속에서 살아 움직이는 법이 무엇인지 가르치고 싶었다. 조금(?)은 편향적인 교과서의 한계를 깨우치고, 보다 넓고 균형 있게 법현상을 바라볼 수 있도록 하고 싶었다. 그리고 매년 새 세상에 대한 꿈을 펼쳐가고 싶은 학생 몇 명씩을 만나길 기원했다.

교과서에 있는 내용은 당연히 읽고, 여기에 필요한 자료도 읽도록 했다. 어떤 학생들은 교과서 이외의 자료를 읽으면서 개안開眼되는 경험을 했다고 하기도 하고 시야가 넓어졌다는 얘길 했다. 4년 동안 법학을 배웠지만, 그동안 가진 의문이 이제야 조금씩 풀려 간다는 이들도 있었다. 모든 학생이 그렇지는 않았을 것이다. 어떤 학생은 교과서의 내용을 읽고 따라가기도 벅찼을 것이다. 그러나 어려우면 묻고 배우려 했지, 이게 강의냐는 소리는 하지 않았다. 그래도 강의를 믿고 따라가다 보면, 정도의 차이는 있어도, 그 과목에서 목표로 제시한 수준에는 도달하였을 것이다. 그리고 이들은 대부분 변호사가 되었다.

로스쿨의 현실

시간이 흘렀다. 벌써 변호사시험이 9번 치러졌고, 합격률은 낮아졌다. 필자가 재직하는 학교의 합격률도, 창피하지만 안타까운 수준이다. 합격률이 높다고 자랑하는 학교도 입학생 모두가 변호사가 되는 것도 아니다. 어느 해 합격률이 50%라면 그 학교 입학생이 졸업 후 5회 시험을 봐서 반만 변호사가 된다는 것과 같은 뜻이다. 입학하자마자 둘 중에 하나는 떨어진다고 생각하면 학교 공부가 시험으로부터 자유로울 리 없다. 시험과 무관하게 공부하는 게 옳은 것만도 아니지만, 시험만 붙들고 공부하는 게 결코 바람직할 수도 없다. 3학년에 들어서면 졸업시험이라는 걸 봐서, 떨어지면 졸업을 못한다. 이제 졸업할 때가 되었는데, 가장 졸업하기 힘든 관문이 버티고 있다. 2년여를 등록금 받고 공부할 만한 능력이 있다고 평가하고서는 3학년 말에 그렇게 한다. 그렇게 하는 것이 공부에 도움이 된다는 이유지만, 제도의 교육적 동기 자체가 잘 이해되지 않는다.

이런 형편에 있는 학생들의 심정을 헤아리자니, 넓고 깊게 생각하기를 요구하는 것은 날이 갈수록 힘들고, 할 의욕이 떨어진다. 로스쿨이 송무변호사만 기르는 게 아니라 다양한 직역으로 진출할 법률가를 기르는 곳인데도 말이다. 특히나 헌법은 법원에 가서 쓸 일이 얼마나 되겠는가? 변호사가 헌법재판을 해 볼 경우가 얼마나 되나. 오히려 입법이나 행정, 아니면 사회적 활동에서 더 많이 쓰일 분야인데. 학생들이 공부의 부담이 커질수록 민사법 분야에 집중하니 그만큼 헌법과 같은 다른 과목은 상대적으로 소홀해지는 것으로 보인다. 오래 전에는 수업시간에 질문도 많이 하고 토론도 했는데, 이제는 그런 분위기는 아니다. 필자의 능력 부족 탓이 클 것이다.

로스쿨이 도입된 지 10년이 넘었는데, 이게 뭐하는 곳인지에 대해서도 저마다 생각이 다르다. 로스쿨마다 정도 차이가 있을 뿐 오로지 변호사시험 합격만이 지상과제가 되었다. 왜 1학년 시작부터 법문서 작성이라는 필수과목에서 각종의 서류 작성 교육을 해야 하는지, 왜 종합과목이나 첨단과목이라고 개설된 3학년 과목에서 변호사시험을 염두에 둔 답안작성을 지도해야 하는지도, 로스쿨이 무엇인지에 대한 인식에 따라 답이 다를 것이다. 3년 만에 로스쿨에서 뭐 배웠겠느냐는 소리도 들린다. 그렇게 실무(?)교육을 강조하면서도 변호사시험 합격하면 6개월 연수를 해야 한다. 차라리 3년으로는 부족하니 로스쿨을 4년으로 하자는 게 더 솔직할지 모르겠다. 그러나 변호사가 어디 송무만 하겠는가.

로스쿨 제도는 무엇을 바꿀 수 있을까

로스쿨이 도입된 것은 사법개혁을 위한 것이었다. 단지 교육방식의 변화만이 아니라, 교육 내용까지의 변화도 예정한 것이었다. 과거 사법연수원의 교육이 다 잘못된 것은 아니겠지만, 그것이 가지는 한계를 넘어서는 것이기를 바랐을 것이다. 판례에 대한 이해를 바탕으로 새로운 관점과 근거를 찾고, 대립하는 당사자의 눈으로 판례의 내용을 재구성하는 것도 필요할 것이다. 판례가 완벽한 것은 아니기에 언제나 비판적인 눈으로 바라봐야 한다. 특히나 필자가 가르치는 헌법 관련 판례는 동의하기 어려운 것이 많다. 게다가 논리적으로 모순과 비약이 난무하는 판례도 적지 않다. 그래도 시험 문제는, 그런 판례의 결론을 묻거나 그것을 전제로 서술한다. 그게 판례의 힘일지 모르지만, 로스쿨이 법률가로서 사고하는 것을 가르치고 훈련하는 곳이라면 되돌아봐야 할 부분이다.

로스쿨 선생의 고뇌와 설렘

인간에게 백팔번뇌가 있다지만, 로스쿨 선생에게도 수많은 번뇌가 일어난다. 특히나 수험적합성이 없는 강의를 한다는, 불신에 차서 쓴소리를 하는 강의평가를 접하면 만정이 떨어지고 여러 날 우울 속을 헤맨다. 아마도 선생이 되게 하는 데 크게 작용했을 옛날의 사제관계는 이제 기대할 수도 없고 포기한 지 오래다. 시대가 변했고 학생에 대한 생각이 바뀌기도 했다. 그래도 점차 밋밋해지는 강의 속에서도 신선한 의문을 내고 다르게 생각하려는 학생들을 보면 기쁘다. 면접할 때 인상이 깊이 남을 정도로 좋은 뜻을 가진 학생이 정말 열심히 공부하고 변호사가 되어 자기가 하고 싶었던 일에 헌신하는 모습을 보는 것도 반갑다. 뜬 구름 잡는 얘기 듣는 것 같다던 학생이, 반복되는 설명에 뭔가 구체적으로 잡힌다는 말을 할 때도 흐뭇해진다. 그래서 아직 강의실로 가는 마음은 조금은 설렌다. 그리고 밥값은 해야지 생각한다.

송기춘宋基春

전북대학교 법학전문대학원 교수(헌법)
사단법인 한국공법학회 고문
사단법인 한국헌법학회 고문
전북평화와인권연대 공동대표
법학전문대학원교수협의회 공동대표
사학분쟁조정위원회 위원
법무부 검찰인사위원회 위원
전북지방노동위원회 공익위원
35사단 자문위원
경남대학교 법정대학 조교수
사단법인 한국공법학회 회장
민주주의법학연구회 회장
전라북도교육청 학생인권심의위원회 위원장
전주시인권위원회 위원장
대통령 소속 군의문사진상규명위원회 자문위원
국가인권위원회 인권강사

서울대학교 법과대학 법학과(법학사)
서울대학교 대학원(법학석사, 법학박사)

사람의 사람에 의한
사람만을 위한 법

지은이 송기춘
펴낸이 김동원
펴낸곳 전북대학교출판문화원

초판 1쇄 발행 2020. 11. 16.
2쇄 발행 2021. 6. 10.

전북대학교출판문화원 전라북도 전주시 완산구 어진길 32 (풍남동2가)
전화 (063) 219-5319~5322
FAX (063) 219-5323
출판등록 2012년 8월 20일 제465-2012-000021호

값 16,000원

ISBN 979-11-6372-105-5 03810

이 도서의 국립중앙도서관 출판예정도서목록(CIP)은 서지정보유통지원시스템 홈페이지(http://seoji.nl.go.kr)와 국가자료종합목록 구축시스템(http://kolis-net.nl.go.kr)에서 이용하실 수 있습니다. (CIP제어번호 : CIP2020044733)